交通职业教育教学指导委员会推荐教材
高等职业院校汽车运用技术专业教学用书

高等职业教育汽车运用技术专业规划教材

Qiche Jiance Zhenduan Jishu

汽车检测诊断技术

主编 邹小明
主审 屠卫星

内 容 提 要

本书是高等职业教育汽车运用技术专业规划教材，也是汽车运用与维修专业技能型紧缺人才培养培训教材。由交通职业教育教学指导委员会汽车运用与维修学科委员会根据教育部颁布的《汽车运用与维修专业领域技能型紧缺人才培养培训指导方案》以及交通行业职业技能规范和技术工人等级标准组织编写而成。

本书共分为四个单元，以汽车在不解体情况下的性能检测和故障诊断为主，分别介绍了汽车检测与诊断的目的和方法、发动机的检测与诊断、汽车底盘的检测与诊断、汽车整车的检测等。

本书供高等职业院校汽车运用技术专业教学使用，也可作为相关行业岗位培训或自学用书，同时可供汽车检测维修技术人员学习和参考。

图书在版编目（CIP）数据

汽车检测诊断技术 / 邹小明主编 . -- 北京 ：人民交通出版社，2006.8

ISBN 978-7-114-06031-1

Ⅰ. 汽… Ⅱ. 邹… Ⅲ. ①汽车 – 故障检测 – 高等学校 ：技术学校 – 教材②汽车 – 故障诊断 – 高等学校 ：技术学校 – 教材 Ⅳ. U472.9

中国版本图书馆 CIP 数据核字（2006）第 059659 号

书　　名：**汽车检测诊断技术**
著 作 者：邹小明
责任编辑：智景安
出版发行：人民交通出版社股份有限公司
地　　址：（100011）北京市朝阳区安定门外外馆斜街 3 号
网　　址：http://www.ccpress.com.cn
销售电话：（010）59757973
总 经 销：人民交通出版社股份有限公司发行部
经　　销：各地新华书店
印　　刷：北京市密东印刷有限公司
开　　本：787×1092　1/16
印　　张：13
字　　数：244 千
版　　次：2006 年 7 月　第 1 版
印　　次：2016 年 6 月　第 13 次印刷
书　　号：ISBN 978-7-114- 06031-1
定　　价：24. 00 元

JTZYJY

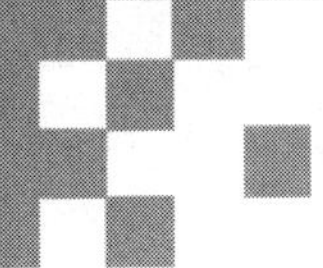

前 言 QIANYAN

为贯彻《国务院关于大力推进职业教育改革与发展的决定》以及教育部等六部委《关于实施职业院校制造业和现代服务业技能型紧缺人才培养培训工程的通知》精神，全面实施《2003～2007年教育振兴行动计划》中提出的"职业教育与培训创新工程"，积极推进课程改革和教材建设，为职业教育教学和培训提供更加丰富、多样和实用的教材，更好地满足职业教育改革与发展的需要，交通职业教育教学指导委员会汽车运用与维修学科委员会组织全国交通职业技术院校的专业教师，按照教育部颁布的《汽车运用与维修专业领域技能型紧缺人才培养培训指导方案》的要求，紧密结合目前汽车维修行业实际需求，编写了高等职业教育规划教材，供高等职业院校汽车运用技术专业教学使用。

本系列教材符合国家对技能型紧缺人才培养培训工作的要求，注重以就业为导向，以能力为本位，面向市场、面向社会，为经济结构调整和科技进步服务的原则，体现了职业教育的特色，满足了汽车运用技术领域高素质专业实用人才培养的需要。

本系列教材在组织编写过程中，认真总结了全国交通职业院校多年来的专业教学经验，注意吸收发达国家先进的职教理念和方法，形成了以下特色：

1. 专业培养目标设计基本指导思想是以行业关键技术操作岗位和技术管理岗位的岗位能力要求为核心，确定专业知识和能力的培养目标，对实际现场操作能力要求达到中级技术工人水平，在系统专业知识方面要求达到高级技师水平，并为毕业生在其职业生涯中能顺利进入汽车运用工程行业奠定良好发展基础；

2. 全套教材以《汽车文化》、《汽车专业英语》、《汽车电工与电子基础》、《汽车机械基础》、《汽车发动机构造与维修》、《汽车底盘构造与维修》、《汽车电气设备构造与维修》、《汽车维修质量检验》八门课程搭建专业基本能力平台，以若干专门化适应各地各校的实际需求；

3. 打破了教材传统的章节体例，以专项能力培养为单元确定知识目标和能力目标，使培养过程实现"知行合一"；

4. 在内容的选择上，注重汽车后市场职业岗位对人才的知识、能力要求，力求与相应的职业资格标准衔接，并较多地反映了新知识、新技术、新工艺、新方法、新材料的内容；

5. 本套教材将力图形成开放体系，一方面除本次推出清单所列教材之外，还将根据市场实际需求，陆续推出不同车系专门化教材；另一方面，还将随行业实际变化及时更新或改编部分专业教材。

《汽车检测诊断技术》是汽车运用与维修专业领域技能型紧缺人才培养培训课程之一，内容包括：汽车检测与诊断的目的和方法、发动机的检测与诊断、汽车底盘的检测与诊断、汽车整车的检测等。

本书由江西交通职业技术学院邹小明编写并担任主编。由南京交通职业技术学院居卫星担任主审。

限于编者经历和水平，教材内容难以覆盖全国各地的实际情况，希望各教学单位在积极选用和推广本系列教材的同时，注重总结经验，及时提出修改意见和建议，以便再版修订时改正。

交通职业教育教学指导委员会
汽车运用与维修学科委员会
2006年6月

目 录 MULU

单元一 概述 …… 1

1 汽车检测与诊断的目的和方法 …… 1

1.1 汽车技术状况的变化 …… 1

1.2 汽车检测与诊断的目的 …… 2

1.3 汽车诊断的方法 …… 3

2 汽车检测与诊断的参数及其标准 …… 4

2.1 汽车诊断参数 …… 4

2.2 汽车诊断参数标准 …… 7

2.3 诊断周期 …… 9

3 汽车检测设备的基础知识 …… 10

3.1 检测系统的基本组成 …… 10

3.2 智能化检测系统简介 …… 11

3.3 检测设备的日常维护 …… 13

思考与练习 …… 14

单元二 发动机的检测与诊断 …… 15

1 发动机功率的检测 …… 15

1.1 发动机的稳态测功 …… 16

1.2 发动机的无负荷测功 …… 18

2 气缸密封性的检测 …… 22

2.1 气缸压缩压力的检测 …… 22

2.2 曲轴箱漏气量的检测 …… 26

2.3 气缸漏气量和漏气率的检测 …… 28

2.4 进气管负压的检测 …… 30

3 点火系的检测与诊断 …… 33

3.1 点火示波器的使用 …… 33

3.2 点火波形分析 …… 37

3.3 点火正时的检测 …… 42
4 电控汽油喷射系统的检测与诊断 …… 48
4.1 传感器的检测 …… 48
4.2 开关信号检测 …… 62
4.3 燃油供给系的检测与诊断 …… 65
4.4 空气供给系的检测与诊断 …… 71
5 柴油机燃料供给系的检测与诊断 …… 78
5.1 柴油机的供油压力及波形分析 …… 78
5.2 柴油机供油正时的检测 …… 82
6 汽车检测与诊断专用仪器的使用 …… 84
6.1 解码器 …… 85
6.2 车用数字万用表 …… 91
6.3 发动机综合性能检测仪 …… 94
思考与练习 …… 100
单元三 汽车底盘的检测与诊断 …… 102
1 传动系的检测 …… 102
1.1 滑行距离和传动系功率消耗的检测 …… 102
1.2 离合器打滑的检测 …… 103
1.3 传动系游动角度的检测 …… 104
2 转向系的检测与诊断 …… 107
2.1 转向盘自由行程和转向阻力的检测 …… 107
2.2 车轮定位的检测 …… 110
3 车轮平衡度的检测 …… 117
3.1 车轮平衡的概念与不平衡的原因 …… 117
3.2 车轮动平衡的检测及校正方法 …… 118
思考与练习 …… 122

单元四　汽车整车的检测 …… 123
1　汽车检测站 …… 124
1.1　汽车检测站的任务和类型 …… 124
1.2　汽车检测站的组成与检测项目 …… 126
1.3　汽车检测站的工艺路线流程 …… 132
2　汽车动力性的检测 …… 133
2.1　汽车最高车速的测定 …… 133
2.2　汽车加速性能的测定 …… 133
2.3　汽车爬坡能力的测定 …… 134
2.4　汽车底盘测功试验台的结构与原理 …… 135
2.5　汽车驱动轮功率检测方法 …… 137
3　汽车燃料经济性检测 …… 139
3.1　车用油耗计及使用方法 …… 140
3.2　汽车燃料消耗量的测定 …… 141
4　汽车制动系的检测 …… 143
4.1　制动性能的检测 …… 143
4.2　对汽车制动系的要求和检测标准 …… 146
5　汽车侧滑的检测 …… 149
5.1　汽车侧滑试验台的结构与工作原理 …… 150
5.2　汽车侧滑的检测方法 …… 152
6　汽车悬架的检测 …… 153
6.1　悬架检测台的工作原理与基本结构 …… 154
6.2　悬架装置工作性能的诊断标准 …… 155
7　汽车排气的检测 …… 156
7.1　汽车排气污染物的主要成分及其危害 …… 156
7.2　汽车排气污染物的限值及测试方法的规定 …… 157

7.3 汽车排气污染物的检测 …… 163
8 汽车噪声的检测 …… 171
8.1 噪声的评价指标 …… 172
8.2 汽车噪声的标准及其检测 …… 173
9 汽车前照灯的检测 …… 178
9.1 前照灯光束照射位置标准及屏幕检测法 …… 178
9.2 前照灯发光强度标准及仪器检测方法 …… 180
10 车速表的检测 …… 185
10.1 车速表试验台的结构与测量原理 …… 185
10.2 车速表的检测方法及检测标准 …… 187
11 汽车密封性的检测 …… 188
11.1 汽车防尘密封性检测 …… 188
11.2 汽车防雨密封性检测 …… 192
思考与练习 …… 196
参考文献 …… 198

单元一 概 述

学习目标

知识目标

1. 正确描述汽车检测与诊断的目的和方法；
2. 简单叙述汽车技术状况的变化；
3. 正确描述汽车检测与诊断的参数及其标准的分类。

能力目标

1. 会分析汽车技术状况变化的外观症状；
2. 会选择和使用汽车检测与诊断的参数及其标准；
3. 会对常用检测设备进行日常维护。

1 汽车检测与诊断的目的和方法

汽车检测与诊断的目的

汽车的技术状况随着行驶里程的增加逐渐变差，出现动力性下降，经济性下降，排放污染物增加，使用的可靠性降低，故障率上升等现象，严重时汽车不能正常运行。

所谓汽车的技术状况，是定量测得的，表征某一时刻汽车外观和性能的参数值的总和。

分析和研究汽车的技术状况，及时检测和诊断影响汽车技术状况的原因，排除汽车故障，是提高汽车完好率，延长汽车使用寿命的重要措施。

汽车检测是指确定汽车技术状况或工作能力进行的检查和测量。汽车诊断是指在不解体（或仅拆卸个别小件）条件下，确定汽车技术状况或查明故障部位、故障原因进行的检测、分析和判断。

1.1 汽车技术状况的变化

1.1.1 汽车技术状况的分类

表征汽车技术状况的参数分为两大类，一类是结构参数，另一类是技术状况参数。结构参数是指表征汽车结构的各种特性的物理量，如几何尺寸、电学和热学的参数等。技术状况参数是指评价汽车使用性能的物理量和化学量，如发动机的输出功率、油耗和排放值等。

汽车技术状况可分为，汽车完好技术状况和汽车不良技术状况。

汽车技术状况的分类

汽车完好技术状况，是指汽车完全符合技术文件规定要求的状况，汽车技术状况的各种参数值，主要包括使用性能、外观、外形等参数值，都完全符合技术文件的规定。处于完好技术状况的汽车，能正常发挥其全部功能。

汽车不良技术状况，是指汽车不符合技术文件规定的任一要求的状况。处于不良技术状况的汽车，可能是主要使用性能指标不符合技术文件的规定，不能完全发挥汽车应有的功能；也可能是仅外观、外形及其他次要性能的参数值不符合技术文件的规定，而又不致完全影响汽车发挥自身的功能，如前照灯的损坏并不影响汽车白天的正常行驶等。

1.1.2 汽车的工作能力与汽车故障

汽车按技术文件规定的使用性能指标，执行规定功能的能力，称为汽车的工作能力，或称为汽车的工作能力状况。

汽车故障是指汽车部分或完全丧失工作能力的现象。因此，只要汽车工作能力遭到破坏，汽车就处于故障状况。例如，某汽车的油耗超过了技术文件的规定，虽然能运行，但已经处于有故障状况。

1.1.3 汽车技术状况变化的外观症状

汽车技术状况变差的主要外观症状有：

汽车技术状况变差的主要外观症状

汽车动力性变差。例如，与原设计相比，汽车的加速时间增加25%以上；发动机的有效功率或有效转矩低于原设计值75%等。

汽车燃料消耗量和润滑油消耗量显著增加。

汽车的制动性能变差，如制动距离延长，制动跑偏或制动侧滑等。

汽车的操纵稳定性能变差，如响应时间超限，回正能力减弱或转向沉重等。

汽车排放污染物和噪声超过限值。

汽车在行驶中出现异响或异常振动，存在着引起交通事故或机械事故的隐患。

汽车的可靠性变差，使汽车因故障停驶的时间增加。

1.2 汽车检测与诊断的目的

汽车检测与诊断的目的是确定汽车的技术状况和工作能

力，查明故障原因和故障部位，为汽车继续运行或维修提供依据。汽车检测可分为安全环保检测和综合性能检测两大类。

1.2.1 安全环保检测的目的

对汽车实行定期和不定期安全运行和环境保护方面的检测，目的是在汽车不解体情况下，建立安全和公害监控体系，确保车辆具有符合要求的外观容貌、良好的安全性能和符合标准的废气排放，使汽车在安全、高效和低污染下运行。

1.2.2 综合性能检测的目的

综合性能检测的目的

对汽车实行定期和不定期综合性能方面的检测，目的是在汽车不解体情况下，对运行车辆确定其工作能力和技术状况，查明故障或隐患的部位和原因；对维修车辆实行质量监督，建立质量监控体系，确保车辆具有良好的安全性、可靠性、动力性、经济性和环保性。同时，对车辆实行定期综合性能检测，又是实行“定期检测、强制维护，视情修理”这一修理制度的前提和保障。“视情修理”与“强制修理”相比，既不会因提前修理而造成浪费，也不会因迟后修理造成车况恶化。“强制维护、视情修理”是以检测、诊断和技术鉴定为依据的。没有正确的检测与诊断，就无法确定汽车是继续运行还是进厂维修，更无法视情确定修理范围和修理深度。

1.2.3 故障诊断的目的

对汽车进行故障诊断，目的是在不解体情况下，对运行车辆查明故障原因和故障部位进行的检查、测量、分析和判断。故障被诊断出来后，通过调整或修理的方法予以排除，以确保车辆在良好的技术状况下运行，诊断是排除故障的前提条件。

1.3 汽车诊断的方法

汽车故障人工经验诊断法

汽车技术状况的诊断是由检查、测量、分析、判断等一系列活动完成的，其基本方法主要分为两种：一种是传统的人工经验诊断法；另一种是现代仪器设备诊断法。

1.3.1 人工经验诊断法

这种方法是诊断人员凭借丰富的实践经验和一定的理论知识，在汽车不解体或局部解体情况下，借助简单工具，用眼看、耳听、手摸和鼻闻等手段，边检查、边试验、边分析，进而对汽车技术状况做出判断的一种方法。这种诊断方法具有不需要专用仪器设备，可随时随地进行和投资少、见效快等优点。但是，这种诊断方法存在诊断速度慢、准确性差、不能进行定量分析和需要诊断人员具有较丰富的经验和掌握大量资料等。

1.3.2 现代仪器设备诊断法

汽车故障现代仪器设备诊断法

这种方法是在人工经验诊断法的基础上发展起来的一种诊断方法，该方法可在汽车不解体情况下，用专用仪器设备检测整车、总成和机构的参数，为分析和判断汽车技术状况提供定量依据。采用计算机控制的仪器设备能自动分析和判断汽车的技术状况。现代仪器设备诊断法的优点是检测速度快，准确性高，能定量分析，可实现快速诊断等。现代仪器设备诊断法的缺点是投资大和对操作人员要求高。广泛使用现代仪器设备诊断法是汽车检测与诊断技术发展的必然趋势。

2　汽车检测与诊断的参数及其标准

汽车的检测与诊断是确定汽车技术状况的技术，不仅要求有完善的检测、分析、判断的手段和方法，而且在检测诊断汽车技术状况时，必须选择合适的诊断参数，确定合理的诊断参数标准和最佳诊断周期。诊断参数、诊断参数标准、最佳诊断周期是从事汽车检测诊断工作必须掌握的基础知识。

2.1　汽车诊断参数

2.1.1　诊断参数概述

汽车诊断参数

诊断参数，是表征汽车、汽车总成及机构技术状况的量。有些结构参数可以表征技术状况，但在不解体情况下，直接测量往往受到限制，如气缸间隙、曲轴和凸轮轴各道轴颈的磨损量等，都无法在不解体情况下直接测量。因此，在检测诊断汽车技术状况时，需要采用一种与结构参数有关而又能表征技术状况的间接指标，该间接指标称为诊断参数。可以看出，诊断参数既与结构参数紧密相关，又能够反映汽车的技术状况，是一些可测的物理量或化学量。

汽车诊断参数包括工作过程参数、伴随过程参数和几何尺寸参数。

(1)工作过程参数。该参数是汽车、总成或机构工作过程中输出的一些可供测量的物理量或化学量。例如，发动机功率、汽车燃料消耗量、制动距离或制动力、滑行距离等，往往能表征诊断对象总的技术状况，适合于总体诊断。如通过检测，底盘输出功率符合要求，说明发动机技术状况和传动系技术状况均符合要求。反之，如果底盘输出功率不符合要求，说明发动机输出功率不足或传动系功率损失太大，通过进一步深入检测诊断，可确定是发动机技术状况不佳还是传动系技术状况不佳。工作过程参数是深入诊断的基础。汽车不工作时，工作过程参数无法测量。

（2）伴随过程参数。该参数是伴随工作过程输出的一些可测量，例如振动、噪声、异响、温度等。这些参数可提供诊断对象的局部信息，常用于复杂系统的深入诊断。汽车不工作时，无法测量该参数。

（3）几何尺寸参数。该参数可提供总成或机构中配合零件之间或独立零件的技术状况，例如配合间隙、自由行程、圆度、圆柱度、端面圆跳动、径向圆跳动等。这些参数虽提供的信息量有限，但却能表征诊断对象的具体状态。

汽车常用诊断参数如表 1-1 所示。

汽车常用诊断参数

汽车常用诊断参数 表 1-1

诊断对象	诊断参数	诊断对象	诊断参数
汽车整体	最高车速	柴油机供给系	各缸喷油器喷油量
	加速时间		各缸喷油器喷油不均匀度
	最大爬坡度		供油提前角
	驱动车轮输出功率		喷油提前角
	驱动车轮驱动力	发动机总成	发动机功率
	汽车燃料消耗量		发动机燃料消耗量
	汽车侧倾稳定角		单缸断火（油）转速下降值
	CO 排放量		排气温度
	HC 排放量		额定转速
	NO_X 排放量		怠速转速
	CO_2 排放量	曲柄连杆机构	气缸压力
	O_2 排放量		气缸漏气量
	柴油车自由加速烟度		气缸漏气率
汽油机供给系	空燃比		曲轴箱漏气量
	汽油泵出口关闭压力		进气管压力
	供油系供油压力	配气机构	气门间隙
	喷油器喷油压力		配气相位
	喷油器喷油量	点火系	断电器触点间隙
	喷油器喷油不均匀度		断电器触点闭合角
柴油机供给系	输油泵输油压力		点火波形重叠角
	喷油泵高压油管最高压力		点火提前角
	喷油泵高压油管残余压力		火花塞间隙
	喷油器针阀开启压力		各缸点火电压值
	喷油器针阀关闭压力		各缸点火电压短路值
	喷油器针阀升程		点火系最高电压值

续上表

诊断对象	诊断参数	诊断对象	诊断参数
点火系	火花塞加速特性值	转向系	最小转弯直径
冷却系	冷却液温度		转向盘自由转动量
	冷却液液面高度		转向盘最大转向力
	风扇传动带张力	制动系	制动距离
	风扇离合器离合温度		制动减速度
润滑系	机油压力		制动力
	金属微粒含量		制动拖滞力
	油底壳油面高度		驻车制动力
	机油温度		制动时间
	机油消耗量		制动协调时间
	机油理化性能指标变化量		制动完全释放时间
	清净分散性系数 K 的变化量	行驶系	车轮静不平衡量
	介电常数的变化量		车轮动不平衡量
传动系	传动系游动角度		车轮端面圆跳动量
	传动系功率损失		车轮径向圆跳动量
	机械传动效率		轮胎胎面花纹深度
	各总成工作温度	其他	前照灯发光强度
转向系	车轮侧滑量		前照灯光束照射位置
	车轮前束值		车速表误差值
	车轮外倾角		喇叭声级
	主销后倾角		客车车内噪声
	主销内倾角		驾驶员耳旁噪声
	转向轮最大转向角		……

汽车诊断参数及选择原则

2.1.2 诊断参数的选择原则

在汽车的使用过程中,诊断参数的变化规律与汽车技术状况变化规律之间有一定的关系。能够表征汽车技术状况的参数有很多,为了保证诊断结果的可信性和准确性,在选择诊断参数时应遵循以下的原则:

(1)灵敏性。灵敏性亦称为灵敏度,是指诊断对象的技术状况在从正常状态到进入故障状态之前的整个使用期内,诊断参数相对于技术状况参数的变化率。选用灵敏性高的诊断参数诊断汽车的技术状况时,可使诊断的可靠性提高。

(2)稳定性。稳定性指在相同的测试条件下,多次测得同一诊断参数的测量值,具有良好的一致性(重复性)。诊断参数的稳定性越好,其测量值的离散度越小。稳定性不好的诊断参数,其灵敏性也低,可靠性差。

(3)信息性。信息性是指诊断参数对汽车技术状况的表征性。表征性好的诊断参数,能揭示汽车技术状况的特征和现象,反映汽车技术状况的全部情况。诊断参数的信息性越好,包含汽车技术状况的信息量越多,得出的诊断结论越可靠。

(4)经济性。经济性是指获得诊断参数的测量值所需要的诊断作业费用的多少,包括人力、工时、场地、仪器、设备和能源消耗等项费用。经济性高的诊断参数,所需要的诊断作业费用低。

2.1.3 诊断参数的测量条件和测量方法

诊断参数的测量条件和方法

不同的测量条件和测量方法,可以得出不同的诊断参数值。在测量条件中,一般有温度条件、速度条件、负荷条件等。多数诊断参数的测量需要汽车走热至正常工作温度。除了温度条件外,速度条件和负荷条件也很重要,如发动机功率的检测,需在一定的转速和负荷下进行;汽车制动距离的检测,需在一定的初速度和载荷下进行。对诊断参数的测量方法也有规定,如汽油车排气污染物的测量,采用怠速法或双怠速法进行等。没有规范的测量条件和测量方法,所测结果就无可比性,也就无法评价汽车的技术状况。所以,应把诊断参数及其测量条件、测量方法看成是一个不可分割的整体。

2.2 汽车诊断参数标准

为了定量地评价汽车及其总成或机构的技术状况,确定维修的范围和深度,必须建立诊断参数标准,提供一个比较尺度,检测结果与标准值对照后,即可确定汽车的技术状况,决定汽车是继续运行还是要进行维修。

2.2.1 诊断参数标准的分类

汽车诊断参数标准的分类

汽车诊断参数标准与其他标准一样,分为国家标准、行业标准、地方标准和企业标准四类。

(1)国家标准。国家标准是国家制定的标准,冠以中华人民共和国国家标准(GB)字样。国家标准一般由某行业部委提出,由国家质量监督检验检疫总局发布,全国各级单位和个人都必须贯彻执行,具有强制性和权威性。如 GB 18565—2001《营运车辆综合性能要求和检验方法》、GB 17691—2001《车用压燃式发动机排气污染物排放限值及测量方法》和 GB 7258—2004《机动车运行安全技术条件》等,都是国家标准,在对汽车进行检测时必须执行。

(2)行业标准。该标准也称为部委标准,是部级制定并发布的标准,在部委系统内或行业系统内贯彻执行,一般冠以中华人民共和国某行业标准,在一定范围内具有强制性和权威性,有关单位和个人必须贯彻执行,如JT/T 201—1995《汽车维护工艺规范》、JT/T 198—2004《汽车技术等级评定标准》,均为中华人民共和国交通行业标准,其与诊断有关的限值均可作为诊断参数标准使用。

(3)地方标准。该标准是省级、市级、县级制定并发布的标准,在地方范围内贯彻执行,在一定范围内具有强制性和权威性,所属范围内的单位和个人必须贯彻执行。省、市、县三级除贯彻执行上级标准外,可根据本地具体情况制定地方标准或率先制定上级没有制定的标准。地方标准中的限值可能比上级标准中的限值要求更严格。

(4)企业标准。该标准包括汽车制造厂推荐的标准、汽车运输企业和汽车维修企业内部制定的标准、检测仪器设备制造厂推荐的参考性标准三种类型。

汽车诊断参数标准的分类

汽车制造厂推荐的标准是汽车制造厂在汽车使用说明书中公布的汽车使用性能参数、结构参数、调整数据和使用极限等,可以把它们作为诊断参数标准来使用。该类标准是汽车制造厂根据设计要求和制造水平,为保证汽车的使用性能和技术状况而制定的。

汽车运输企业和维修企业的标准是本企业内部制定的标准,只在企业内部贯彻执行。该类标准除贯彻执行上级标准外,往往根据本企业的具体情况,制定一些上级标准中尚未规定的内容。企业标准中有些诊断参数的限值比上级标准还要严格,以保证汽车维修质量和树立良好的企业形象。企业标准须达到国家标准和上级标准的要求,同时允许高于国家标准和上级标准的要求。

检测仪器设备制造厂推荐的参考性标准是检测仪器设备制造厂,针对本仪器或设备所检测的诊断参数,在尚没有国家标准和行业标准的情况下制定的诊断参数的限值,通过产品使用说明书提供给使用者,作为参考性标准。

任何一级标准的制定,都既要考虑技术性和经济性,又要考虑先进性,并尽量靠拢同类国际标准。

2.2.2 诊断参数标准的组成

诊断参数标准一般由初始值、许用值和极限值三部分组成。

(1)初始值。此值相当于无故障新车和大修车诊断参数值的大小,往往是最佳值,可作为新车和大修车的诊断标准。当诊断参数测量值处于初始值范围内时,表明诊断对象技术状况良好。

(2)许用值。诊断参数测量值若在此值范围内,表明诊断对象技术状况虽发生变化,但尚属正常,无需修理,按要求维护即可继续运行;超过此值,应及时进行修理。

诊断参数标准的组成

(3)极限值。诊断参数测量值超过此值后,表明汽车技术状况严重恶化,必须进行修理。此时,汽车的动力性、经济性和环保性大大降低,行驶安全得不到保证,有关机件磨损严重,甚至可能发生机械事故。

可以看出,通过对汽车进行检测诊断,当诊断参数测量值在许用值以内,汽车可继续运行;当诊断参数测量值达到或超过极限值,须停止运行进厂维修。因此,将诊断参数测量值与诊断参数标准值比较,就可得知汽车技术状况。

随着经济的发展和技术的进步,诊断参数标准将会不断修正,在使用各类标准时,应及时采用最新的版本。

2.3 诊断周期

诊断周期是汽车诊断的间隔期,以行驶里程或使用时间表示。诊断周期的确定,应满足技术和经济两方面的条件,获得最佳诊断周期。最佳诊断周期是能保证车辆的完好率最高而消耗的费用最少的诊断周期。

2.3.1 制定最佳诊断周期应考虑的因素

制定最佳诊断周期,应考虑汽车技术状况和汽车使用条件,还应考虑汽车检测诊断、维护修理和停驶损耗的费用等因素。

制定最佳诊断周期应考虑的因素

(1)汽车技术状况。在汽车新旧程度不一,行驶里程不一,技术状况等级不一,甚至还有使用性能、结构特点、故障规律、配件质量不一等情况下,制定的最佳诊断周期显然也不会一样。新车、大修后的车辆,其最佳诊断周期长;旧车、使用条件恶劣的车辆其最佳诊断周期则短。

(2)汽车使用条件。汽车使用条件包括气候条件、道路条件、装载条件、驾驶技术、拖带挂车、燃润料质量等。气候恶劣、道路状况差、经常重载、驾驶技术不佳、拖挂行驶、燃润料质量得不到保障的汽车,其最佳诊断周期应短些。

(3)经济性。它包括检测诊断、维护修理、停驶损耗的费用。若使检测诊断、维护修理费用降低,则应使诊断周期延长,但汽车因故障停驶的损耗费用增加;若使停驶损耗的费用降低,则应使诊断周期缩短,但检测诊断、维护修理的费用增加。最佳诊断周期应从总费用最低来考虑。

2.3.2 制定最佳诊断周期的方法

大量统计资料表明,实现单位里程费用最小和技术完好率最高,两者是可以求得一致的。

制定最佳诊断周期的方法

根据交通部《汽车运输业技术管理规定》,汽车实行"定期检测,强制维护,视情修理"的制度。该规定要求车辆二级维护前应进行检测诊断和技术评定,根据结果,确定附加作业或修理项目,结合二级维护一并进行。《汽车运输业技术管理规定》又指出,车辆修理应贯彻"视情修理"的原则,即根据车辆检测诊断和技术鉴定的结果,视情按不同作业范围和深度进行,既要防止拖延修理造成车况恶化,又要防止提前修理造成浪费。

从上述规定中可以看出,二级维护前和车辆大修前都要进行检测诊断,其中,大修前的检测诊断,一般在大修间隔里程即将结束时结合最后一个二级维护前的检测诊断进行。既然规定在二级维护前进行检测诊断,则二级维护周期就是我国目前的最佳诊断周期。根据 JT/T201—1995《汽车维护工艺规范》的规定,二级维护周期在 10000 ~ 15000km 范围内。

3 汽车检测设备的基础知识

汽车检测系统的基本组成

在汽车检测诊断作业中,为了获得诊断参数测量值,检测人员要选择合适的测量仪表、仪器或设备,组成检测系统,在一定的测量条件和测量方法下,对汽车进行检测、分析和判断。

3.1 检测系统的基本组成

汽车检测系统,通常是由传感器、变换及测量装置、记录与显示装置、数据处理装置等组成,如图 1-1 所示。

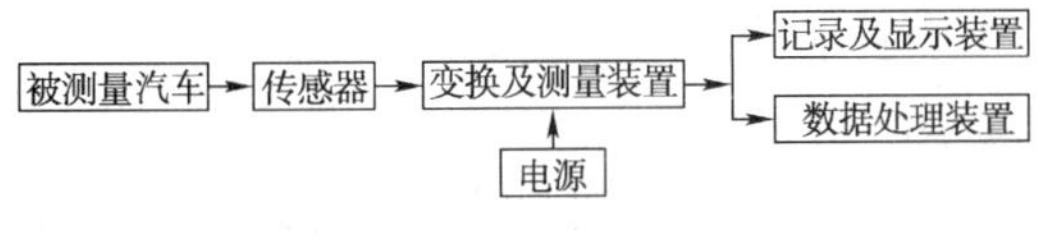

图 1-1 汽车检测系统的基本组成图

(1)传感器。传感器是一种能够把被测量的某种信息拾取出来,并将其转换成有对应关系的,便于测量的电信号的装置。传感器在整个检测系统中占有首要地位。由于传感器处于检测系统的输入端，所以它的性能直接影响到整个检测系统的工作可靠性。

汽车检测设备使用的传感器，按测量性质分类，可分为机械量传感器，如位移传感器、速度传感器等；热工量传感器，如温度传感器等。按传感器输出量的性质分类，传感器可分为参量型传感器，如电阻式传感器、电感式传感器和电容式传感器；发电型传感器，如热电偶传感器、光电传感器、磁电传感器、压电传感器等。

(2)变换及测量装置。变换及测量装置是一种将传感器送来的电信号变换成易于测量的电压或电流信号的装置。这类装置通常包括电桥电路、调制电路、解调电路、阻抗匹配电路、放大电路、运算电路等。它能对传感器信号进行放大，对电路进行阻抗匹配、微分、积分、线性化补偿等处理工作，是检测系统中较为复杂的部分。

汽车检测系统各组成装置

(3)记录与显示装置。记录与显示装置是一种将变换及测量装置送来的电信号进行记录和显示的装置。记录和显示装置一般有模拟显示、数字显示和图像显示三种。

模拟显示一般是利用指针式仪表指示被测量量的大小，应用广泛。其优点是结构简单，价格低廉，读数方便和直观；缺点是易造成读数误差。

数字显示是以数字形式指示被测量量的大小，应用愈来愈广泛。该种显示方式有利于消除读数误差，并且能与计算机连接，使数据处理更加方便。

图像显示是用记录仪显示并记录被测量量处于动态中的变化过程，以描绘出被测量量随时间变化的曲线或图像作为检测结果，供分析和使用。常用的自动记录仪有光线示波器、电子示波器、笔式记录仪和磁带记录仪等，其中，光线示波器具有记录和显示两种功能。电子示波器只具有显示功能；磁带记录器只具有记录功能。

(4)数据处理装置。数据处理装置是一种用来对检测结果(数据或曲线)进行分析、运算的装置。例如，对大量测量数据进行数理统计分析，对曲线进行拟合，对动态测试结果进行频谱分析、幅值谱分析和能量谱分析等。

3.2 智能化检测系统简介

智能化检测系统一般是指以计算机为基础的一种新型检测系统。由于用计算机控制整个检测系统，因而使检测系统的结构和功能发生了根本性的变化。

智能化检测系统是以微处理器作为控制单元，能把系统中各个测量环节有机地结合起来，并赋予了计算机所特有的诸如编程、自动控制、数据处理、分析判断、存储打印等功能。在手动设定量程选择、极性变换、亮度调节、幅度调节和数据显示等之后，系统将自动完成检测。

智能化检测系统的组成及特点

智能检测系统一般由传感器、放大器、A/D 转换器、计算机系统、显示器、打印机和电源等组成。

智能检测系统与一般检测系统相比有以下特点：

(1)自动零位校准和自动精度校准。为了消除由于环境条件的变化（例如温度）使放大器的增益发生变化所造成的仪器零点漂移，智能检测系统设置有自动零位校准功能，采用程序控制的方法，在输入接地的情况下，将漂移电压存入随机存储器中，经过运算即可从测量值中消除零位偏差。

(2)自动量程切换。智能检测系统中的量程切换一般是通过软件来实现的。编制软件是采用逐级比较的方法，从大到小（从高量程到低量程）自动进行，软件一旦判定被测参数所属量程，程序即自动完成量程切换。

(3)功能自动选择。智能检测系统中的功能选择，实际上是在数字仪表上附加时序电路，是用一个 A/D 采集多通道的信号，在程序控制下，通过电子开关来实现的。只要智能检测系统中的各功能键（如温度 T、流量 L 等）进行统一编码，然后 CPU 发送各种控制字符（如 A_1、A_2 等），通过接口芯片来控制各个电子开关的启闭。这样，在测量过程中检测系统能自动选择或自动改变测量功能。这种功能的改变完全可以由用户事先设定，在程序中发送不同的控制字符，相应的电子开关便接通，从而实现了功能的自动选择。

(4)自动数据处理和误差修正。智能检测系统有很强的自动数据处理功能。例如，能按线性关系、对数关系及乘方关系，求取测量值相对于基准值的各种比值，并能进行各种随机量的统计分析和处理，求取测量值的平均值、方差值、标准偏差值、均方根值等。对于系统误差的修正，由于往往事先知道被测量量的修正量，故在智能检测系统中，这种误差的修正就变得更为简单。除此之外，智能检测系统还能对非线性参数进行线性补偿，使仪器的读数线性化。

(5)自动定时控制。自动定时控制是某些测量过程所需要的。智能检测系统实现自动定时控制有两种方法，一种是用硬件完成，例如某些微处理器中就有硬件定时器，可以向 CPU 发出定时信号，CPU 会立即响应并进行处理；另一种是用软件达到延时的目的,即编制固定的延时程序,可实现自动定时控制。后者方法简单,但定时精度不如前者高。

(6)自动故障诊断。智能检测系统可在系统内设有故障自检系统,能在遇到故障时自动显示故障部位,大大缩短诊断故障的时间,实现检测系统自身的快速诊断。

(7)功能强大。一些综合性能的智能检测系统,如发动机综合参数测试仪、解码器、示波器等,不仅能对国产车系进行检测诊断,而且能对亚洲车系、欧洲车系和美洲车系进行检测诊断;不仅能检测诊断发动机的电控系统,而且能检测自动变速器、防抱死制动装置、安全气囊、电控悬架、巡航系统和空调的电控系统;不仅能读出故障码、清除故障码,而且还能读出数据流,进行系统测试等多项功能。

智能化检测系统的特点

(8)使用方便。像发动机综合参数测试仪、解码器、示波器和四轮定位仪等检测设备,均设有菜单式操作按钮,使用中只要点击菜单,选择要测试的内容即可,操作变得非常方便。

3.3 检测设备的日常维护

为了使检测设备保持良好的技术状况,必须做好日常的使用与维护工作。

检测设备的使用环境,如温度、湿度、灰尘、振动等必须符合其使用说明书的规定,否则应采取必要的措施。

指针式检测设备在使用前应检查指针是否在机械零点位置上,否则应调整。

如需预热,检测设备在使用前应按规定时间进行预热。

应按使用说明书规定的方法对检测设备进行校准和调整,符合要求后才能投入使用。

检测设备的日常维护

电源开关不宜频繁开启和关闭。

检测设备的电源电压应在额定值 ±5% 范围内,并应加强交流滤波。

严格防止高压电窜入控制线和信号线内,且控制线、信号线不宜过长。

使用完毕应及时关闭电源,有降温要求的应使机内风扇继续工作数分钟,直至温度降至符合要求为止。

要经常检视检测设备传感器的外部状况,如有破损、松动、位移、积尘和受潮等现象,应及时处理。

保持设备的清洁。严禁用有机溶剂和湿布等擦拭内部元件。

1. 何谓汽车检测?
2. 何谓汽车诊断?
3. 汽车技术状况变差的主要外观症状是什么?
4. 汽车检测与诊断的目的是什么?
5. 何谓现代仪器设备诊断法?
6. 汽车诊断参数包含哪几种参数?
7. 汽车诊断参数的选择原则是什么?
8. 汽车检测诊断设备的日常维护工作有什么要求?

单元二 发动机的检测与诊断

学习目标

知识目标

1. 正确描述发动机检测的项目和内容;
2. 正确描述发动机检测的相关检测标准;
3. 简单叙述发动机检测仪器设备的基本构造与工作原理。

能力目标

1. 会使用发动机检测诊断的仪器和设备;
2. 会分析发动机故障产生的原因,能掌握故障诊断和排除方法;
3. 会分析发动机各检测项目的检测结果。

发动机的检测

发动机是汽车动力的来源。汽车的动力性、经济性、可靠性和环保性等性能指标都直接与发动机有关。由于发动机结构复杂,且处在转速与负荷不断变化的条件下运转,某些零件还要在高温及高压等苛刻的条件下工作,因而故障率较高,往往成为汽车检测与诊断的重点对象。

发动机技术状况变化的主要外观症状有:动力性下降,燃料与润滑油消耗量增加,起动困难,排放污染物增加,漏水、漏油、漏气、漏电以及运转中有异常响声等。

用以评价发动机技术状况的诊断参数很多,详见表1-1。

1 发动机功率的检测

发动机功率的评价指标有指示功率和有效功率。发动机的有效功率是指发动机输出轴上发出的功率,是发动机一项综合性指标,通过检测,可掌握发动机的技术状况,确定发动机是否需要大修或鉴定发动机的维修质量。发动机功率的检测可分为稳态测功和动态测功。

稳态测功是指在节气门开度一定、转速一定和其他参数都保持不变的稳定状态下，在测功器上测定发动机功率的一种方法，亦称发动机的台架测功。通过测量发动机的输出转矩和转速，由下式计算出发动机的有效功率：

$$P_e = \frac{M_e \cdot n}{9550}$$

发动机功率的检测

式中：P_e——发动机有效功率，kW；

n——发动机转速，r/min；

M_e——发动机输出转矩，N · m。

动态测功是指节气门开度和转速等参数均处于变动的状态下，测定发动机功率的一种方法。发动机在低速运转时，突然踩下加速踏板，使发动机加速运转，用加速性能直接反映最大功率。这种方法不需要对发动机施加外部负荷，亦称无负荷测功或无外载测功。无负荷测功可在实验台上进行，也可就车进行，但测量精度低于稳态测功。

1.1 发动机的稳态测功

在实验台上测量发动机输出功率的测试设备有转速仪、水温表、机油压力表、机油温度表、气象仪器（湿度计、大气压力计、温度计）、计时器、燃料测量仪及测功器等。

测功器作为发动机的负载，实现对测定工况的调节，模拟汽车实际行驶时外界负荷的变化，同时测量发动机的输出转矩和转速，即可计算出发动机的功率。

发动机的稳态测功

测功器是发动机性能测试的重要设备，主要的类型有水力式、电力式和电涡流式。水力测功器是利用水作为工作介质，调节制动力矩。电力测功器是利用改变定子磁场的激磁电压产生制动力矩。电涡流测功器是利用电磁感应产生涡电流形成制动作用。这里仅就电涡流测功器的结构和工作原理作一介绍。

1.1.1 电涡流测功器的结构与工作原理

（1）电涡流测功器的结构。电涡流测功器因结构形式不同，分为盘式和感应子式两类。现在应用最多的是感应子式电涡流测功器。

图 2-1 为感应子式电涡流测功器的结构图。制动器由转子和定子组成，制成平衡式结构。转子为铁制的齿状圆盘。定子的结构较为复杂，由激磁绕组、涡流环、铁芯组成。电涡流测功器吸收的发动机功率全部转化为热量，测功器工作时，冷却水对测功器进行冷却。

(2)电涡流测功器的工作原理。当激磁绕组中有直流电通过时,在由感应子、空气隙、涡流环和铁芯形成的闭合磁路中产生磁通,当转子转动时,空气隙发生变化,则磁通密度也

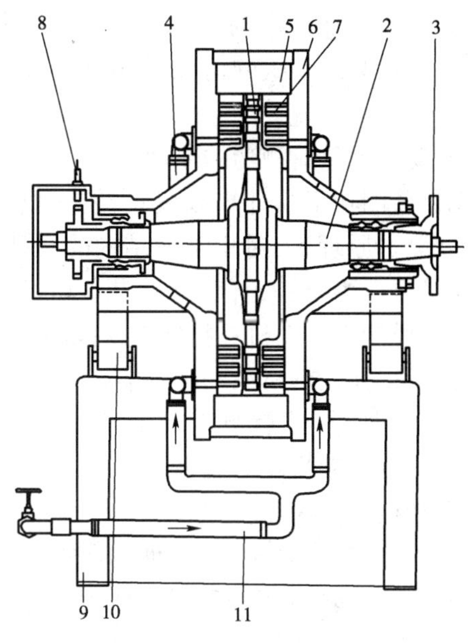

图 2-1　电涡流测功器结构图

1-转子;2-转子轴;3-连接盘;4-冷却水管;5-激磁绕组;6-外壳;7-冷却水腔;8-转速传感器;9-底座;10-轴承座;11-进水管

电涡流测功器的结构与工作原理

发生变化。在转子齿顶处的磁通密度大,齿根处磁通密度小,由电磁感应定律可知,此时将产生感应电动势,力图阻止磁通的变化,于是在涡流环上感应出涡电流,涡电流的产生引起对转子的制动作用,涡流环吸收发动机的功率,产生的热量由冷却水带走。

1.1.2　稳态测功的测试过程

稳态测功的操作步骤

(1)将发动机安装在测功器台架上,使发动机曲轴中心线与测功器转轴中心线重合。

(2)安装仪表并接上电器线路及接通各种管路。

(3)检查调整气门间隙,汽油机检查调整分电器的断电器触点间隙、火花塞电极间隙及点火提前角;柴油机要检查调整喷油器的喷油提前角、喷油压力、喷油锥角及喷雾情况。检查调整各紧固件。

(4)记录当时的气压和气温。

(5)起动发动机,操纵试验仪器,观察仪表工作情况,记录下数据,根据记录数据计算并绘制出 P_e、M_e、g_e 曲线。

1.2 发动机的无负荷测功

由于稳态测功需从汽车上卸下发动机，易造成密封件和连接件的损坏，将缩短机构的工作寿命。拆卸发动机还将耗费时间和劳动量，并增加汽车的停歇时间。在用发动机无负荷测功，可以在不拆卸发动机的情况下，快速测定发动机的功率。

发动机无负荷测功的原理及方法

1.2.1 发动机无负荷测功的原理

发动机无负荷测功不需外加载装置，能在短时间内测出发动机功率，其测量原理是：对于某一结构的发动机，它的运动件的转动惯量可认为是一定值，这就是发动机加速时的惯性负荷，因此，只要测出发动机在指定转速范围内急加速时的平均加速度，即可得知发动机的动力性能。或者说，通过测量某一转速时的瞬时加速度，就可以确定发动机功率的大小。瞬时加速度愈大，则发动机功率愈大。

1.2.2 发动机无负荷测功方法

进行发动机无负荷测功时，首先使发动机与传动系分离，并使发动机的温度与转速达到规定值，然后把传感器装入离合器壳的专用孔中，迅速踩下加速踏板，使发动机加速，此时功率表便可显示被测发动机的功率。为了取得较准确的测量值，可重复试验几次，取其平均值。

测试时，汽油机有两种加速方法，一种是通过迅速踩下加速踏板；另一种是在发动机运转时切断点火电路，待发动机转速下降后再接通点火电路加速。后一种加速方法排除了化油器加速泵的附加供油作用，因而可以检查化油器的调整质量。

无负荷测功仪可以测定发动机的全功率，也可测定某一气缸的功率，断开某一缸的点火线或高压油路测得的功率与全功率比较，二者之差即为该缸的单缸功率。各单缸功率进行对比，可判断各缸技术状况。

发动机无负荷测功仪的使用方法

1.2.3 发动机无负荷测功仪的使用方法

发动机无负荷测功仪既可以制成单一功能的便携式测功仪，也可以与其他测试仪表组合成台式发动机综合性能分析仪。无论哪种形式，其使用方法基本相同。

(1)便携式无负荷测功仪的使用方法：

①仪器自校和预热。便携式无负荷测功仪如图2-2所示，按使用说明书，对仪器进行预热，然后进行自校。把计数检查旋钮1拨向“检查”位置，左边时间(T)表头指针1s摆动一次。把旋钮1拨向“测试”位置，把旋钮3拨向“自校”位

置，再缓慢旋转“模拟转速”旋钮 2，注意转速(n)表头指针慢慢向右偏转(模拟增加转速)。当指针偏转至起始转速 n_1 = 1000r/min 位置时，门控指示灯即亮。继续增加模拟转速至 n_2 = 2800r/min 时，“T”表即指示出加速时间，以表示模拟速度的快慢。按下“复零”按钮，表针回零，门控指示灯熄灭，表示仪器调整正常。否则，微调 n_1、n_2 电位器。

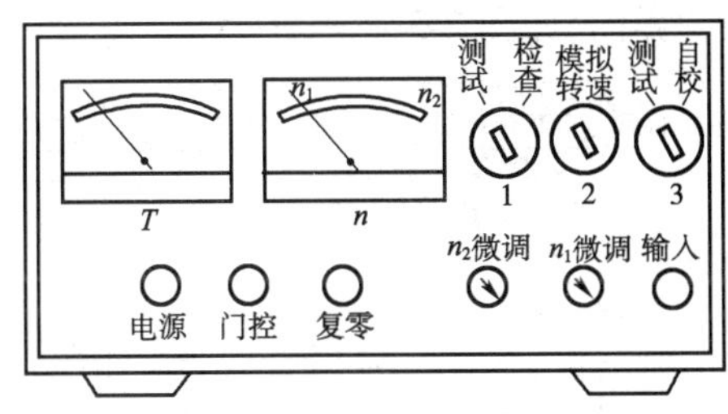

图 2-2 便携式无负荷测功仪面板

1-计数检查旋钮;2-模拟转速旋钮;3-自校旋钮

便携式无负荷测功仪的使用方法

②预热发动机和安装转速传感器。预热发动机至正常工作温度(80～90℃)，并使发动机怠速正常，变速器置空挡，然后把仪器传感器两接线卡分别接在分电器低压接线柱和搭铁线路上(汽油机)。

③测加速时间。操作者在驾驶室内迅速地把加速踏板踩到底，发动机转速猛然上升，当“T”表指针显示出加速时间（或功率）时，应立即松开加速踏板，切忌发动机长时间高速空转。记下读数，仪器复零。重复操作三次，取其平均值。

④确定功率。仅能显示加速时间的无负荷测功仪，测得加速时间后应对照仪器厂家推荐的曲线或表格确定发动机的功率值。表 2-1 所示为某发动机功率—时间对照表。

某发动机功率—时间对照表 表 2-1

加速时间(s)	0.31	0.36	0.46
稳态外特性功率值(kW)	99.3	88.3	66.2

有的无负荷测功仪做成袖珍式，带有伸缩天线，可接收发动机运转时的点火脉冲信号，而不必与发动机采取任何有线连接。使用时，用手拿着该测功仪，只要面对发动机侧面拉出伸缩天线，发动机突然加速运转，即可遥测到加速时间和转速。然后查看仪器背面印制的主要机型的功率、时间对照表，便可得知发动机功率的大小。

(2)发动机综合性能分析仪检测功率的方法。一些发动机综合性能分析仪也具有无负荷测功功能。以元征 EA1000 型发动机综合性能分析仪为例说明使用方法如下:

发动机综合性能分析仪检测功率的方法

①预热发动机,开启元征 EA1000 型发动机综合性能分析仪,将仪器与发动机连接;

②在主菜单中点击“柴油机”或“汽油机”;

③在柴油机/汽油机下级菜单中选择“无外载测功”,进入无外载测功界面,如图 2-3 所示;

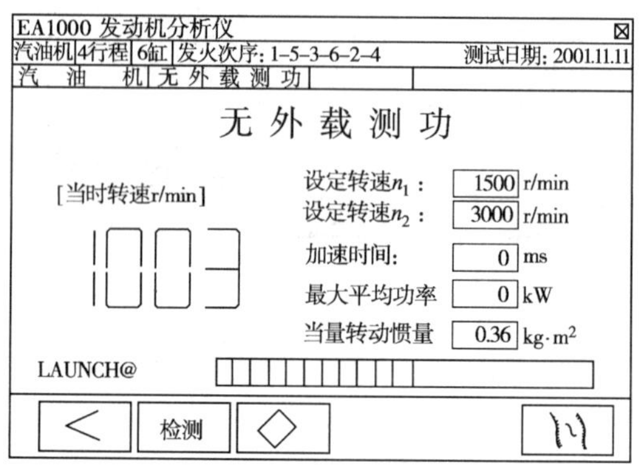

图 2-3 发动机综合性能分析仪无外载测功界面

④设定起始转速 n_1 和终止转速 n_2;

⑤键入发动机当量转动惯量(查阅相关资料或使用转动惯量仪器测定);

⑥点击“检测”按钮,界面出现 5s 倒计时;

⑦当倒计时为“0”时,迅速踩下加速踏板,等待发动机转速超过 n_2 时,松抬加速踏板;

⑧读取发动机的加速时间和最大平均功率;

⑨点击“保存报表”按钮,对数据进行保存或打印。

点击“显示菜单”返回。

1.2.4 单缸功率的检测

单缸功率的检测

无负荷测功仪既可以检测发动机的整机功率,又可以检测某气缸的单缸功率。检测单缸功率的方法是:先测出发动机整机功率,再测出某单缸断火后发动机功率,两功率之差即为断火之缸的功率。技术状况良好的发动机,各缸的功率相同,称为发动机的动力平衡。动力不平衡,会造成发动机运转不平稳。

也可以通过单缸断火的方法检测发动机转速下降值,来评价发动机各缸工作状况。

发动机综合性能分析仪通过提取汽油机一缸点火信号和

点火系一次信号，在“动力平衡”菜单启动后，自动使各缸依次断火，从而获得各缸断火前转速、断火后转速及转速下降的百分比，如图 2-4 所示。

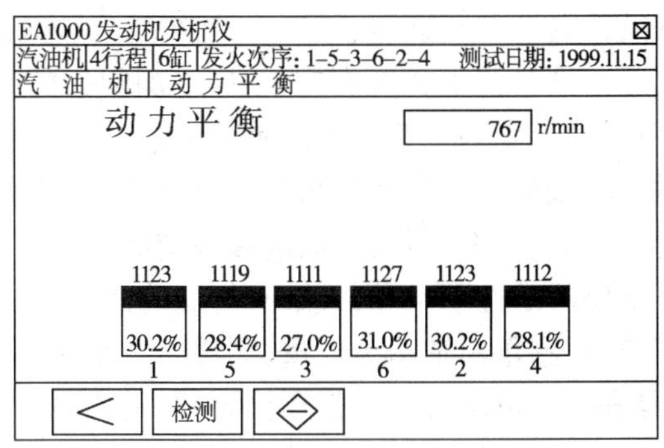

图 2-4 检测动力平衡界面

单缸断火试验时，会造成断火气缸内积存燃油，破坏润滑条件，所以断火试验时间不宜过长。

1.2.5 检测结果分析

检测完毕后，应对测量结果进行分析，对照诊断标准确定发动机的技术状况，及时查明故障原因并给予排除。

在用发动机功率不得低于原额定功率的 75%；大修后发动机功率不得低于原额定功率的 90%。

发动机功率检测结果分析

若发动机功率偏低，应首先检查燃料供给系和点火系技术状况，若该两系统工作正常但功率仍然偏低时，应结合气缸压力和进气歧管真空度的检查（后述），判断机械部分是否有故障。

工作正常的发动机，在某一转速下稳定空转时，发动机的指示功率与摩擦消耗功率是平衡的。此时，若取消任一气缸的工作，发动机转速都会有相同的下降值。要求最高与最低下降值之差不大于平均下降值的 30%。如果转速下降值低于一定规定值，说明断火之缸工作不良。转速下降值愈小，则该缸功率愈小；当下降值等于零时，该缸功率也等于零，即该缸不工作。

发动机单缸功率偏低，一般系该缸高压分火线或火花塞技术状况不佳、气缸密封性不良、气缸窜机油、喷油器故障等原因造成，应调整或检修。

发动机功率与海拔高度有密切关系，无负荷测功仪所测结果是实际大气压力下的发动机功率，如果要校正到标准大气压下的功率，应乘以校正系数。

2 气缸密封性的检测

气缸密封性的检测方法

气缸的密封性与气缸体、气缸盖、气缸垫、活塞、活塞环和进排气门等零件的技术状况有关。在发动机使用过程中，由于这些零件磨损、烧蚀、结焦或积炭，导致气缸密封性下降。气缸密封性是表征发动机技术状况的重要参数。气缸密封性不良，将使发动机功率下降，燃油消耗率增加。

在不解体的条件下，检测气缸密封性的常用方法有：测量气缸压缩压力；测量曲轴箱窜气量；测量气缸漏气量或气缸漏气率；测量进气管负压等。在就车检测时，只要进行其中的一项或两项，就能确定气缸密封性的好坏。

2.1 气缸压缩压力的检测

活塞到达压缩终了上止点时气缸内的压力称为气缸压缩压力，简称为气缸压力。检测气缸压缩压力的大小可以表明气缸的密封性。检测方法有：用气缸压力表检测和用气缸压力测试仪检测。

2.1.1 用气缸压力表检测气缸压缩压力

用气缸压力表检测气缸压力

气缸压力表是一种气体专用压力表，它一般由压力表头、导管、单向阀和接头等组成，如图 2-5 所示。气缸压力表的接头有两种形式。一种为锥形或阶梯形的橡胶接头，可以压紧在火花塞或喷油器孔上；另一种为螺纹管接头，可以拧紧在火花塞或喷油器螺纹孔内。

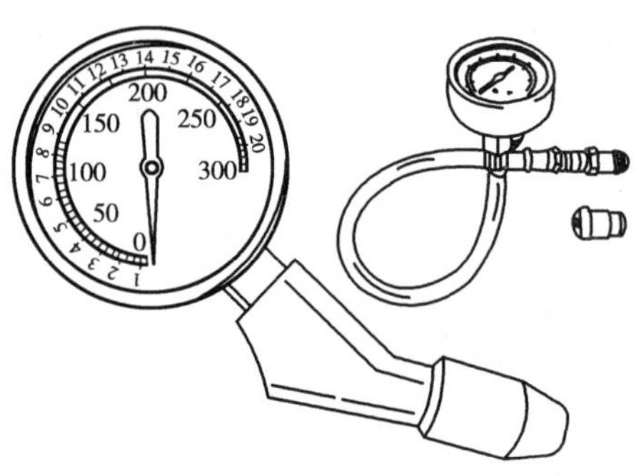

图 2-5 气缸压力表

由于用气缸压力表检测气缸压缩压力具有价格低廉、仪表轻巧、实用性强和检测方便等优点，因而在汽车维修企业中应用十分广泛。

(1)检测方法。发动机正常运转，使水温达 75℃ 以上。停机后，拆下空气滤清器，用压缩空气吹净火花塞或喷油器周

围的灰尘和脏物,然后卸下全部火花塞或喷油器,并按气缸次序放置。对汽油发动机,还应把分电器中央电极高压线拔下并可靠搭铁,以防止电击和着火,然后把气缸压力表的橡胶接头插在被测气缸的火花塞孔内,扶正压紧。节气门和阻风门置于全开位置,用起动机转动曲轴 3~5s(不少于四个压缩行程),待压力表头指针指示并保持最大压力后停止转动。取下气缸压力表,记下读数,按下单向阀使压力表指针回零。按上述方法依次测量各缸气缸压力,每缸测量次数不少于两次。

就车检测柴油机气缸压力时,应使用螺纹接头的气缸压力表。如果该机要求在较高转速下测量,此种情况除受检气缸外,其余气缸均应工作。其他检测条件和检测方法同汽油机。

气缸压力诊断参数标准

(2)诊断参数标准。气缸压缩压力标准值一般由汽车厂商提供。按照 GB 18565—2001《营运车辆综合性能要求和检验方法》的规定,在用汽车发动机各气缸压力应不小于原设计值的 85%;每缸压力与各缸平均压力的差:汽油机应不大于 8%,柴油机应不大于 10%。根据 GB/T 15746.2—1995《汽车修理质量检查评定标准 发动机大修》附录 B 的规定:大修竣工发动机的气缸压力应符合原设计规定,每缸压力与各缸平均压力的差:汽油机不超过 8%,柴油机不超过 10%。

常见几种车型发动机气缸压缩压力的标准值如表 2-2 所示。

常见几种车型气缸压缩压力标准值 表 2-2

发动机型号	压缩比	气缸压缩压力标准值(kPa)
奥迪 100 1.8L	8.5	800~1000
捷达 EA827	8.5	900~1100
桑塔纳 AJR 1.8L	9.3	1000~1350
富康 TU3	8.8	1200
解放 CA6102	7.4	930
东风 EQ6100	6.75	833
五十铃 4JB1	18.2	3100

(3)结果分析。测得结果如高于原设计规定,并不一定是气缸密封性好,要结合实际情况进行分析。这种情况有可能是燃烧室内积炭过多,或气缸衬垫过薄,或缸体与缸盖结合平面修理加工过甚所造成。测得结果如低于原设计规定,

可向该缸火花塞或喷油器孔内注入适量机油，然后用气缸压力表重测气缸压力。根据重测结果，按以下方法进行分析：

气缸压力诊断结果分析

①第二次测出的压力比第一次高，接近标准压力，表明是气缸、活塞环、活塞磨损过大或活塞环对口、卡死、断裂及缸壁拉伤等原因造成气缸密封不严。

②第二次测出的压力与第一次略同，即仍比标准压力低，表明是进、排气门或气缸衬垫不密封。

③两次检测结果均表明某相邻两缸压力都相当低，说明两缸相邻处的气缸衬垫烧损窜气。

以上仅为对气缸组不密封部位的故障分析或推断。为了准确地测出故障部位，可在测完气缸压力后，针对压力低的气缸，采用以下简易方法：以汽油机为例，卸下空气滤清器，打开散热器盖和加机油口盖，用一根胶管，一头接压缩空气气源，另一头通过锥形橡皮头插在火花塞孔内。摇转发动机曲轴，使被测气缸活塞处于压缩终了上止点位置，然后将变速器挂低挡，拉紧驻车制动器操纵杆，打开压缩空气（600kPa 以上）开关，注意倾听漏气声。如在进气口处听到漏气声，说明进气门不密封；如在排气消声器处听到漏气声，说明排气门不密封；如在散热器加水口处看到有气泡或听到漏气声，说明气缸衬垫不密封造成气缸与水套沟通；如在相邻气缸火花塞口处听到漏气声，说明气缸衬垫在该两缸之间处烧损窜气；如在加机油口处听到漏气声，说明气缸活塞配合副不密封。

气缸压缩压力的值不但与气缸内各处的密封程度有关，而且还与曲轴的转速有关。研究表明，只有当曲轴转速超过1500r/min，压缩压力才变化不大。但在低速范围内，即使较小的转速差也能引起压缩压力测量值的较大变化。

用气缸压力表测量气缸压力，虽然使用方便，但存在测量误差较大的缺点。

2.1.2 用气缸压力测试仪检测气缸压缩压力

气缸压力测试仪的使用方法

（1）用压力传感器式气缸压力测试仪检测。用这种测试仪检测气缸压力时，需先拆下被测缸的火花塞，旋上仪器配置的压力传感器，用起动机转动曲轴 3～5s，由传感器取出气缸的压力信号，经放大后送入 A/D 转换器进行模数转换，再送入显示装置即可获得气缸压力。

（2）用起动电流或起动电压降式气缸压力测试仪检测。起动机带动发动机曲轴所需的转矩是起动机电流的函数，并与气缸压力成正比。发动机起动时的阻力矩，主要是由曲柄

连杆机构产生的摩擦力矩和各缸压缩行程受压空气的反力矩两部分组成的。前者可认为是常数,而后者是随各缸气缸压力变化的。因此,起动电流的变化与气缸压力的变化间存在着对应关系,通过测量起动时某缸的起动电流,即可确定该缸的气缸压力。通过测量起动电源(蓄电池)的电压降,也可获得气缸压力。这是因为起动机工作时,蓄电池端电压的变化取决于起动机电流的变化。当起动电流增大时,蓄电池端电压降低,即起动电流与电压降成正比。起动电流与气缸压力成正比,因此起动时蓄电池的电压降与气缸压力也成正比,所以通过测量蓄电池电压降可以获得气缸压力。用该测试仪检测气缸压力时,无需拆下火花塞。

国产 WFJ-1 型发动机检测仪,利用电流传感器测出起动过程中起动电流的变化波形,如图 2-6 所示。从图中可以看出,起动电流变化波形上的峰值与各缸气缸压力的最大值有关,起动电流波形峰值高的气缸压力也高,峰值低的气缸压力也低。在测量起动电流波形的同时,用压力传感器测出任意一缸的气缸压力值,其他各缸压力值按相对应的电流波形幅度即可算出。

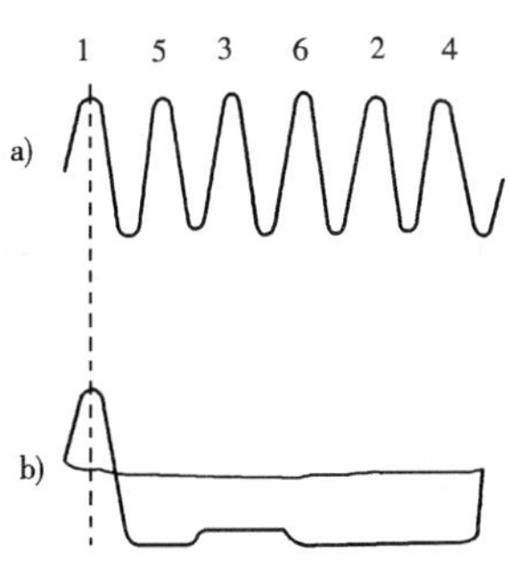

图 2-6 起动电流与气缸压力波形图

a)起动电流波形;b)一缸气缸压力波形

1、2、3、4、5、6-各缸序号

发动机综合性能检测仪可将起动电流的波形变成柱方图显示各缸的气缸压力,非常直观。以 EA1000 型为例,在选择“起动机及发电机”后,进入起动电流检测功能。按下“检测”键,起动发动机,分析仪自动发出全部断油指令,屏幕显示出发动机转速、起动电流,同时绘制起动电流曲线和相对应气缸压力的柱方图,通过检测起动电流,从而可达到间接检测气缸压力变化量的目的,如图 2-7 所示。

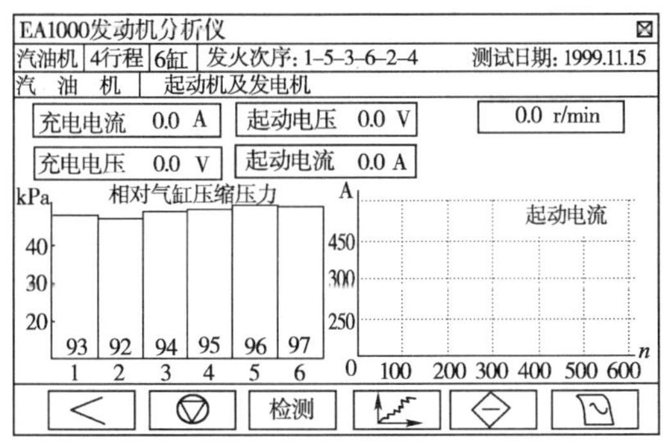

图 2-7 起动电流及起动电压检测

(3)用电感放电式气缸压力测试仪检测。这是一种通过检测点火二次电感放电电压来确定气缸压力的仪器,仅适用于汽油机。汽油机工作中,随着断电器触点打开,二次电压随即上升击穿火花塞间隙,并维持火花塞放电。火花放电电压也称为点火电压,它属于点火系电容放电后的电感放电部分。电感放电部分的电压与气缸压力之间具有近乎直线的对应关系,因此各缸火花放电电压可作为检测各缸压力的信号,该信号经变换处理后即可显示气缸压力。

使用以上几种测试仪检测气缸压力时,发动机不应着火工作。汽油机可拔下分电器中央高压线并搭铁或按测试仪要求处理,柴油机可旋松喷油器高压油管接头断油,即可达到目的。

2.2 曲轴箱漏气量的检测

检测曲轴箱的漏气量,也是检测气缸密封性的方法之一,特别是在发动机不解体的情况下,使用该方法诊断气缸活塞摩擦副的工作状况具有显著的作用。随着气缸活塞配合副的磨损,窜入曲轴箱的气体量将有所增加。所以,发动机工作时单位时间内窜入曲轴箱的气体量的多少,可作为衡量气缸活塞配合副密封性的评价指标。曲轴箱的漏气量亦称为曲轴箱窜气量。

曲轴箱漏气量的检测方法

2.2.1 曲轴箱漏气量的检测方法

曲轴箱漏气量的检测需采用专用气体流量计进行。国家标准 GB 11340—1989《汽车曲轴箱排放物测量方法及限值》规定采用的漏气量测量装置及连接方法,如图 2-8 所示。

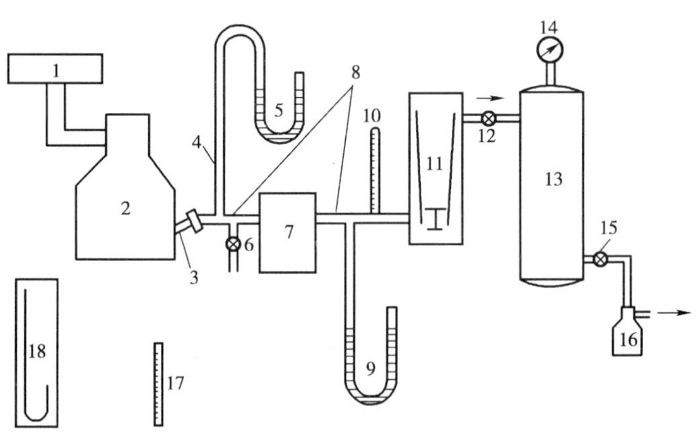

图 2-8 曲轴箱漏气量测量装置及连接方法

1-空气滤清器;2-被测发动机;3-选定的曲轴箱入口;4-平衡管(内径 3mm);5、9-U形压力计(水);6-放气阀;7-油水分离器;8-通气管(内径不小于 20mm);10-温度计;11-流量计;12、15-流量调节阀;13-稳压筒;14-真空表;16-真空泵;17-大气温度计;18-大气压力计

该漏气量测量装置由平衡管(内径3mm)、U形压力计(水)、放气阀、油水分离器、通气管(内径不小于20mm)、温度计、流量计、流量调节阀、稳压筒、真空表、真空泵、大气温度计和大气压力计等组成。检测曲轴箱漏气量时,发动机运转到正常工作温度,在选定的曲轴箱入口(其余入口全部封闭)处,连接漏气量测量装置,不使用PCV阀,并将曲轴箱入口处的压力调整至环境大气压力,在底盘测功试验台上,按表2-3或表2-4所示工况进行检测。当直接挡车速为50km/h,进气管真空度达到55kPa时,按表2-3工况测量;达不到55kPa时,按表2-4工况进行测量。曲轴箱漏气量从流量计上读取。

曲轴箱漏气量的检测方法

曲轴箱的漏气量除了与气缸活塞组的技术状况有关以外,还与发动机的转速和负荷有关,因而在检测时,发动机必须加载。发动机加载最好在底盘测功试验台上进行。该试验台的测功装置就是加载装置,可方便地通过滚筒对驱动车轮加载。

曲轴箱漏气量测量工况　　表2-3

测量顺序	进气管真空度(kPa)	直接挡车速(km/h)
1		怠速
2	55 ±1	50 ±2
3	35 ±1	50 ±2
4	10 ±1	50 ±2

曲轴箱漏气量测量工况　　表2-4

测量顺序	进气管真空度(kPa)	直接挡车速(km/h)
1		怠速
2	按50km/h平坦路面等速行驶时的进气管真空度	50 ±2
3	按测量顺序2的真空度×(35/55)	50 ±2
4	节气门全开	50 ±2

曲轴箱的漏气量检测后,应对流量计进行修正,修正方法如下:

(1)流量计均有标定的压力和温度,应根据实测时的压力和温度将实测流量换算成标定的压力和温度状态下的流量。

(2)将流量计标定流量修正到标准大气状态下的流量,采用下式进行计算:

$$Q_p = Q_a \frac{p_a}{T_a} \times \frac{T_p}{P_p}$$

式中：p_a——流量计标定压力，kPa；

T_a——流量计标定温度，K；

Q_a——流量计标定后的流量，m^3/h；

P_p——标准状态的大气压力，100kPa；

T_p——标准状态的大气温度，298K；

Q_P——标准状态的流量，m^3/h。

2.2.2 曲轴箱漏气量诊断参数标准

曲轴箱漏气量诊断参数标准

对于曲轴箱漏气量，国家标准 GB 11340—1989《汽车曲轴箱排放物测量方法及限值》中并没有作出规定。在国家标准 GB 14761.4—1993《汽车曲轴箱污染物排放标准》中，对曲轴箱排放物的定性标准为：“汽车运行 80000 km 内，从机油标尺口测量不允许出现正压力”。但是，这一规定不仅没有具体流量数值，也没有与发动机技术状况的对应关系，给判断气缸密封性带来了困难。有些维修企业自用的曲轴箱漏气量企业标准，一般是根据具体车型逐渐积累资料制定的。由于曲轴箱漏气量还与缸径大小和缸数多少有关，很难把众多车型统一在一个诊断标准内。有些国家以单缸平均漏气量作为诊断参数标准，表 2-5 所示参数可作为参考性诊断标准。

曲轴箱单缸平均漏气量参考性诊断参数标准 表 2-5

发动机技术状况	单缸平均漏气量(L/min)	
	汽油机	柴油机
新发动机	2～4	3～8
需大修发动机	16～22	18～28

交通行业标准 JT/T 201—1995《汽车维护工艺规范》中规定，在汽车二级维护前检测时，国产东风 EQ1090 型汽车发动机在 2000r/min 时，曲轴箱漏气量应≤70L/min；解放 CA1091 型汽车发动机在 1000r/min 时，曲轴箱漏气量应≤40 L/min。其他车型可参考此规定执行。

曲轴箱漏气量大，一般是气缸、活塞、活塞环磨损量大，活塞环对口、结胶、积炭、失去弹性、断裂及缸壁拉伤等原因造成的。

2.3 气缸漏气量和漏气率的检测

2.3.1 气缸漏气量的检测

气缸的密封性可用检测气缸漏气量的方法进行评价。检

测气缸漏气量时，发动机不运转，活塞处在压缩终了上止点位置，从火花塞孔通入压缩空气，通过测量气缸内压力的变化情况，来表征整个气缸组的密封性。

气缸漏气量检测仪的结构、工作原理和检测方法

（1）气缸漏气量检测仪的结构与工作原理。国产 QLJ-2 型气缸漏气量检测仪如图 2-9 所示。该仪器由调压阀、进气压力表、测量表、校正孔板、橡胶软管、快速接头和充气嘴等组成，此外还需配备外部气源、指示活塞位置的指针和活塞定位盘。外部气源的压力相当于气缸压缩压力，一般为 600 ~ 900kPa。压缩空气按箭头方向进入气缸漏气量检测仪，其压力由进气压力表 2 显示。随后，它经由调压阀、校正孔板、橡胶软管、快速接头和充气嘴进入气缸，气缸内的压力变化情况由测量表 3 显示。检测方法如下：

①先将发动机预热到正常工作温度，用压缩空气吹净缸盖、火花塞孔上的灰尘，拧下所有火花塞，装上充气嘴。

②将仪器接上气源，在仪器出气口完全密封的情况下，通过调节调压阀，使测量表的指针指在 400kPa 位置上。

③卸下分电器盖和分火头，装上指针和活塞定位盘。指针可用旧分火头改制，仍装在原来的位置上。活塞定位盘用较薄的板材制成，其上按缸数进行刻度，并按分火头的旋转方向和点火次序刻有缸号。假定是 6 缸发动机，分火头按顺时针方向转动，点火次序为 1 - 5 - 3 - 6 - 2 - 4，则活塞定位盘上每 60°有一刻度，共有 6 个刻度，并按顺时针方向在每个刻度上分别刻有 1、5、3、6、2、4 的字样。

④摇转曲轴，先使第 1 缸活塞处于压缩终了上止点位置，然后转动活塞定位盘，使刻度“1”对正指针。变速器挂低速挡，拉紧驻车制动器操纵手柄，以保证压缩空气进入气缸后，不会推动活塞下移。

a)

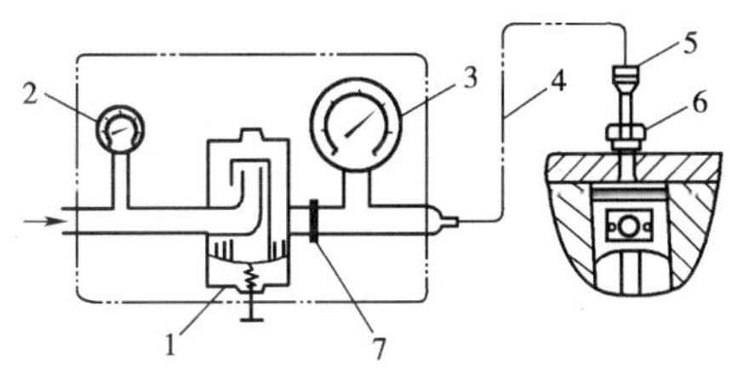

b)

图 2-9 气缸漏气量检测仪

a）仪器照片图；b）工作原理图

1-调压阀；2-进气压力表；3-测量表；4-橡胶软管；5-快速接头；6-充气嘴；7-校正孔板

⑤把1缸充气嘴接上快速接头，向1缸充气，测量表上的读数便反映了该缸的密封性。在充气的同时，可以从进气口、排气口、散热器加水口和机油注入口等处，察听是否有漏气声，以便找出故障部位。

⑥摇转曲轴，使指针对正活塞定位盘下一缸的刻度线，按以上方法检测下一缸漏气量。

⑦按以上方法和点火次序，检测其他各缸的漏气量。为使数据可靠，各缸应重复测量一次，取其平均值。

本检测方法仅适用于汽油机。仪器使用完毕后，调压阀应退回到原来的位置。

气缸漏气量的诊断标准

(2)气缸漏气量的诊断标准。对于气缸漏气量，我国还没有制定统一的标准。交通行业标准JT/T 201—1995《汽车维护工艺规范》中，要求国产东风EQ1090型和解放CA1091型发动机的气缸漏气量在检测气缸置于静态压缩上止点，测量表气压值应≥250 kPa。

2.3.2 气缸漏气率的检测

气缸漏气率的检测，无论在使用的仪器、检测的方法，还是判断故障的方法上，与气缸漏气量的检测是基本一致的，只不过气缸漏气量检测仪的测量数据单位为kPa或MPa，而气缸漏气率测量表的测量数据为百分数。一般说来，当气缸漏气率达30%～40%时，如果能确认进排气门、气缸衬垫、气缸盖和气缸套等是密封的，则说明气缸活塞摩擦副的磨损临近极限值，已到了需换环或镗磨缸的程度。

2.4 进气管负压的检测

进气管负压的检测

进气管负压(也称真空度)是进气管内的压力与大气压力的差值，发动机进气管负压的大小随气缸活塞组零件的磨损而变化，并与气门组零件的技术状况、进气管的密封性以及点火系和供油系的调整有关。因此，检测进气管负压，可以用来诊断发动机多种故障。

进气管负压用负压表检测，无须拆卸任何机件，而且快速简便，应用极广。一般发动机综合分析仪也具有进气管负压检测功能，且可观测负压波形的变化，直观明了。

2.4.1 测试条件及操作方法

(1)用负压表检测负压。负压表由表头和软管组成。负压表的表头与气缸压力表头一样，多为鲍登管，当负压进入表头后，在表盘上指示出负压的大小。软管的一头固定在表头上，另一头连接在节气门后方的进气管专用接头上。

检测步骤如下：

①起动发动机，使发动机达到正常工作温度；

②将负压表软管接到进气歧管的测压孔上；

③变速器挂空挡，发动机怠速运转；

④读取负压表上的示值。

(2)用示波器通过波形分析负压。用示波器观测负压波形，可以分析、判断气缸的密封性，以 EA1000 型发动机综合性能分析仪为例，其方法如下：

①发动机运转至正常工作温度；

②将负压(真空度)传感器的橡胶软管通过三通接头连接到发动机的进气管上。化油器式发动机的连接如图 2-10 所示。电喷发动机的负压软管一般在发动机总成顶部，拔下一端后通过三通接头连接负压传感器；

通过示波器波形分析进气管负压

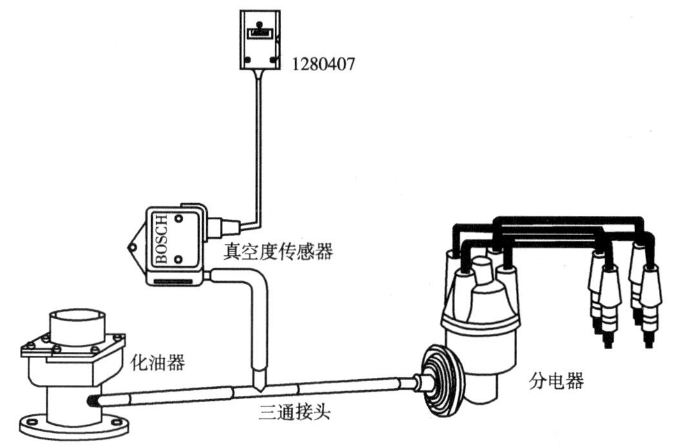

图 2-10 负压传感器与发动机连接图

③使发动机转速稳定在 1700r/min 左右；

④在主菜单下的副菜单上选择“进气管内真空度”，进入负压检测状态，检测界面如图 2-11 所示；

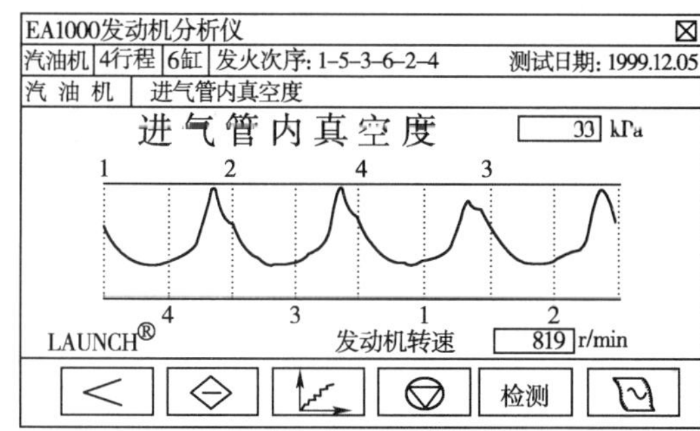

图 2-11 检测进气管负压

⑤按下界面下方的"检测"按钮,分析仪高速采集进气管负压值,并显示出被检发动机进气管负压波形;

⑥对所示波形进行分析;

⑦再次按下"检测"按钮,采集结束;

⑧必要时,可按下F4按钮,分析仪将提供4缸、6缸或8缸发动机进气管负压标准波形。4缸和6缸标准波形分别如图2-12和图2-13所示。除此之外,还可提供进气门开启不良、进气门漏气、排气门开启不良和排气门关闭不严等故障波形,以供观测波形时对照分析。4缸发动机第4缸进气门严重漏气波形图如图2-14所示;

通过示波器波形分析进气管负压

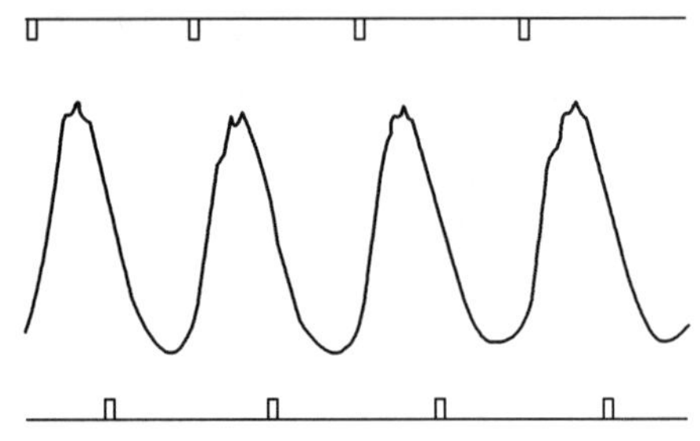

图2-12 4缸发动机进气管负压标准波形

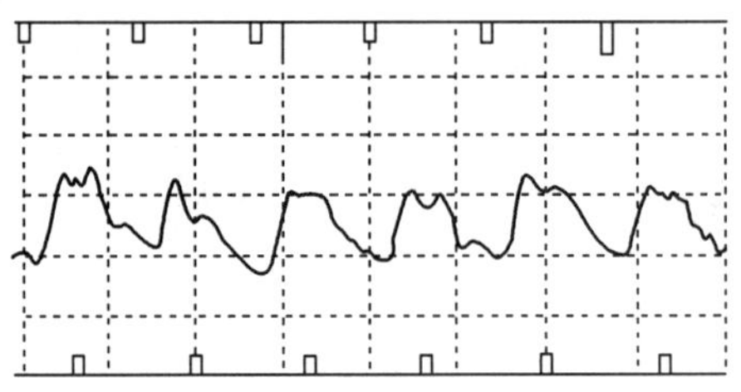

图2-13 6缸发动机进气管负压标准波形

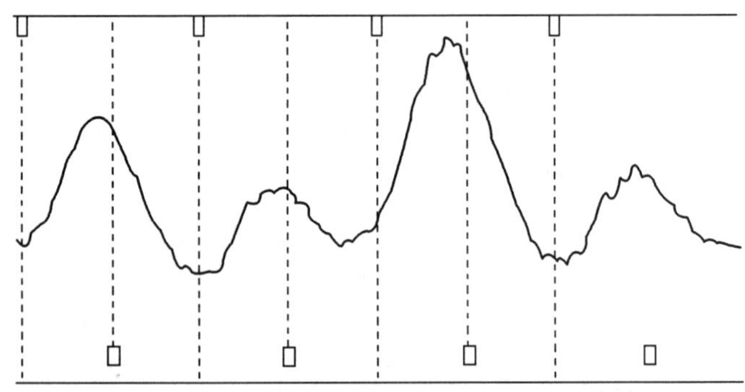

图2-14 4缸发动机第4缸进气门严重漏气波形图

⑨按 F2 按钮可对数据进行存储，按 F3 按钮可进行图形存储，按 F6 按钮可进行图形打印，按 F1 按钮返回主菜单。

2.4.2 诊断标准

根据 GB 3799—2005《汽车发动机大修竣工技术条件》的规定，大修竣工的四行程汽油机转速在 500～600r/min 时，以海平面为准，进气管负压应在 57.33～70.66kPa 范围内。波动范围：六缸汽油机一般不超过 3.33kPa，四缸汽油机一般不超过 5.07kPa。

进气管负压诊断标准

由于进气管的负压随海拔高度升高而降低，因此应根据所在地区海拔高度对测量值进行修正（一般海拔每升高 1000m，负压将减少 10kPa 左右）。

3 点火系的检测与诊断

汽油机在运行过程中出现的故障大多数都是由供油系和点火系引起的。一般情况下发动机在运转过程中逐渐熄火，多为供油系故障。发动机在运转中突然熄火并发动不着，多为点火系故障。

在诊断点火系统的故障时，要对点火系的电路及工作原理非常熟悉，能够利用点火系的基本工作原理分析故障可能发生的部位，并可通过更换零件验证自己的推测。诊断故障时，要本着先易后难的原则，逐步查找故障的部位。

点火系的检测与诊断

在点火系的故障中，主要的故障有无火、缺火、乱火、火弱及点火正时失准等。这些故障将会造成发动机不能起动或工作不正常。点火系故障部位可分为低压线路和高压线路两部分。

汽油机的点火系分为以机械方式控制的传统点火系和以电子技术控制的电子点火系。点火系的故障可采用人工经验诊断法和仪器诊断法进行诊断，这里主要讲述仪器诊断法。

3.1 点火示波器的使用

3.1.1 点火示波器简介

示波器是一种可显示电压随时间变化波形的多用途检测设备。示波器显示信号的速度比一般电子检测设备要快得多，是能即时显示瞬态波形的仪器。示波器一般由传感器（包括夹持器、测试探头和测针等）、中间处理环节和显示器等组成。

点火示波器是专门用来检测诊断汽油机点火系技术状况的检测设备。当点火示波器连接在运转的汽油机点火系电路上时,示波器屏幕上将显示出点火系中电压随时间变化的曲线,即点火波形。示波器屏幕显示的波形,在垂直方向上表示电压,在水平方向上表示时间,基线的上方为正电压,下方为负电压。

3.1.2　点火示波器的使用

(1)点火示波器观测的项目。点火示波器可观测、分析、判断点火系的项目如下:

点火示波器可观测的项目

①断电器触点闭合角;

②各缸波形重叠角;

③点火提前角;

④断电器触点是否烧蚀;

⑤断电器活动触点臂弹簧弹力是否正常;

⑥火花塞是否"淹死"或断续点火;

⑦各缸点火高压值;

⑧火花塞加速特性;

⑨点火系最高电压值;

⑩分火头跳火间隙;

⑪点火线圈次级线圈是否断路;

⑫电容器性能是否良好等。

(2)点火示波器的联机与准备工作。使用前,应按要求对示波器通电预热,检查校正,待符合要求后再投入使用。

点火示波器的联机与准备工作

点火示波器的点火传感器(包括夹持器等)与发动机点火系的连接,传统点火系初级点火信号是从断电器触点两端采集的,次级点火信号是从点火线圈高压总线上采集的,具体连接方法请仔细阅读使用说明书。带有点火示波器功能的元征 EA1000 型发动机综合性能分析仪的联机方法如下:

①传统点火系的联机:EA1000 型分析仪的电源夹持器夹持在蓄电池正、负极上,红色夹持器为正极,黑色为负极。初级信号红、黑小鳄鱼夹分别夹在点火线圈的初级接线柱上,红为正极,黑为负极。1 缸信号传感器(外卡式感应钳)卡在第 1 缸高压线上。次级信号传感器(外卡式电容器感应钳)卡在点火线圈中心高压线上,如图 2-15 所示。通过次级信号传感器的信号可获得次级点火波形,通过 1 缸信号传感器信号的触发,可获得按点火次序排列的各缸波形。

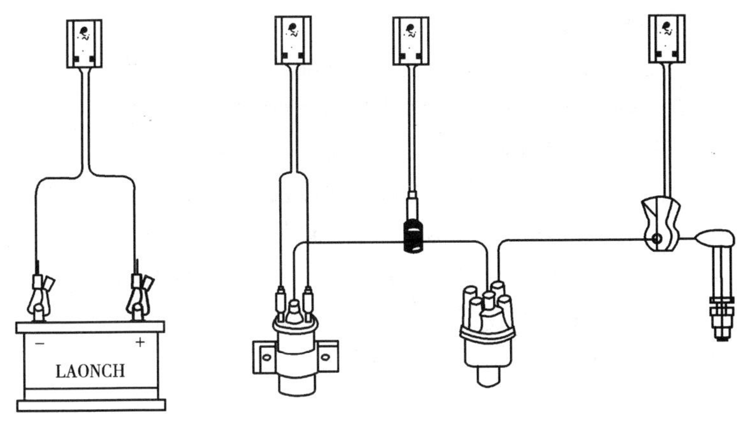

图 2-15 分析仪传感器与传统点火系联机方法

②无分电器点火系的联机:对于单缸独立点火线圈式,须采用分析仪的金属片式次级信号传感器联机,连接方法如图 2-16 所示。对于双缸独立点火线圈式,在检测任一点火波形时,须将 1 缸信号传感器和次级信号传感器共同卡在该缸高压线上,如图 2-17 所示。

无分电器点火系的联机

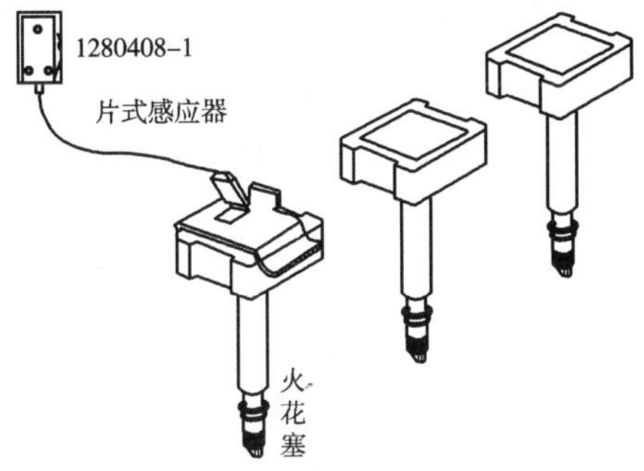

图 2-16 分析仪传感器与单缸独立点火线圈式点火系的联机方法

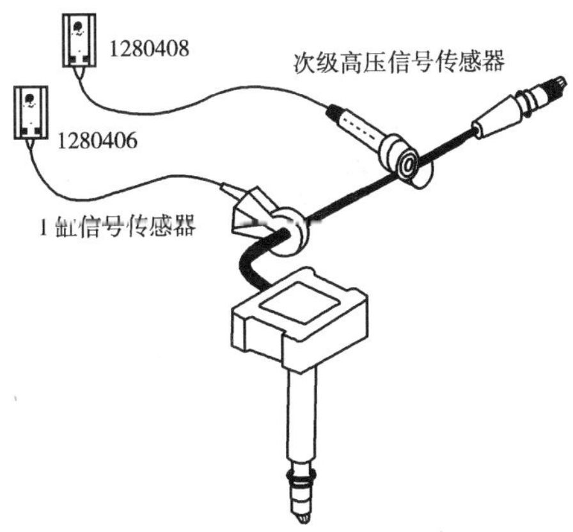

图 2-17 分析仪传感器与双缸独立点火线圈式点火系的联机方法

(3)检测使用方法:

点火示波器检测使用方法

①在分析仪主菜单上选择“汽油机”,在副菜单上选择“点火系统”,在点火系统的下级菜单中选择“次级点火信号”,于是分析仪屏幕显示点火系次级检测界面。

②点击界面下端的波形切换软按钮,可分别观测到次级多缸平列波、次级多缸并列波(三维波形)和次级多缸重叠波,如图 2-18、图 2-19、图 2-20 所示。需要指出的是,显示屏幕上击穿电压的坐标刻度具有智能性,当击穿电压值大于 20kV 时,量程会自动切换为 40kV。

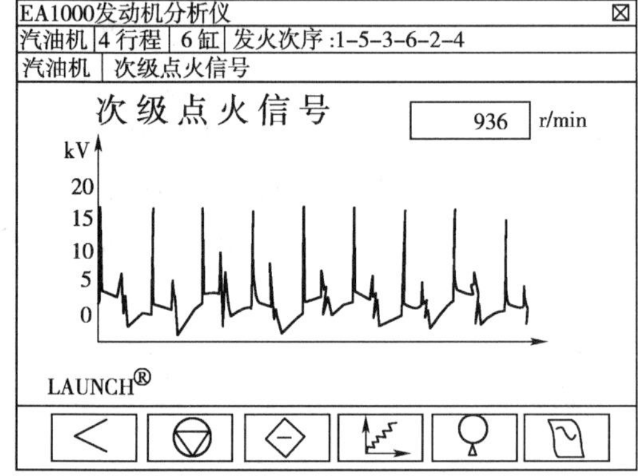

图 2-18　次级多缸平列波

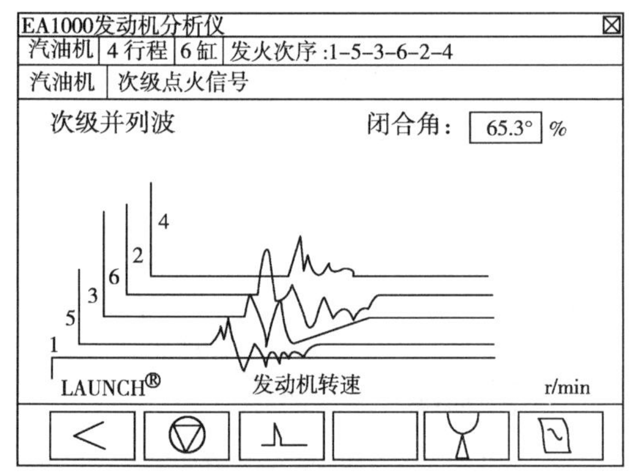

图 2-19　次级多缸并列波

③在点火系统的下级菜单中选择“初级点火信号”,于是分析仪屏幕显示点火系初级检测界面,如图 2-21 所示。

④点击界面下端的其他按钮,可实现数据存储,图形存储,故障诊断,图形打印和返回主菜单功能。

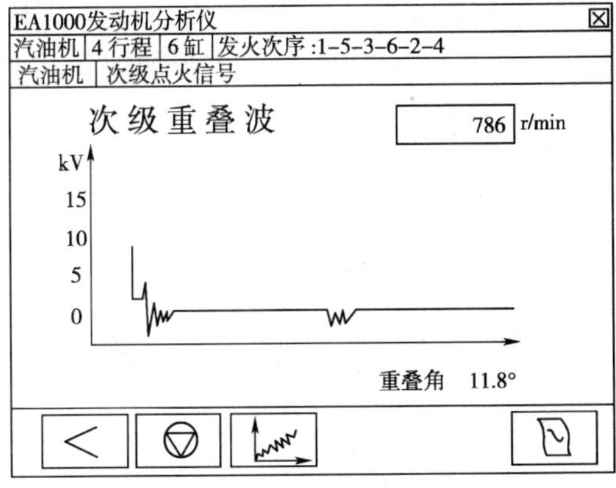

图 2-20 次级多缸重叠波

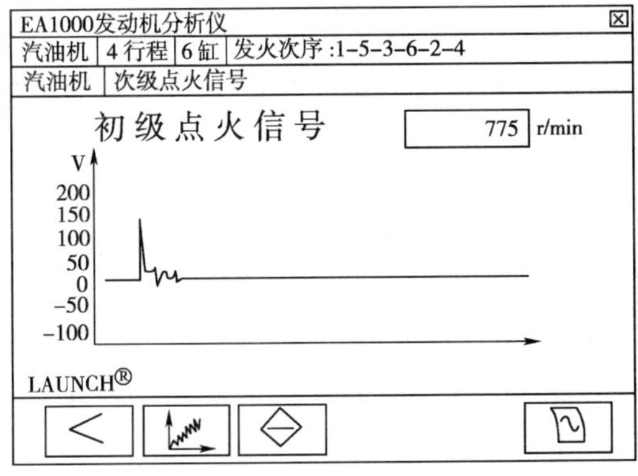

图 2-21 初级点火波形

点火波形分析

3.2 点火波形分析

3.2.1 传统点火系点火波形分析

示波器可以显示发动机点火过程的三类波形:直列波、重叠波和高压波,通过将所显示的波形与标准波形的比较,即可诊断出故障所在部位。

(1)直列波。在进行测试时,先按图 2-22 所示将示波器的信号线和电源线接好,打开示波器电源,调整示波器上的上下、左右旋钮,使屏幕上的光点位于屏幕的中央,然后起动发

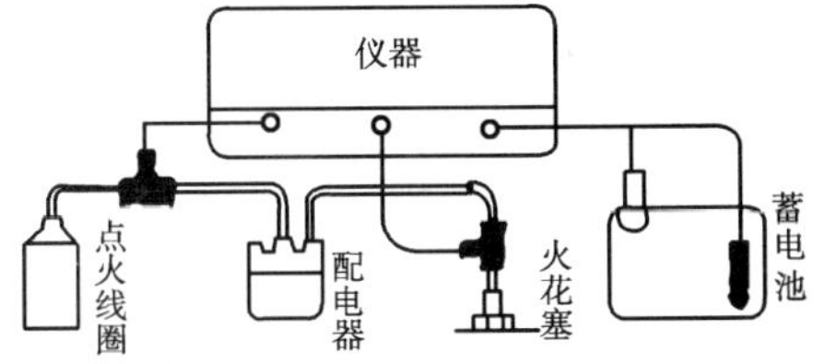

图 2-22 示波器与点火系的接线

动机，使发动机的转速保持在 1500r/min。调整各旋钮，使各气缸直列波形显示在坐标刻度内，其波形如图 2-23 所示。

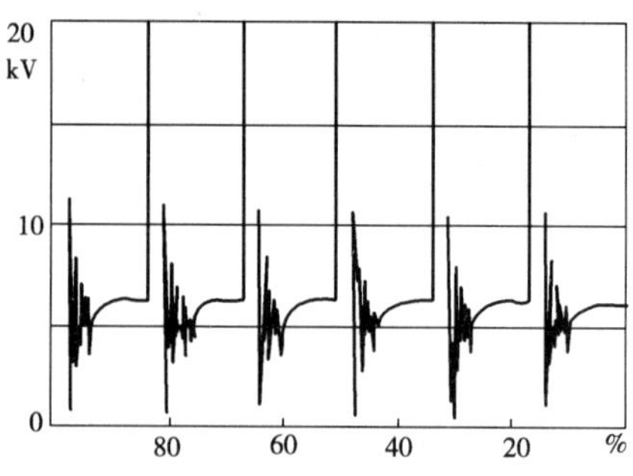

图 2-23　点火系直列波

直列波形分析

发动机工作时，其次级电压的波形即为直列波，调整示波器的左右旋钮，使要观察的某一缸的波形位于屏幕标线的适当位置，此时屏幕上所显示波形如图 2-24 所示，此波形即为单缸直列波。此波形反映了点火系次级电压在点火工作过程中各个阶段的变化情况，波形各阶段的含义如下：

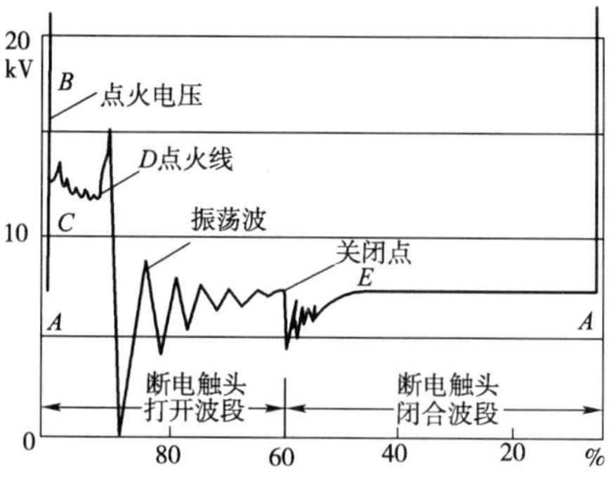

图 2-24　单缸直列波

EA 段：为断电器触点闭合，初级电流增长的阶段。*E* 点为触点闭合的瞬间，因触点闭合时初级电流的突然增加，在次级绕组中会出现一个小而向下的振荡波形（第二次振荡），随着初级电流变化率的减小，次级电压即成为一条水平线。

AB 段：为触点断开、次级电压上升的阶段。*A* 点为触点断开的瞬间，*AB* 垂线表示点火线圈所产生的击穿电压。

BC 段：为电容放电阶段的电压。

CD 段：为电感放电阶段的电压。在电感放电的同时，伴随有高频振荡波的发射。

DE 段：为火花消失后剩余能量所维持的低频振荡波（第一次振荡）。

如果示波器显示的波形与标准不同，说明点火系统中出

现了故障。常见的故障波形如图 2-25 所示。

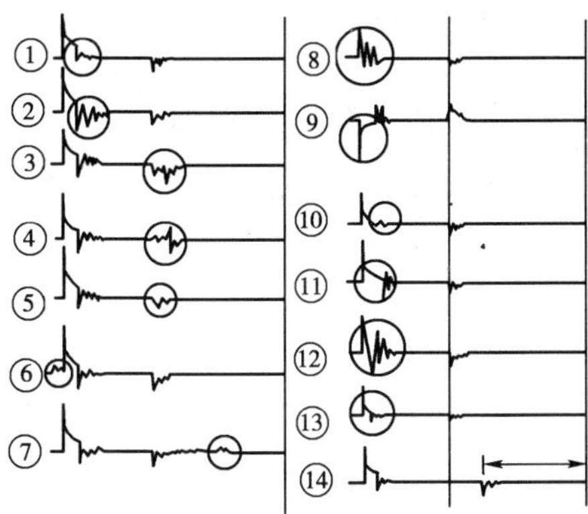

图 2-25　单缸直列波常见故障波形

直列波常见故障波形

①第一次振荡波少，说明初级电路中的电阻过大。

②第一次振荡波多，说明初级电路的电容量过大或点火系次级电路阻抗大。

③第二次振荡波前出现小的多余波形，说明初级电路在接通瞬间，导通状况不够好，故出现小的多余波形。

④第二次振荡波呈上下振荡形式，说明初级电路在接通瞬间有时断时通的情况，而引起电压波动。

⑤第二次振荡波小而少，说明点火线圈的阻抗过大，将这部分振荡波吸收。

⑥初级电路在切断之前有小的多余波形，说明初级电路中有接触不良的部位，在初级电路切断之前，出现瞬间的接触不良，引起电压波动，出现多余波形。

⑦初级电路导通阶段出现多余波形，说明初级电路中有接触不良的部位，在初级电路导通的时间内，由于接触不良引起电压波动而出现多余波形。

⑧无点火线，说明高压线接触不良。

⑨波形上下颠倒，说明点火线圈的初级绕组的两个接线柱的导线接反。

⑩火花电压过低而且第一次振荡波基本消失，说明火花塞短路或漏电。

⑪点火线变长，说明火花塞间隙过大。

⑫点火线与第一次振荡界限分不清，说明火花塞的间隙无法被击穿。

⑬点火线变短，说明初级电流小，点火能量小。

⑭闭合时间短，说明初级电路的闭合角小。

(2)重叠波。重叠波是将多缸发动机次级电压的波形重叠在一起。利用重叠波可以检查初级电路的闭合角，断电器凸轮的状况，各缸工作的均匀情况等。

检查时，在上述单缸直列波的基础上调出各缸的直列波，并使发动机的转速保持在1000r/min左右，按下示波器的重叠波按键，调整各旋钮，使波形位于坐标刻度内。屏幕上出现的波形如图2-26所示。

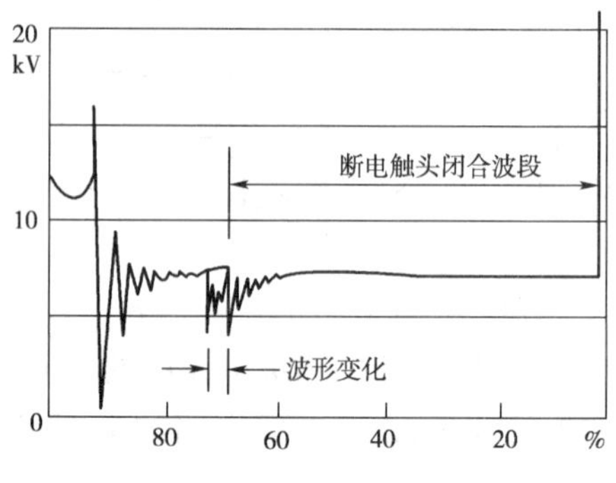

图2-26　重叠波

重叠波故障波形分析

在标准重叠波中，初级电路导通时间（触点闭合的时间）所占的比例，4缸发动机为45%～50%；6缸发动机为63%～70%；8缸发动机为64%～71%。此外，要求闭合段波形的变化范围不应超过整个闭合段的5%。

图2-27所示为重叠波显示的故障波形。

①闭合波太短，说明断电器触点间隙过大或闭合角过小。

②闭合波太长，说明断电器触点间隙过小或闭合角过大。

③闭合段的变化大于5%，说明断电器凸轮不均匀或分电器轴与铜套磨损过大等。

（3）高压波。多缸发动机各缸的次级点火电压同时显示于屏幕，即为高压波，一般用于诊断次级电路故障。检查时，先将各缸直列波调出，发动机转速保持在1500r/min，按下kV键，调整上下、左右旋钮，把各缸波形调整到屏幕的坐标刻度上，高压波形底端与横坐标重合。高压波的标准波形如图2-28所示。

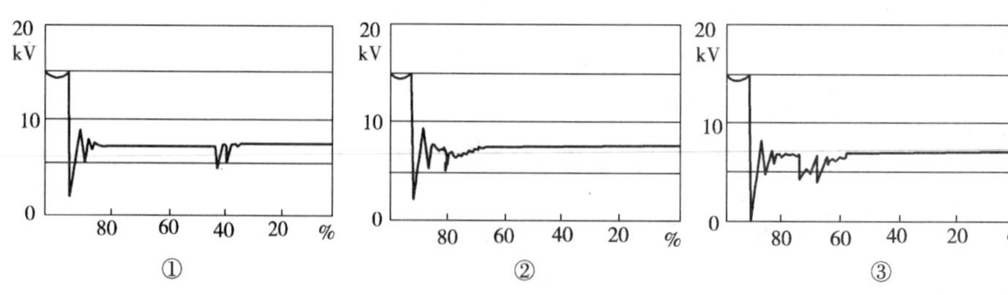

图2-27　故障重叠波

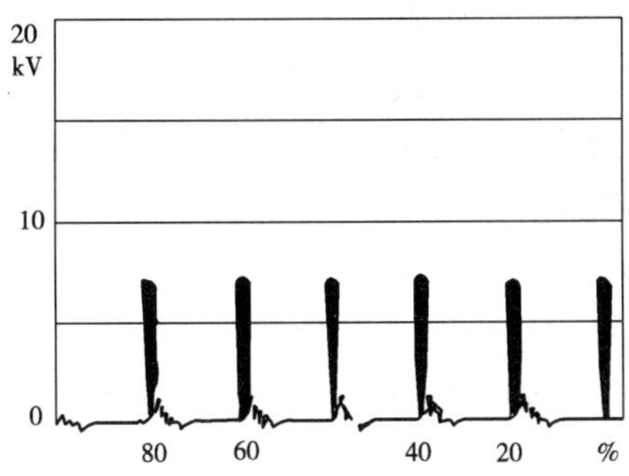

图 2-28 高压波的标准波形

高压波的常见波形如图 2-29 所示，分析如下：

高压波常见故障波形分析

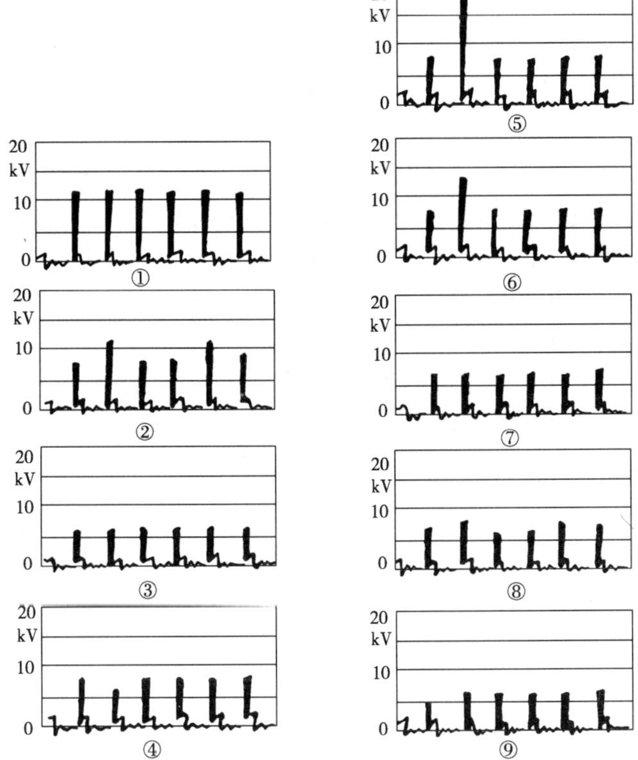

图 2-29 高压波常见波形

①各缸点火电压均过高，可能由于火花塞间隙过大或烧蚀、混合气过稀引起。

②个别气缸点火电压过高，如图中的 3、4 缸，说明这两个气缸的火花塞可能烧蚀。

③全部气缸点火电压过低，原因可能是电源电压过低，火花塞间隙过小，混合气过浓等。

④个别气缸点火电压过低，如图中的 3 缸，可能为该缸的

火花塞间隙小或绝缘体损坏。

⑤拔下某缸的高压线，电压应在20～30kV，否则说明高压线、分电器盖绝缘不良或点火线圈、电容器性能不良。

⑥拔下某缸的高压线，电压低于20kV，说明点火线圈性能不好或分电器和高压线有漏电故障。

⑦将发动机的转速提高到2500r/min，各缸点火电压减小，保持在5kV以上，说明点火系能在高速正常工作。

⑧发动机转速升高后，个别气缸的电压高于其他气缸，说明该缸火花塞的间隙过大。

⑨发动机转速升高后，个别气缸的电压低于其他气缸，说明该缸火花塞的间隙过小、脏污或绝缘体绝缘不良。

3.2.2 电子点火系点火波形的特点

电子点火系点火波形的特点

随着电子技术的发展，现在汽车上广泛采用了电子点火系统。电子点火系的点火波形与传统点火系波形相比，波形类别、波形观测方法等均相同，不同之处如下：

①点火波形上低频振荡波异常时，仅表示点火线圈的技术状况不良，而不是电容器的原因，因为电子点火系中无电容器。

②点火波形上闭合点处和张开点处的波形，虽然与传统点火系极为相似，但不是触点闭合和张开造成的，而是三极管或晶闸管的导通和截止电流造成的。

③点火波形上波形闭合段的长度和形状与传统点火系波形不完全相同，甚至不同车型之间也略有差异，有的车型闭合段在发动机高速时加长，这属正常现象。

④有的电子点火系当点火波形闭合段结束时，先产生一条锯齿状的上升斜线，然后导出点火线，不像传统点火系点火波形那样，随着触点打开产生一条急剧上升的点火线。

3.3 点火正时的检测

点火正时的检测

点火正时是指正确的点火时间，点火时间一般用点火提前角（曲轴转角或凸轮轴转角）表示。当点火正时正确时，点火提前角处于最佳状态。然而，最佳点火提前角是随转速、负荷和汽油辛烷值等因素的改变而变化的。对于传统点火系，随转速和负荷的变化，是在动态情况下由分电器上离心式调节器和真空式调节器自动调节的；随辛烷值的变化，则是在静态情况下通过获得最佳初始点火提前角，亦即获得最佳分电器壳固定位置得到的。当使用的汽油辛烷值改变时，发动机的初始点火提前角也要随之改变，即改变分电器壳的固定位置。

初始点火提前角也称为初始点火正时，它是点火提前自

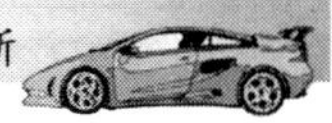

动调节装置进入工作状态前的基础。在离心式调节器和真空式调节器工作正常的情况下，发动机最佳点火提前角往往决定于初始点火提前角。

发动机的点火正时是非常重要的，它直接影响到动力性、燃料经济性和排气净化。检测点火正时的方法有人工（经验）法、闪光（正时灯）法和缸压法等。

3.3.1 用人工法检查并校正点火正时

用人工法检查并校正点火正时

（1）用人工法检查并校正点火正时的方法。检查点火正时的目的是为了查证点火时间的准确性，而校正点火正时的目的是为了获得最佳初始点火提前角，亦即为了获得最佳分电器壳固定位置。检查及校正的方法如下：

①用手摇把摇转曲轴，使分电器凸轮将断电器触点完全打开，检查并调整触点间隙，使其保持在0.35～0.45mm范围内。继续摇转曲轴，察看其他各缸触点间隙是否均在规定范围内。

②将第1缸活塞摇至压缩终了上止点位置。可采用下列方法：先拆下第1缸火花塞，摇转曲轴，当听到从火花塞孔发出排气声时，说明第1缸已处于压缩行程；然后继续摇转曲轴，同时观察飞轮上或曲轴传动带盘上的上止点标记，当该标记与固定标记对正时，停止摇转并抽出摇把，此时第1缸活塞正好处于压缩终了上止点位置。

③拆去分电器真空式调节器的连接管路，松开分电器壳与缸体之间的定位螺钉，有辛烷值调节器的应将其调整在“0”的位置上。

④用手握住分电器壳，先顺分火头转动方向转动一个角度，使触点闭合，然后再逆分火头转动方向转动一个角度，使触点接近完全打开（根据所使用汽油的辛烷值决定）。如果飞轮或曲轴传动带盘上打有点火正时标记，可对正该标记，在使用规定牌号汽油的情况下，断电器触点开口刚刚打开即可。

⑤拧紧分电器壳定位螺钉，并连接好真空式调节器的管路。

⑥插上分火头，扣上分电器盖，分火头指向的插孔即为第1缸高压线插孔。插上第1缸高压线，该线的另一端和第1缸火花塞连接；然后沿分火头转动方向按点火次序插上其他各缸高压线，并与对应的火花塞连接好。

⑦起动发动机并预热，进行无负荷加速试验。当突然打开节气门时，发动机应加速良好。如果加速不良，且有突爆声，则为点火过早；如果加速不良且发闷，甚至排气管有“突、

突”声，则为点火过晚。用无负荷加速试验检查点火正时不太准确，只能起一定参考作用，准确的检查应进行路试。

⑧为检查点火正时进行汽车路试时，应选择平坦、坚硬的直线道路或专用跑道，预热后以最高挡的最低稳定车速行驶，然后突然将加速踏板踩到底，使汽车处于急加速状态。此时，若能听到发动机有轻微的突爆声，且随着车速提高瞬间消失，则点火正时正确；若听到的突爆声强烈，且车速提高后长时间不消失，则为点火时间过早；若听不到突爆声，且加速困难，甚至排气管有“突、突”声，则为点火时间过晚。

路试中发现发动机点火正时不正确时，可停车进行调整。如点火时间过早，可使分电器壳顺分火头方向转动少许；如点火时间过晚，可使分电器壳逆分火头方向转动少许，并结合路试反复调试几次就可获得满意的结果。

用人工法检查并校正点火正时应掌握的原则

以上检查及校正点火正时的方法是以第1缸为基准进行的，其余各缸的点火正时是否正确则决定于点火间隔的准确性。

(2)用人工法检查并校正点火正时中应掌握的原则。发动机的点火正时在使用中并不是一成不变的，应及时根据汽车的技术状况、燃料和运行条件的变化进行检查及校正，掌握的原则如下：

①使用辛烷值较高的汽油时，应将点火时间略为提前；反之，使用辛烷值较低的汽油时，应将点火时间略为推迟，以防爆燃。

②混合气成分不同，直接影响燃烧速度。根据试验测定，当过量空气系数 $\alpha=0.8\sim0.9$ 时燃烧速度最快，此时点火提前角应小些；当 α 大于或小于此值，即混合气过稀或过浓时，都会使燃烧速度变慢，此时点火提前角应大些。

③容易产生爆燃的发动机，点火提前角应小些。

④高原地区的大气压力低，因而发动机的进气压力和压缩终了的压力均降低，影响了汽油的雾化和混合气的涡流运动，使燃烧速度变慢。与平原地区相比，在相同的混合气成分下，高原地区点火时间应提早些。

⑤外界气温的变化对汽油的雾化有一定影响。气候寒冷时，点火时间应略为提前；气候炎热时，点火时间应略为推迟。

⑥发动机已接近大修、气缸压缩压力降低时，点火时间可略为提前。

⑦对于要求排气净化的发动机，不能仅以功率的大小作为检查及校正点火正时的依据，要同时考虑排放要求。适当推迟点火时间，可减少 NO_x 的排放量。

发动机点火时间的正确与否，可参照上述原则进行具体

分析,并且要通过路试作出准确的评价。

3.3.2 用闪光法检测点火正时

用闪光法检测点火正时

闪光法是采用点火正时灯检测点火正时,系利用闪光与第1缸点火同步的原理测出发动机的点火提前角,目前应用比较广泛。

正时灯是一种频率闪光灯,每闪光一次表示第1缸的火花塞发火一次,因此闪光与第1缸点火同步。当正时灯对准发动机第1缸压缩终了上止点标记,并按实际跳火时间进行闪光时,若飞轮或曲轴传动带盘上的标记还未到达固定指针,即第1缸活塞还未到达压缩终了上止点,可调整正时灯电位器,使闪光时机推迟至转动部分上的标记正好对准固定指针之时,推迟闪光的时间就是点火提前的时间,将其显示到表头上,便可读出要测的点火提前角。需要说明的是,有些表头指针的角度是分电器凸轮轴转角,对于四冲程发动机来说,换算成曲轴转角则要乘以2。

测量时,先接上正时灯,再将传感器插接在第1缸火花塞与高压线之间,并事先擦拭飞轮或曲轴传动带盘上第1缸压缩终了上止点标记,最好用粉笔或油漆将标记涂白。发动机怠速下稳定运转,打开正时灯并对准飞轮壳或机体前端面上的固定指针。调整正时灯电位器,使飞轮或曲轴传动带盘上的标记逐渐与固定指针对齐,此时表头的读数即为发动机怠速运转时的点火提前角。若测出的点火提前角符合规定,说明初始点火提前角调整正确。用同样的方法可分别测出不同工况时的点火提前角,如果符合规定,还可说明离心式调节器和真空式调节器工作正常。

发动机怠速运转时,由于离心式和真空式调节器未起作用或作用很小,此时测得的提前角实为初始提前角。在拆下真空管(要堵塞通化油器的管道)的情况下,发动机在某转速下测得的提前角减去初始提前角,即可得到该转速下的离心提前角;反之,在连接真空管的情况下,在同样转速下测得的提前角减去离心提前角和初始提前角,则又可得到真空提前角。测出的点火提前角应与规定值进行对照。

点火正时灯,既可以制成单一功能便携式,又可以和其他仪表组合成多功能综合式。其指示装置既可以是表头式、数码管式,也可以是显示屏式,带有打印功能的还可以打印输出。指示装置还应有显示瞬时转速的功能,以便在规定转速下测得点火提前角。

图2-30所示的仪器为某发动机测试仪上的正时灯,它不

仅能用闪光法测出发动机的点火提前角，而且能测出发动机转速、触点闭合角以及电压、电阻等参数。

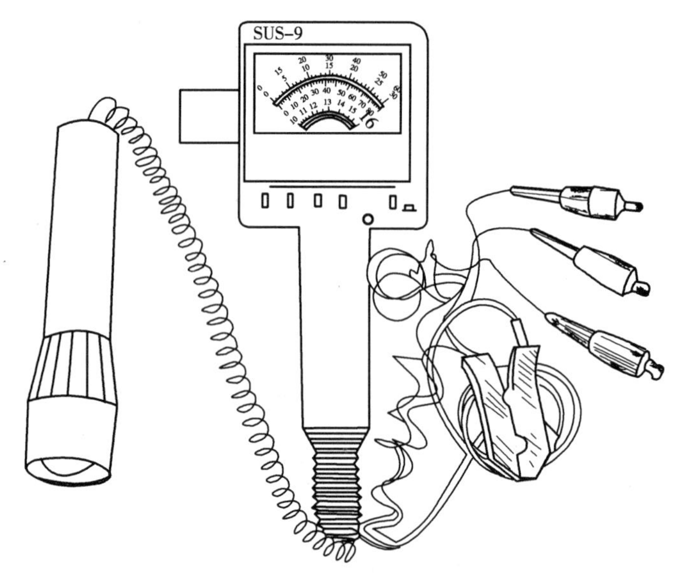

图 2-30 发动机测试仪上的正时灯

用缸压法检测点火正时

3.3.3 用缸压法检测点火正时

缸压法采用的点火正时仪，由缸压传感器、点火传感器、中间处理环节和指示装置等组成。如果仪器带有油压传感器，还可以检测柴油机供油提前角。国产 QFC-5 型和 WFJ-1 型等发动机综合测试仪，都带有缸压法检测点火(供油)正时的装置，其测量的基本原理是采用缸压传感器找出某一缸压缩压力的最大点作为活塞上止点，同时用点火传感器(油压传感器)找出同一缸的点火(供油)时刻，两者之间的凸轮轴转角即为点火(供油)提前角，如图 2-31 所示。

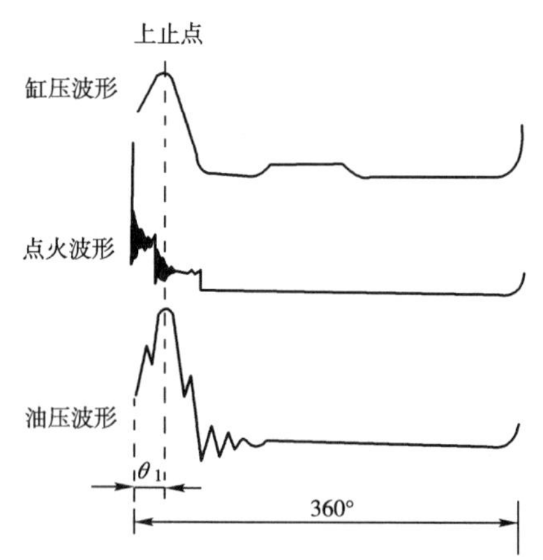

图 2-31 缸压法检测点火(供油)提前角的原理图

用该仪器检测点火提前角时,应预热发动机,拆下任意一缸的火花塞,装上缸压传感器。在拆下的火花塞上仍接上原高压线,在高压线与火花塞之间接点火传感器或在高压线上卡上外卡式点火传感器,然后将火花塞放置在机体上使之搭铁良好。起动发动机运转。

由于被测缸不工作,因而缸压传感器采集的是气缸压缩压力信号,其压力最大点就是活塞压缩终了上止点。拆下的火花塞虽在缸外但仍在跳火,其上的点火传感器可采集到点火开始信号。此时,通过按键或输入操作码,即可从指示装置得到怠速、规定转速或任意转速下的点火提前角及对应的转速。测得的点火提前角如不符合规定,应在点火正时仪监测情况下重新调整,直到符合要求。

缸压法和闪光法检测点火正时时,一般仅测得一个缸(如第1缸或最末缸)的结果就可以了,其他缸的点火提前角决定于点火间隔。当测得的各缸波形间的重叠角很小时,可以认为各缸间的点火间隔是相等的,因而其他缸的点火提前角与被测缸相等,此时被测缸的点火提前角可认为是整台发动机的点火提前角。

3.3.4 电喷发动机点火提前角的检测

电喷发动机点火提前角的检测

电喷汽油发动机是由电子控制器 ECU 控制点火系统。其点火提前角包括初始点火提前角、基本点火提前角和修正点火提前角三部分。其中,基本点火提前角是点火提前角中最主要的部分,其大小取决于发动机工况。不同的发动机工况,基本点火提前角的大小也不一样。汽车运行中,ECU 根据发动机转速、进气量或进气管压力等信号,从存储器中查取该点火提前角。该点火提前角是在设计发动机电控系统时,根据发动机性能要求并通过大量实验优化处理而获得的,并预先存储在 ECU 的一个存储单元中,以此构成点火提前角脉谱图。汽车运行中通过传感器检测出发动机的实际工况,然后由中央处理器 CPU 查询点火提前角脉谱图并调出与此工况相对应的基本点火提前角,再根据其他有关传感器信号加以修正,就获得了最佳点火提前角。

电喷发动机的点火提前角一般是不可调的,但需要检测,目的是当发现点火提前角不符合要求时,进一步确定 ECU 或传感器是否存在故障。电喷发动机点火提前角的检测方法与传统的发动机相同。

4 电控汽油喷射系统的检测与诊断

电控汽油喷射系统的检测

电子控制汽油喷射(EFI)系统是利用计算机代替传统的化油器装置控制燃油喷射。汽车运行中,EFI 系统中的各种传感器和开关,能将各种状态参数,诸如发动机转速、进气流量、节气门位置、进气温度、冷却水温度、曲轴位置、排气氧含量、爆震燃烧、起动、变速器挡位、转向助力器工作情况、点火开关、空调开关等,转变为电信号输入计算机。电信号经放大处理后,再由计算机计算、比较,然后发出指令信号给喷油器、点火器和怠速控制阀等执行器,使发动机得到最佳混合比、最佳点火时间和最稳定的怠速。

计算机的指令信号控制大功率三极管进行导通与截止。当大功率三极管导通时,喷油器电磁线圈电路接通,产生电磁吸力。当电磁力超过针阀弹簧力时,磁芯被吸起,针阀被打开,喷油器喷油。当大功率三极管截止时,喷油器电磁线圈电路切断,电磁力消失,弹簧力又使针阀返回阀座,喷油器停止喷油。

电控系统中的各种传感器、各种开关信号以及电动汽油泵、喷油器等执行元件的性能对发动机运行的影响很大,是故障的多发元器件,也是检测的主要对象。

4.1 传感器的检测

检测传感器信号是否正常可用万用表、示波器,也可用检测仪。这里主要介绍用万用表检测传感器的方法。

4.1.1 水温传感器的检测

水温传感器安装在发动机冷却水通道上,与发动机冷却水直接接触,将发动机冷却水温度转变为电压信号传递给发动机控制单元 ECU。

传感器的检测

水温传感器与 ECU 之间有两条连线:一条是电压信号线,另一条是搭铁线。水温传感器内部是一个负温度系数的热敏电阻,低温条件下传感器电阻值大,信号电压高;温度升高,传感器电阻值逐渐减小,信号电压也逐渐降低。

水温传感器电阻值的检测如图 2-32 所示,在盛有冷水的容器中,放入温度计,再将水温传感器下部放入水中,逐渐把水加热,测量不同温度下水温传感器的电阻值。对应着不同的温度,水温传感器有固定的对应电阻值(图 2-33),对照汽车制造商提供的电阻值,若不符合,则应更换。

就车检测时，水温传感器的电阻值应与发动机对应温度下的电阻值相同。把水温传感器装在发动机上，对应着不同的水温，在接线端(见图 2-33 的 THW 端)有对应的电压值。如丰田车 THW 与 E2 端在 80℃时的标准电压为 0.2～1.0V。如果发动机 THW 与 E2 端子无电压(点火开关 ON)，应检查有关部件。

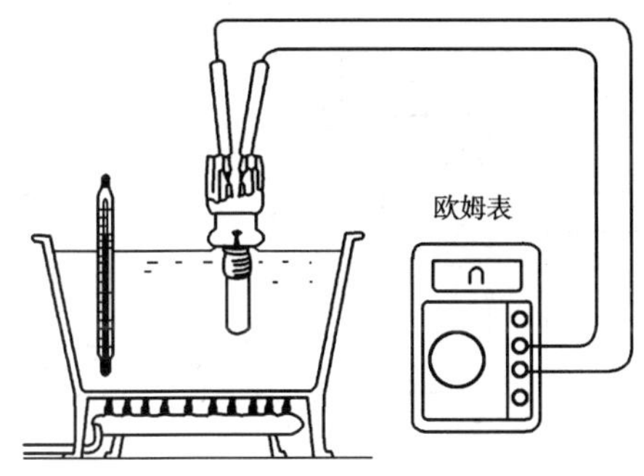

图 2-32 水温传感器电阻值的检测

水温和进气温度传感器的检测

4.1.2 进气温度传感器的检测

进气温度传感器也叫做进气歧管空气温度传感器。有些进气温度传感器拧入进气歧管内，传感器的下端突出在进气歧管的某一个空气流道中。在某些汽车中，进气温度传感器安装在空气滤清器内，检测这个位置的进气空气温度。进气温度传感器中也有一个负温度系数的热敏电阻，其阻值和电压降与水温传感器相近。

与检测水温传感器的方法一样，在盛有冷水的容器中，检测进气温度传感器在不同温度下的电阻值，如果传感器没有显示出应有的电阻值(见图 2-34)，应修理或更换。

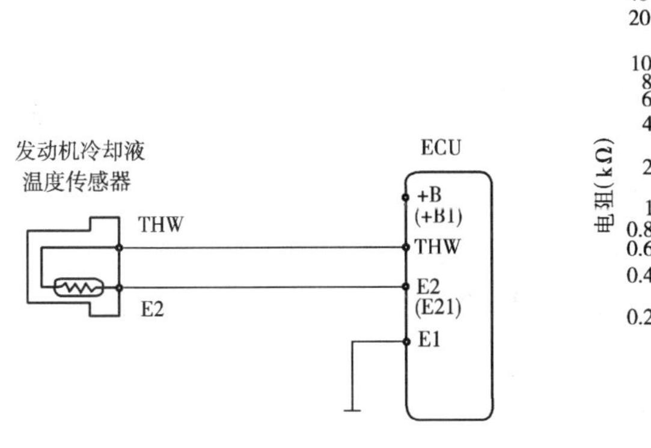

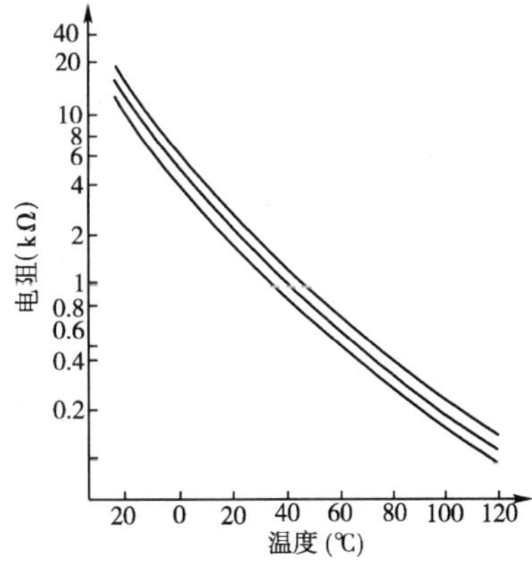

图 2-33 水温传感器的接线及温度与电阻的特性曲线(丰田)

把进气温度传感器装在发动机上，在传感器两个接线端之间用电压表测量电压降。对应任一温度，传感器都应有确定的电压降。表2-6是美国克莱斯勒公司提供的进气温度传感器温度与电压降的对应关系。

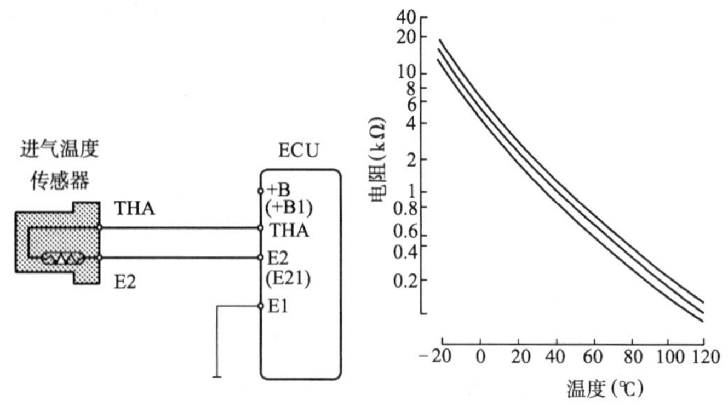

图2-34 进气温度传感器的接线及温度与电阻的对应关系(丰田)

进气温度传感器温度与电压降的对应关系(克莱斯勒)　　表2-6

进气温度(℃)	电压差(V)	进气温度(℃)	电压差(V)
-28.9	4.81	60	1.52
-17.8	4.70	71.1	1.15
-6.7	4.47	82.2	0.86
4.4	4.11	93.3	0.65
15.6	3.67	104.4	0.48
26.7	3.08	115.6	0.35
37.8	2.51	126.7	0.28
48.9	1.97		

4.1.3 节气门位置传感器的检测

节气门位置传感器的检测

节气门位置传感器输出的模拟电压信号随节气门的开度而增大。旋转式节气门位置传感器包含一个电位器，其动臂由节气门轴带动旋转。

节气门位置传感器与计算机之间用三根或四根导线连接，当点火开关接通时，计算机通过其中一根导线向传感器送出一个稳定的5V基准电压信号；另一根线是传感器到计算机的信号线，第三根是这两个器件之间的搭铁线，传感器的搭铁线一般是黑线，或者带有彩色条纹的黑线。

典型的节气门位置传感器在节气门怠速位置时有1000Ω电阻值，而在节气门全开时为4000Ω。在怠速时的输出电压是0.5~1V，而在节气门全开时是4.5V。这个信号就告诉计

算机准确的节气门位置。

根据传感器的信号，计算机还可以知道节气门打开的速度。发动机突然加速时，由于额外的空气流入发动机，要求较浓的混合气。如果计算机收到突然加速的信号，它将供给必要的较浓的混合气。计算机还用节气门位置传感器信号控制其他输出。

（1）三线式节气门位置传感器的检测。有故障的节气门位置传感器可能引发发动机加速不圆滑（过渡不畅）、发动机熄火和怠速不良等故障。

如图2-35所示，首先在节气门位置传感器端检测基准电压，如果未达到规定电压，应在计算机PCM接线端上检测电压；如果PCM上测得的电压在规定值范围内而传感器处电压值偏低，应检查或更换导线；如果PCM上测得的基准电压偏低，应检查PCM的导线和搭铁线；如果电路正常，应检修PCM。

三线式节气门位置传感器的检测

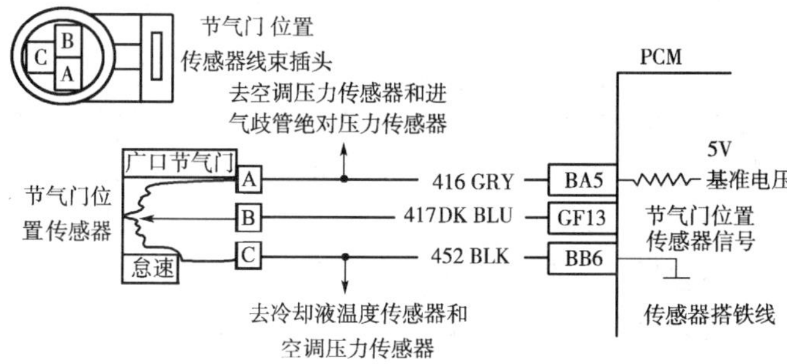

图2-35 节气门位置传感器及其接线（GM公司）

接通点火开关，在传感器信号导线和搭铁线间连一只电压表。慢慢地开大节气门，观察电压表，读数应该平稳、逐渐地增大。怠速时，正常的节气门位置传感器上测得的读数应为0.5～1V，全开节气门应为4～5V。如果在节气门位置传感器上没有获得规定的电压或电压不稳，应更换传感器。

测试节气门位置传感器电压信号时，可以使用指针式电压表，因为导线上电压的逐渐变化通过指针反应是十分明显的。慢慢地开大节气门，检查节气门位置传感器电压信号，轻轻地拍一下传感器，并仔细观察电压表指针，如指针波动，表明传感器有故障。

（2）四线式节气门位置传感器的检测。有些节气门位置传感器上装有怠速开关，这个开关与计算机连接。这类传感器的接线方式与三线传感器相同，多出的一根线接在怠速开关上（见图2-36）。

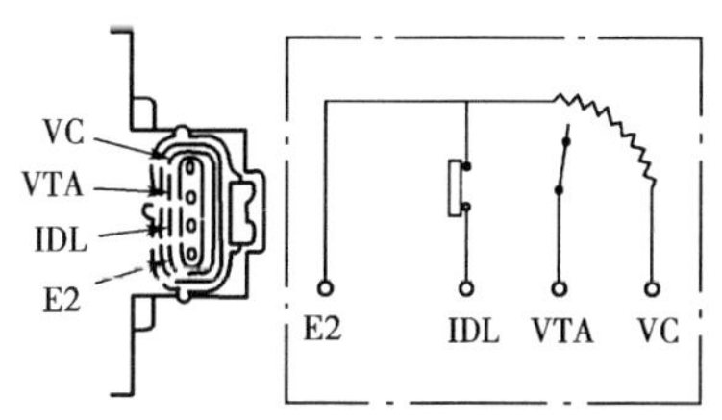

图2-36 带怠速开关的四线式节气门位置传感器（丰田）

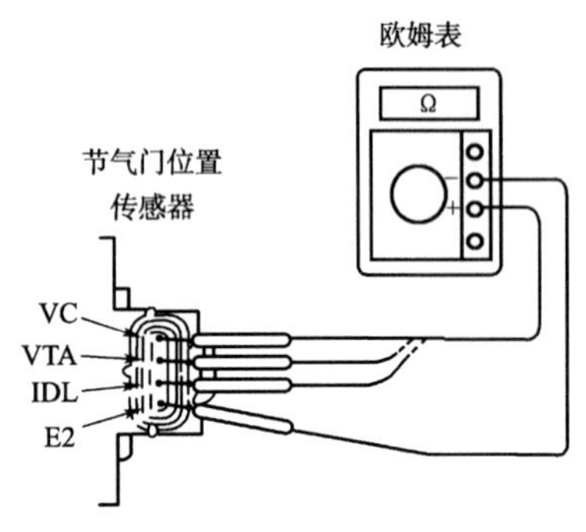

图 2-37 用欧姆表检测四线式节气门位置传感器的接线图

①电阻值的检测。四线式节气门位置传感器可以用欧姆表测量其电阻值,如图 2-37 所示。将搭铁端 E2 与欧姆表的负极连接,其他各端分别与欧姆表正极连接,检测相应的电阻值。

表 2-7 是丰田公司提供的 2JZ-GE 发动机节气门位置传感器电阻值检测数据。

2JZ-GE 发动机节气门位置传感器电阻值检测数据(丰田)　　表 2-7

节气门杆与止动螺钉间的间隙	检测端子	电阻值
0mm	节气门位置信号端(VTA)—搭铁端(E2)	0.34 ~ 6.3kΩ
0.45mm	怠速端(IDL)—搭铁端(E2)	0.5 kΩ 或更小
0.55mm	怠速端(IDL)—搭铁端(E2)	无穷大
节气门全开	节气门位置信号端(VTA)—搭铁端(E2)	2.4 ~ 11.2 kΩ
	电压端(VC)—搭铁端(E2)	3.1 ~ 7.2 kΩ

②电压值的检测。点火开关置 ON 挡,在节气门位置传感器接插良好的情况下,怠速端(IDL)、基准电压端(VC)和节气门位置信号端(VTA)处均应有电压。如无电压,则节气门位置传感器有故障。丰田公司提供的 2JZ-GE 发动机节气门位置传感器标准电压值如表 2-8 所示。

2JZ-GE 发动机节气门位置传感器电压值检测数据(丰田)　　表 2-8

检测端子	检测条件		标准电压(V)
怠速端(IDL)—搭铁端(E2)	点火开关置 ON 挡	节气门开	9 ~ 14
电压端(VC)—搭铁端(E2)			4.0 ~ 5.5
节气门位置信号端(VTA)—搭铁端(E2)		节气门全开	0.3 ~ 0.8
		节气门开	3.2 ~ 4.9

节气门位置传感器的调整

(3)节气门位置传感器的调整。在某些节气门位置传感器上,安装孔是长圆孔,使传感器可以调整,但大多数不能调整,请仔细阅读汽车制造商提供的维修手册。

节气门位置传感器调整不当,会使汽车怠速有偏差、发动机熄火或加速不圆滑。典型的节气门位置传感器的调整方法如下:

①在节气门位置传感器的信号线和搭铁线之间接一个电压表。

②节气门置于怠速位置,接通点火开关,观察电压表的

读数。

③如果节气门位置传感器不能提供规定的电压信号，松开节气门位置传感器的固定螺钉，转动传感器壳体，直到电压表上指示出规定的电压信号（见图 2-38）。

④固定在调好的位置上。

4.1.4 空气流量计的检测

空气流量计安装在空气滤清器与节气门体之间，直接检测进气量。空气流量计有翼片式、热膜式和卡门旋涡式 3 种，由于测量原理与结构不同，检测的方法也不同。

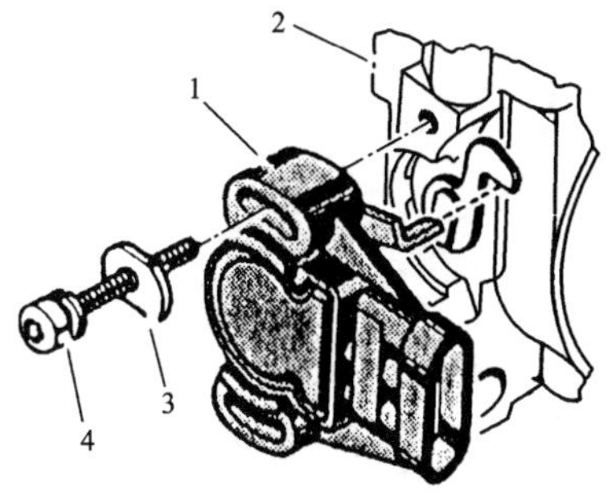

图 2-38 带调节用长孔的节气门位置传感器（GM 公司）

1-节气门位置传感器；2-节气门体组件；3-传感器固定压板；4-传感器固定螺钉

（1）翼片式空气流量计的检测。翼片式空气流量计有 5 线与 7 线两种。5 线翼片式空气流量计内没有油泵开关，7 线翼片式空气流量计内装有油泵开关。7 线式接线插头如图 2-39 所示，各接线端名称和作用见表 2-9 所示。

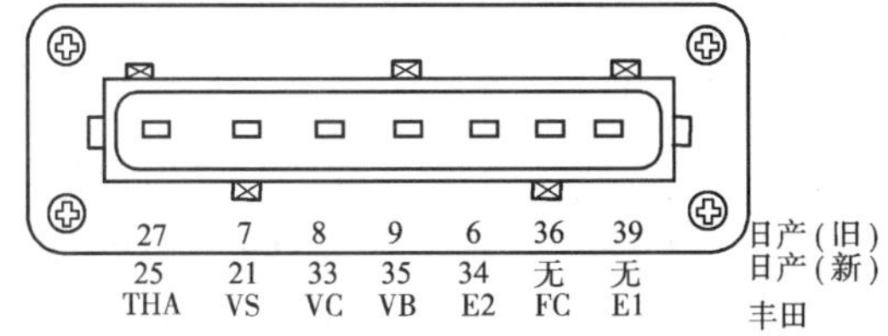

图 2-39 7 线翼片式空气流量计接线插头

7 线翼片式空气流量计各端子名称（丰田） 表 2-9

端子名称	THA	VS	VC	VB	E2	FC	E1
作用	信号	基准电压	电源电压	搭铁端子	油泵开关	搭铁端子	

翼片式空气流量计根据信号变化情况有两种类型：一种随进气量增大而信号电压升高，另一种随进气量增大而信号下降。

下面以丰田翼片式空气流量计为例介绍检测方法。

拔下空气流量计插头，用万用表电阻挡测量各端子之间的电阻值，应符合表 2-10 的电阻值。

用万用表直流电压挡测量各端子之间的电压值，应符合表 2-11。

（2）热膜式空气流量计的检测。热膜式空气流量计制造成本低，寿命长，使用较为广泛。桑塔纳时代超人、SGM 别克等车型均使用这种空气流量计。

桑塔纳时代超人轿车热膜式空气流量计电路如图 2-40 所示。ECU（J220）上的端子 11 为电源线（+5V），端子 12 为信号负极线，端子 13 为信号正极线。

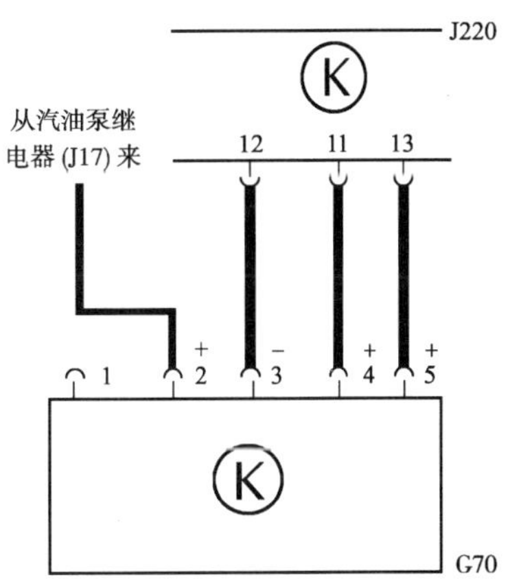

图 2-40 桑塔纳时代超人热膜式空气流量计电路

1、2、3、4、5-空气流量计端子；11、12、13-ECU（J220）上的电源线、信号负极线、信号正极线

翼片式空气流量计各端子间的电阻值(丰田) 表 2-10

检测端子	电阻值	条件	温度
FC—E1	∞	测量翼片全关闭	
	0Ω	测量翼片非全关闭	
VS—E2	200~600Ω	测量翼片全关闭	
	20~200Ω	测量翼片从全关到全开	
VC—E2	200~400Ω		
THA—E2	10~20 kΩ		-20℃
	4~7kΩ		0℃
	2~3kΩ		20℃
	0.9~1.3kΩ		40℃
	0.4~0.7kΩ		60℃

翼片式空气流量计标准信号电压值(丰田) 表 2-11

检测端子	电压值	条件	
FC—E1	12V	测量翼片全关闭	
	0V	测量翼片非全关闭	
VS—E2	3.7~4.3V	点火开关置 ON 档	测量翼片全关闭
	0.2~0.5V		测量翼片全开
	2.3~2.8V	怠速	
	0.3~1.0V	3000r/min	
VC—E2	4~6V	点火开关置 ON 档	

热膜式空气流量计的检测

因热膜式空气流量计的信号是频率型的,所以用万用表检测输出信号时,应选择频率挡(Hz)。以桑塔纳时代超人为例,热膜式空气流量计故障检测步骤为:

①检查附加熔断器(30A)是否良好。然后用发光二极管试灯连接流量计端子2和搭铁点,起动发动机,检查试灯是否点亮。

②若试灯不亮,应检查熔断器至空气流量计端子2之间的线路是否良好,若正常,应检查燃油泵继电器。

③若试灯亮,则检查流量计端子4在点火开关打开时有无5V电压。若没有5V电压,则检查流量计至ECU之间的线路是否正常;若线路正常,则ECU有故障;若有5V电压,则空气流量计有故障,应予以更换。

(3)卡门旋涡式空气流量计的检测。卡门旋涡式空气流量计用于丰田凌志LS400、三菱、现代等轿车上。凌志LS400的卡门旋涡式空气流量计电路如图2-41所示。

用万用表欧姆挡测量 THA 和 E2 之间的电阻，如图 2-42 所示，0℃时为 4 ~ 7kΩ；20℃时为 2 ~ 3kΩ；60℃时为 0.4 ~ 0.7kΩ。

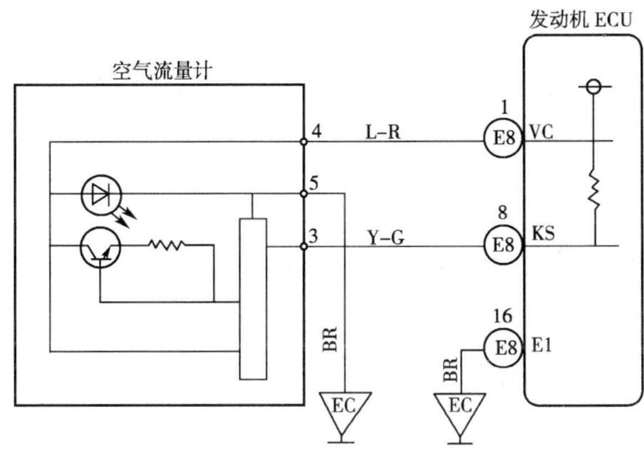

图 2-41　卡门旋涡式空气流量计电路图（丰田凌志 LS400）

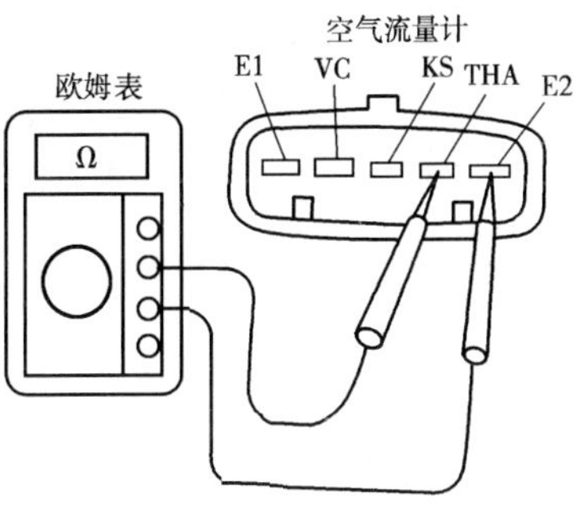

图 2-42　空气流量计端子与测量

检查进气温度传感器的信号电压，20℃时信号电压为 2.5 ~ 3.4V；60℃时为 0.2 ~ 1.0V。

当发动机转速高于 300r/min 时，空气流量计 5s 没有输入信号，发动机失速，故障可能是由空气流量计，或 ECU，或 ECU 与空气流量计之间的线路所致，可按以下步骤检查：

①打开点火开关，发动机不起动，测量流量计端子 KS 和 E_2 之间的电压，应为 4.5 ~ 5.5V。发动机运转时，输出电压应为 2 ~ 4V（脉冲电压信号）。进气量越大，电压越高。若输出电压正常，则应检查或更换 ECU；如不正常，转下一步。

②检查流量计至 ECU 之间的线路是否正常。

③拔开流量计连接器插头，测量端子 VC 和 E2 之间的电压，应为 4.5 ~ 5.5V。若不正常，应检查或更换 ECU；若正常，应更换空气流量计。

4.1.5　进气歧管绝对压力传感器的检测

进气歧管绝对压力传感器种类很多，其中电容式和半导体压敏电阻式进气压力传感器应用较为广泛。压敏电阻式进气压力传感器的信号是电压型的，电容式进气压力传感器的信号是频率型的。

进气压力传感器都是 3 线的，一根电源线，一根信号线，一根搭铁线。拔开进气压力传感器的插头，接通点火开关，电源线的开路电压约 5V。用万用表检测时，因信号类型不同，应选用不同的挡位，电压信号选用直流电压挡，频率信号选用频率挡。

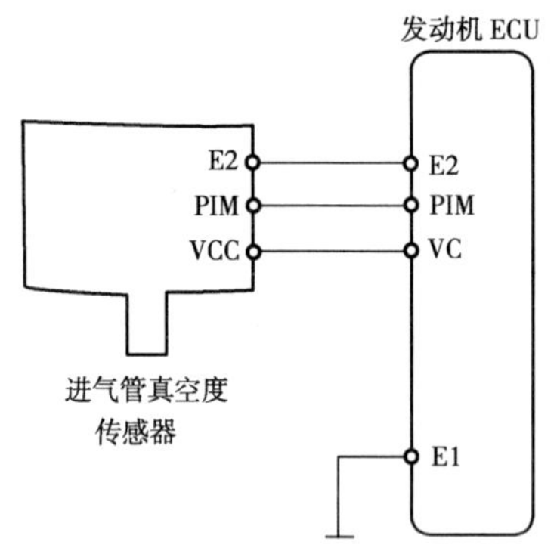

图 2-43　压敏电阻式进气压力传感器电路(丰田)

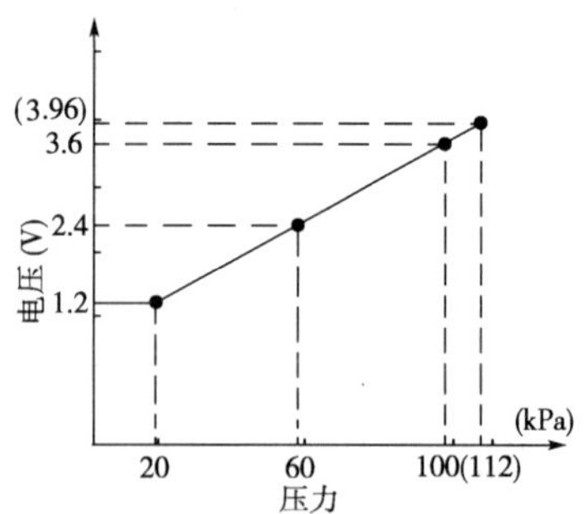

图 2-44　真空度与信号电压关系(丰田)

丰田 2JZ-GE 发动机半导体压敏电阻式进气压力传感器电路如图 2-43 所示,它输出的是电压信号,用万用表检测的方法如下:

接通点火开关,电源端子 VC 和搭铁端子 E2 间的电压应当是 4.5 ~ 5.5V。接通点火开关 ECU 信号线端子 PIM 与搭铁端子 E2 之间的信号电压应当是 3.3 ~ 3.9V,发动机怠速时信号电压约 1.5V 左右,随着节气门开度的增加,信号电压应上升,真空度与电压信号关系应符合图 2-44 所示的关系。

拆下进气歧管处的真空软管,并接在真空枪上,接通点火开关,用真空枪对传感器施以 13.3 ~ 66.7kPa 的压力,端子 PIM 与 E2 间的信号电压应符合表 2-12 的标准值。

2JZ-GE 发动机不同真空度下的标准进气压力传感器信号　　表 2-12

真空度(kPa)	13.3	26.7	40.0	53.5	66.7
信号电压(V)	0.3 ~ 0.5	0.7 ~ 0.9	1.1 ~ 1.3	1.5 ~ 1.7	1.9 ~ 2.2

4.1.6　氧传感器的检测

氧传感器根据混合气空燃比和排气流中的含氧量向计算机输送一个模拟电压信号。浓的混合气使氧传感器产生高电压,稀的混合气使氧传感器产生低电压。氧传感器用螺纹拧在排气歧管或接近发动机的排气支管中。某些制造厂把这种传感器分别称为排气含氧(EGO)传感器,或加热型排气含氧(HEGO)传感器。氧传感器中心有一个氧敏元件,它被钢制外壳包围着。

氧传感器有单线、双线、3 线和 4 线四种。单线式只有一根引线,是把氧敏元件连接到计算机上的信号线。如果氧传感器有两根引线,第二根引线就是搭铁线,也与计算机相连。许多氧传感器有三根引线,第三根线与传感器中的电热元件相连,点火开关接通时,加热元件上的电压就由点火开关提供。鉴于氧传感器只有在温度达到 315℃时才能产生令人满意的信号,采用内部加热器能使传感器快速预热,而且能在长时间的怠速运行时保持较高的传感器温度。氧传感器的内部加热器使氧传感器维持较高的温度,有助于烧掉传感器上的沉积物。当氧传感器有内部加热器时,就可安装在远离发动机处,而这也使设计者在传感器的位置方面有更大的灵活性。某些氧传感器有四根引线:一根信号线,一根加热器线,还有两根搭铁线。在这类四引线的氧传感器中,加热元件和氧敏元件都有各自的搭铁线。更换氧传感器时其引线数目必须与

原传感器相同。

许多氧传感器中的氧敏元件由二氧化锆制成，但也有用二氧化钛制造。

(1)二氧化锆式氧传感器的诊断。二氧化锆式氧传感器的信号电压范围是0.1～0.9V。当信号电压小于0.45V时，氧传感器反馈给ECU的是稀混合气信号，ECU接到此信号将增加喷油器的喷油脉宽来加浓混合气。当信号电压大于0.45V时，反馈信号表示浓混合气，ECU接到此信号将减少喷油器的喷油脉宽来降低混合气浓度。所以氧传感器信号应在0.45V上下变动，变动率一般在4次/10s以上。

二氧化锆式氧传感器的诊断

①由电压信号诊断。在测试氧传感器之前，发动机必须处在正常的工作温度范围内。必须用数字式电压表测试氧传感器，如果使用其他类型的电压表，可能损坏传感器。

测试时，将一数字式电压表连接在氧传感器的信号线与搭铁端之间，如图2-45所示。当发动机怠速且温度正常时，典型的氧传感器电压从0.3～0.8V周期地变化。

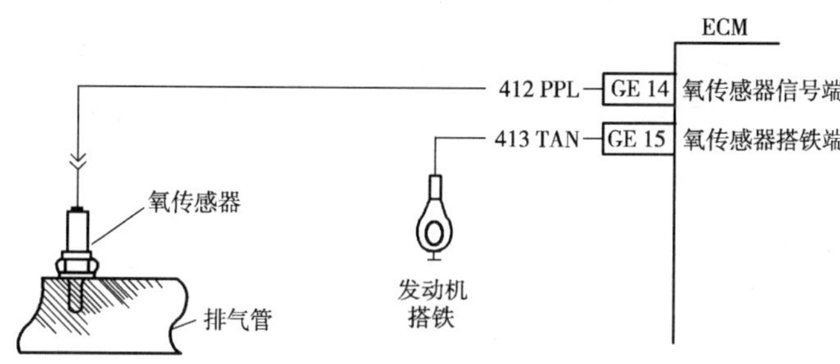

图2-45 氧传感器与计算机之间的连线

若电压读数过高，可能是混合气过浓，或是传感器被污染。氧传感器可能被室温硅密封胶或渗漏的冷却液污染，也可能被含铅汽油中的铅污染。

若电压读数过低，可能是混合气过稀，或是传感器故障，或是传感器与计算机之间导线电阻过大等原因。

如果电压信号保持为一个中间值，可能是计算机回路不通或传感器损坏。

把氧传感器从发动机上拆下，将氧传感器的氧敏元件放到丙烷焊枪的火焰上加热。丙烷火焰可以使氧敏元件与氧气隔离，这样，将导致传感器产生电压。传感器的氧敏元件处在火焰中时，输出电压应该接近1V，而把氧敏元件从火焰中拿出时，输出电压应立刻降至0V。如果氧传感器输出电压没有按上述变化，证明存在故障，应予更换。

②由氧传感器导线诊断。如果怀疑氧传感器信号线有故障,在发动机处于怠速时,在计算机和传感器两处用探针刺破导线测量电压。传感器和计算机两处电压差不应超出汽车制造厂给的规定值。一般而言,这两者间的标准平均压差为0.2V。超过0.2V,检查或更换搭铁线。

③由氧传感器上的加热器诊断。如果氧传感器上的加热器不工作,传感器的预热时间就要延长,计算机处在开环状态的时间也延长,计算机将误传出一个浓混合气指令。拆下传感器接线器,在加热器供电导线和搭铁线之间接上数字式电压表。在点火开关接通时,这段导线间应为12V电压,如果电压不足12V,应检查电源线或熔断器并排除故障。

拆下氧传感器,在加热器的接线端上连接一个欧姆表(见图2-46),如果加热器没有正常的电阻值,应更换传感器。

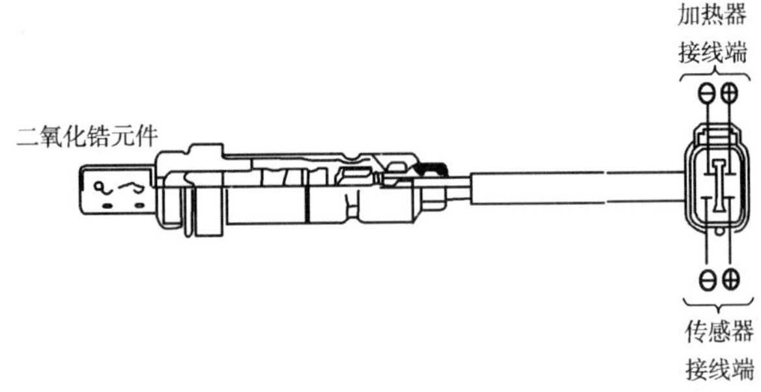

图2-46　氧传感器上的加热器接线端

(2)二氧化钛式氧传感器。二氧化钛型传感器中包含一个可变电阻,可变电阻根据周围的混合气空燃比变化而改变电阻值,以改变电压,计算机读取电阻两端的电压降。随着混合气浓稀变化,二氧化钛型氧传感器的阻值相应地变化。混合气浓时,二氧化钛型氧传感器的阻值低,向计算机提供一个较高的电压信号;混合气稀时,二氧化钛型氧传感器的阻值高,输到计算机的电压就低(图2-47)。

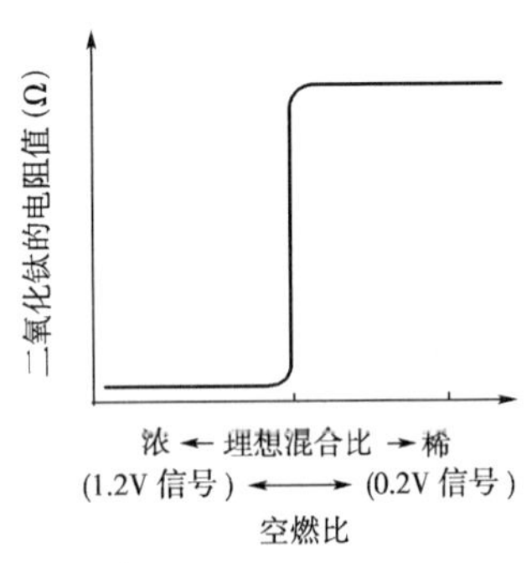

图2-47　二氧化钛型氧传感器的阻值与电压信号

发动机冷起动之后,二氧化钛型氧传感器几乎能立即提供令人满意的信号,这就能在发动机暖车期间提供较好的混合气空燃比控制。

(3)氧传感器使用与检测的注意事项。使用某些室温硫化密封剂会污染氧传感器,应使用汽车厂家推荐的室温硫化密封剂。

含铅汽油将使氧传感器上出现铅沉积层,导致传感器信号不准,甚至使传感器失效。

冷却液漏进燃烧室会污染氧传感器。

检测氧传感器必须使用数字电压表,模拟电压表会吸收较大的电流,易损坏传感器。

在安装之前,传感器的螺纹表面应涂上防粘结剂,否则,下次要拆除传感器会很困难。

4.1.7 曲轴位置传感器和凸轮轴位置传感器的检测

曲轴位置传感器的检测

曲轴位置传感器用于检测曲轴转角信号(转速信号),是电控系统点火和燃油喷射的主控制信号;凸轮轴位置传感器用于检测凸轮轴位置信号,是点火主控制信号。当发动机无法起动、怠速不稳或加速不良时,应检测曲轴位置传感器和凸轮轴位置传感器。曲轴位置传感器安装位置一般在分电器内、曲轴皮带轮后或飞轮旁。凸轮轴位置传感器一般安装在分电器内或凸轮轴前端。目前使用的曲轴位置传感器和凸轮轴位置传感器大都是磁感应式和霍尔效应式两种。

(1)磁感应式曲轴(或凸轮轴)位置传感器的检测。桑塔纳时代超人、别克 7X 和丰田皇冠、凌志等车的曲轴位置传感器均采用磁感应传感器。图 2-48 所示为丰田汽车磁感应式曲轴和凸轮轴位置传感器线路图。

检测磁感应式曲轴(或凸轮轴)位置传感器是否良好,应检查磁感应线圈阻值与交流信号电压。线圈阻值应符合厂家规定,如表 2-13 所示。

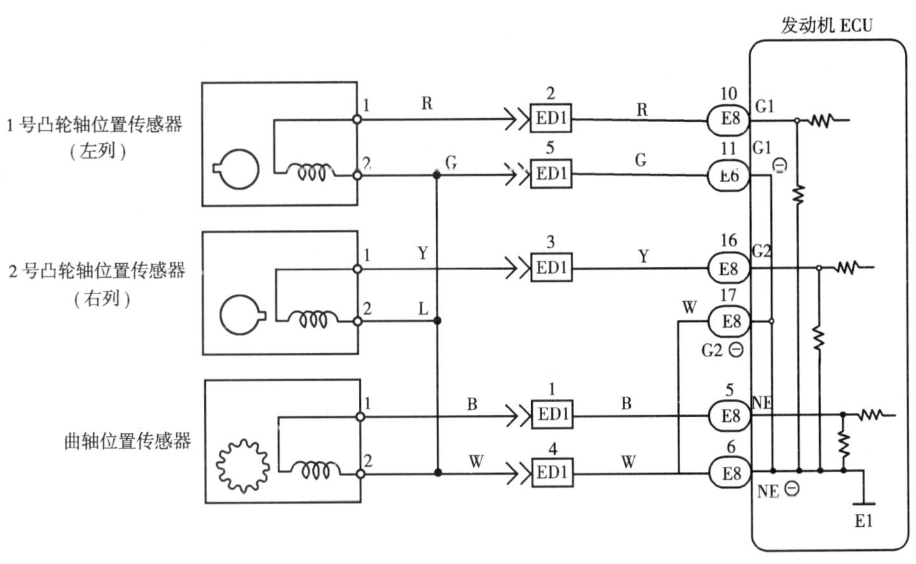

图 2-48 丰田汽车磁感应式曲轴和凸轮轴位置传感器线路图

磁感应线圈阻值（丰田）　　表 2-13

车　　型	曲轴位置传感器电阻值（Ω）	凸轮轴位置传感器电阻值（Ω）
丰田皇冠 3.0	155～240（冷机）	155～190（冷机）
丰田凌志 LS400	835～1400（冷机） 1060～1645（热机）	835～1400（冷机） 1060～1645（热机）
SGM 别克	500～1500	
桑塔纳时代超人	480～1000	

磁感应线圈良好，但信号电压不一定良好，所以还应检测交流信号电压。交流信号电压随信号转子转速的增加而增大。用万用表检测磁感应传感器信号，万用表挡位应设置在交流电压 20V 挡，脱开磁感应传感器的连接器，用万用表两根表棒接触传感器的两个端子，起动时观察有无交流电压信号。丰田（四缸）分电器内的曲轴位置传感器（NE）信号在怠速时约 0.77V，2000r/min 时约 1.3V，凸轮轴位置传感器（G）信号在怠速时约 0.45V，2000r/min 时约 1V。当分电器从发动机上拆下，用手快速转动分电器轴，也能测试信号电压，NE 信号约为 0.08V，G 信号约为 0.04V。

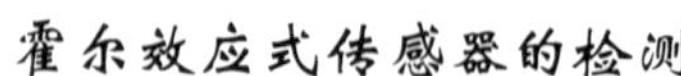

（2）霍尔效应式传感器的检测。霍尔效应式传感器信号是频率调制信号，其波形是方波，所以可用直流电压挡检测平均电压，以判别霍尔传感器有无信号输出。

桑塔纳时代超人车的凸轮轴位置传感器，SGM 别克车的曲轴位置传感器（24X）、凸轮轴位置传感器均采用霍尔效应传感器。克莱斯勒 2.5L 发动机上的曲轴位置传感器（CKP）与凸轮轴位置传感器（CMP）也是采用霍尔效应式传感器，其电路如图 2-49 所示，检测方法如下：

脱开传感器插头，打开点火开关，检查插头上电源端子与搭铁之间的电压，应为 8V。若无电压，则应检查传感器至发动机控制单元之间的线路，若线路正常，则应检查 ECU。

插头电源端子与搭铁间有 8V 电压时，将插头插回，起动发动机，测量传感器输出端子信号电压，应为 3～6V；如无信号电压，则为传感器故障。

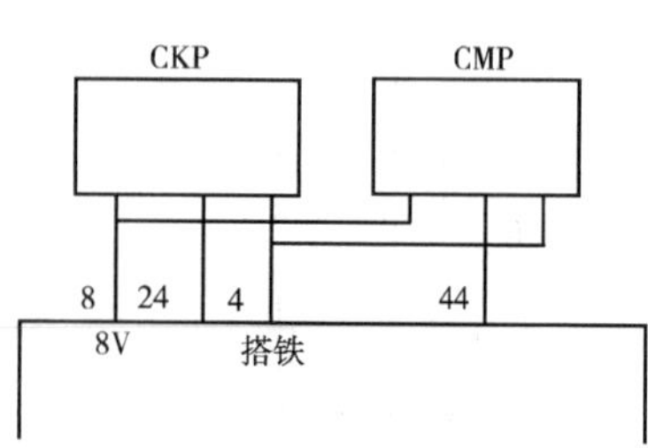

图 2-49　曲轴与凸轮轴位置传感器电路（克莱斯勒 2.5L）

4.1.8　爆震传感器的检测

爆震传感器安装在发动机体、气缸盖或进气歧管上。为了更好的控制爆燃，许多发动机上安装两个爆震传感器。发动机爆燃时，缸体和缸盖会产生振动，爆震传感器内有一个压电敏感元件，它把这种振动变成电压信号，输送给 ECU。ECU 收到这一信号后，就会减小点火提前角以消除爆燃。

发动机爆震传感器的线路（GM 公司）如图 2-50 所示。

诊断发动机爆震传感器的典型步骤如下：

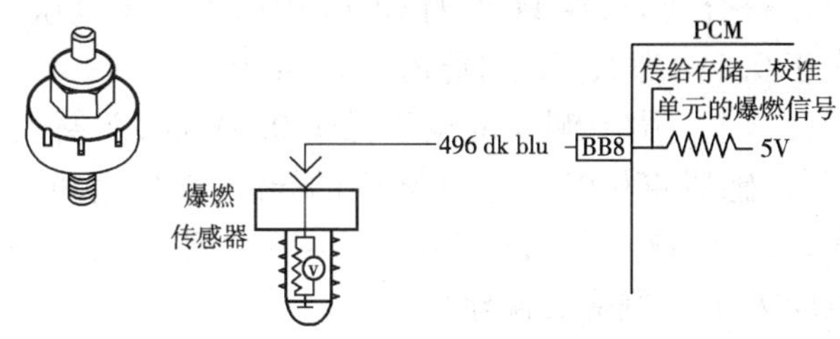

图 2-50　发动机爆震传感器线路图（GM 公司）

爆震传感器的检测

①拆下爆震传感器的导线接线器，接通发动机点火开关。

②在拆下的两条导线之间用电压表测量，电压值应在 4～6V之间。如果电压值不在这个范围内，可测量 ECU 端的导线电压值，如果该端电压值符合要求，需换导线。如果该端的电压值也不符合要求，说明 ECU 有故障。

③在爆震传感器与搭铁线之间用欧姆表测量，传感器应有 3300～4500Ω 的电阻。如果不符，需更换传感器。

④可用一个与发动机相连的正时信号灯来对爆震传感器进行快速检查。发动机转速设定在 2000r/min，观察正时信号。用一小锤在靠近爆震传感器的位置上轻敲，如果传感器工作正常，点火提前角将有所减小。

发动机爆震传感器检测时，应注意以下问题：

爆震传感器紧固力矩过大，可能使它过于灵敏，将导致点火提前角过小；紧固力矩过小，传感器灵敏度下降，将导致点火提前角过大，易使发动机产生爆燃。所以必须按规定的力矩紧固爆震传感器。

在许多发动机上，拆下爆震传感器之前，必须先把冷却液放尽。

4.1.9　车速传感器的检测

车速传感器向 ECU 提供一个与车速有关的电压信号，ECU 通过这个信号来控制发动机怠速和减速时的混合气空燃比，并用于控制自动变速器变矩器的锁止、自动变速器的换挡、发动机冷却风扇的开闭和巡航定速等。

当车速传感器有故障时，会引发离合器锁死、行驶时汽车不能正常换挡、测速表不准确等。

检测车速传感器之前，应先把汽车升起，使驱动轮能自由转动。在传感器的信号线和搭铁线之间连接一个电压表，然后起动发动机（图 2-51）。

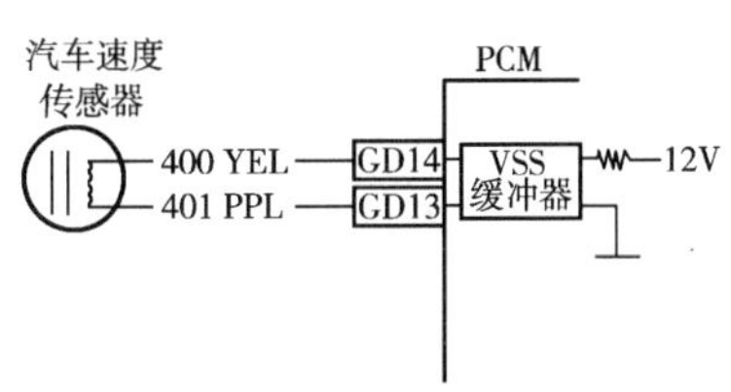

图 2-51　车速传感器接线图（GM 公司）

让变速器处于驱动状态，使驱动轮转动。如果车速传感器的电压信号不大于0.5V,则需更换传感器。如果传感器提供的电压符合要求,在PCM的GD14引脚处测量电压,如果电压大于0.5V,那么问题可能出在PCM上。

当在这个引脚上测得的电压低于0.5V时,关断点火开关,拆下传感器400引脚与PCM间的导线,在这之间接一个欧姆表,表的读数应为0;在401与GD13之间的导线上测量,电阻也应为0,否则应更换导线。

4.2 开关信号检测

开关和起动信号的检测

电控发动机控制系统开关信号有起动信号、空调需求信号、挡位开关和驻车/空挡开关信号、离合器开关信号、制动开关信号和动力转向开关信号等。这些信号都是开关量,其类型有搭铁型和正极型两种。搭铁型开关,平时开关断开,发动机ECU测得信号电压为5V,接通时发动机控制电脑测得的信号电压为0V,如图2-52a)所示。正极型开关断开时ECU测得0V信号,接通时测得12V信号,如图2-52b)所示。例如,制动开关就属于正极型开关,其作用使ECU获得制动信号,因此控制自动变速器中变矩器松开,并使发动机缓慢降速以免熄火。

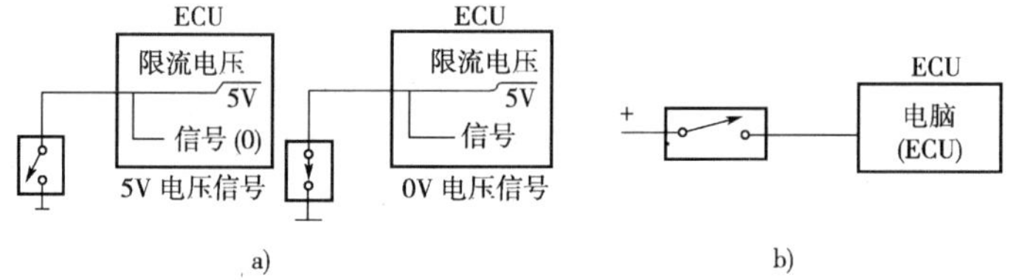

图2-52 开关电路

a)搭铁开关;b)正极开关

4.2.1 起动信号的检测

发动机起动时,进气流动缓慢,燃油蒸发差,为获得良好的起动性能,需要提供较浓的混合气。起动时,由起动开关向ECU提供一个12V的起动信号,作为喷油量和点火提前角的修正信号。

图2-53是丰田5S-FE发动机的起动电路。起动时,STA端子与E1端子的电压应为6~14V,若无电压,可按以下步骤检测。

①检查起动机工作状况。

②若起动机工作正常,检查ECU的E1搭铁是否良好。若搭铁良好,说明ECU有故障。

③若起动机不能起动，则检查熔断器、蓄电池电路、点火开关、空挡起动开关和起动继电器是否正常。若都正常，则检查起动机50端子的电压，起动时应为6～14V。若电压正常，

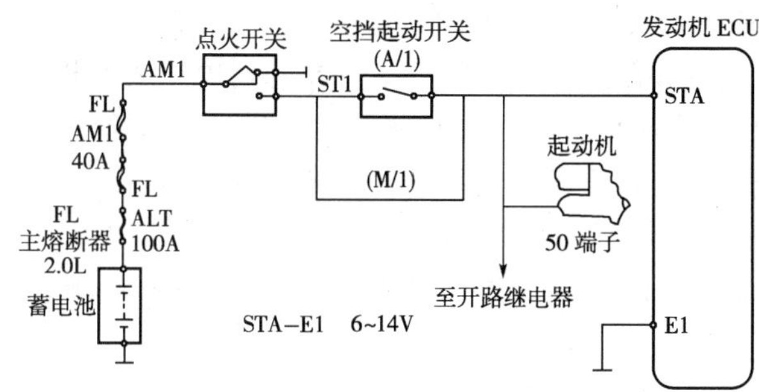

图2-53 发动机起动电路(丰田5S-FE)

则应检查起动机；若不正常，则应检查蓄电池至起动机继电器之间线路或起动机继电器至起动机50端子之间的线路是否正常。

4.2.2 驻车/空挡开关的检测

驻车/空挡开关的检测

驻车/空挡开关又称作空挡起动开关、停车/空挡开关或P/N开关，一般安装在自动变速器旁。驻车/空挡开关由自动变速器操纵杆控制，自动变速器在停车挡(P)或空挡(N)位置时，开关处在接通状态，此时向ECU输送一个低于1V的电压信号。而当自动变速器在驱动挡(D,L,…)或倒挡(R)位置时，开关处在断开状态，此时向ECU输送一个高于5V的信号。开关将自动变速器操纵杆位置传输给ECU,ECU用这个信号控制怠速转速。

有故障的停车/空挡开关可能会导致起动电路故障等后果。一定要按照汽车制造商提供的维修手册上的测试程序测试。把停车/空挡开关的插头拔下，并在B与搭铁线之间连上一个欧姆表(图2-54)。如果欧姆表读数大于0.5Ω，就要检查或更换搭铁线。

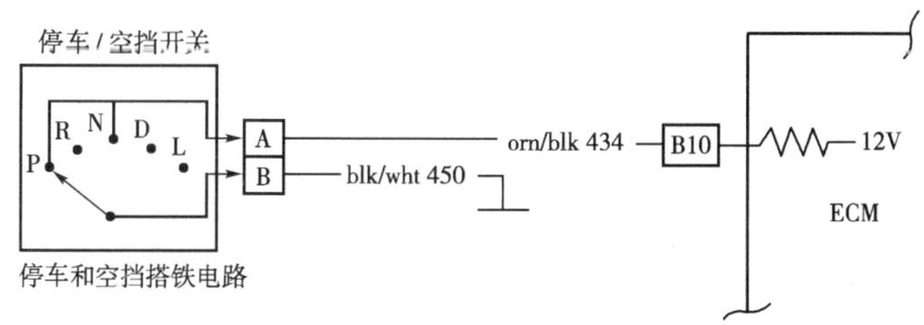

图2-54 停车/空挡开关电路图(GM公司)

把线束插头与开关相连，在开关的接线端 A 和搭铁线间连一个电压表。接通点火开关，变换变速器操纵杆的位置，除空挡外，在所有的位置上，电压表读数都应是 5V 以上。

如果电压表没有显示标准电压的读数，应在 ECM 的 B10 引脚和搭铁线间连一个电压表。如果这时电压表的指示超出标准值，那么应检查 ECM 到停车/空挡开关之间的导线，如果这时仍然没有标准读数显示，则 ECM 有故障。

把变速器操纵杆放在空挡位置，电压表读数应该小于 0.5V。如果这时显示读数大于 0.5V，则停车/空挡开关有故障。

4.2.3　动力转向开关的检测

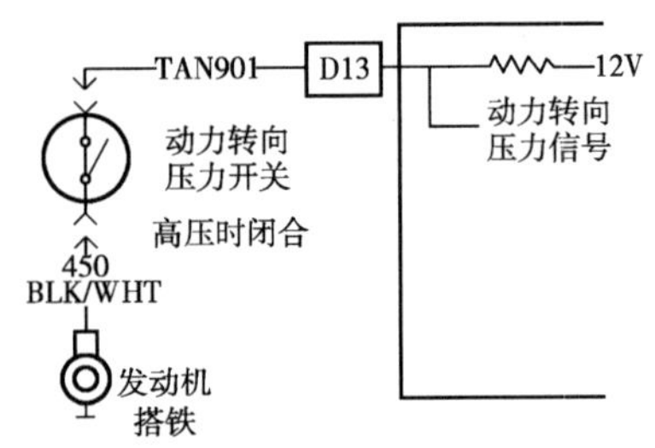

图 2-55　动力转向压力开关电路

动力转向开关用于监测动力转向液压系统的压力，如图 2-55 所示。

汽车低速或怠速运行时，动力转向系统的压力可能比较高，动力转向泵所增加的负荷可能使发动机转速下降甚至熄火。当低速或怠速时转动转向盘，达到校准压力时，动力转向压力开关闭合，ECU 接收到 12V 的电压信号，立即增加发动机怠速时混合气的供给量，将发动机转速加以提高。

检测动力转向压力开关信号是否良好的步骤如下：

拆下动力转向压力开关插头，接通点火开关，检测线束端电源端子电压是否为 12V。若不是 12V，则检查动力转向开关至 ECU 之间线路是否正常，若正常，则检查 ECU。若是 12V，则检查线束端搭铁端子是否良好。若良好，则应检查或更换动力转向开关。

4.2.4　空调需求信号的检测

当按下空调开关（A/C）时，空调系统开启，空调压缩机的启动会给发动机带来一定的负荷，从而使发动机转速下降，在怠速时会使发动机怠速不稳甚至熄火。为防止发生这种情况，空调开关不直接控制空调压缩机，而是用该开关向 ECU 发出需求信号，ECU 根据接收到的信号首先提高怠速转速，以便对额外的负荷作出补偿，然后再发出命令控制空调离合器工作。

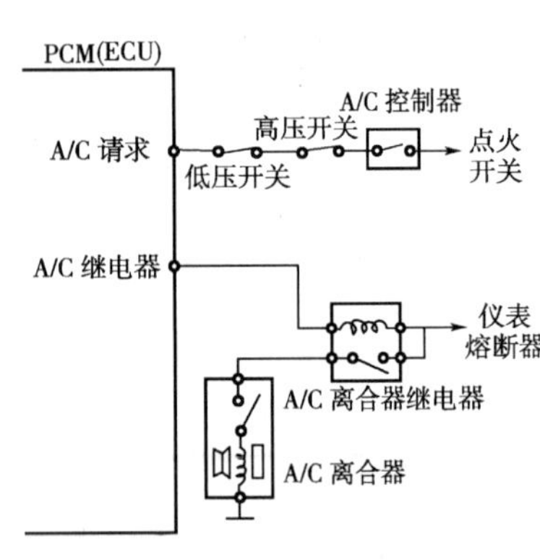

图 2-56　空调控制电路

在图 2-56 所示的空调控制电路中，怠速时按下空调开关，电源经空调开关、高压开关、低压开关至 PCM（ECU），ECU 根据怠速实际转速与设定值比较计算，需要时首先增加怠速空气量提高怠速转速，然后发出控制命令给空调控制继电器，空调控制继电器再控制空调压缩机离合器工作。

发动机怠速运转，按下空调开关，如果发动机转速下降使

怠速不稳甚至熄火，可按以下步骤进行检测：

①首先检查ECU是否接收到空调需求信号，ECU的A/C端与E1（图2-53中STA端与E1）之间的电压应为8～14V。

②如果电压符合要求，检查A/C端与搭铁间电压，检查E1与搭铁线路情况，如果良好，则ECU有故障。

③如果电压不符合要求，则故障出在点火开关到A/C端，应逐项检查各段线路及元件。

4.2.5　制动开关信号

在制动时，由制动开关向ECU提供制动信号，作为对喷油量、点火提前角、自动变速器等的控制修正信号。丰田制动开关电路如图2-57所示，制动时，电源经制动灯熔断器、制动灯开关，至ECU的STP端子，提供制动信号，同时经制动灯再搭铁，点亮制动灯。

检测制动开关信号，当踩下制动踏板时，ECU的STP端子应有12V的电压。

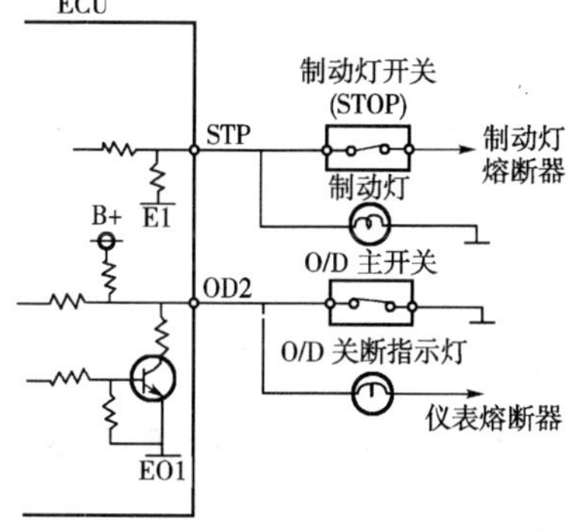

图2-57　制动开关电路

4.3　燃油供给系的检测与诊断

4.3.1　燃油压力的检测

燃油压力的检测

在电控燃油喷射发动机中，燃油泵提供一定压力的燃油。燃油泵及其控制电路的故障将直接影响发动机的工作性能，该部分的故障在电控发动机故障中占据了较大的比例，因此对燃油泵及控制电路检测是十分重要的。

电控燃油喷射分单点喷射和多点喷射，现在大部分发动机都采用多点喷射。不同的喷射类型，不同车系，不同排量的汽车，其燃油压力是不同的，表2-14列举了几款汽车的电控燃油喷射压力值。

几款汽车电控燃油喷射压力值　　表2-14

车型	排量	喷射类型	系统油压（接真空管）	残压
桑塔纳时代超人	1.8L	多点喷射	约300kPa	大于150kPa（停车10min后）
奥迪A6	1.8L	多点喷射	约350kPa	大于250kPa（停车10min后）
SGM别克	3.0L	多点喷射	284～325kPa	大于33kPa（停车10min后）
切诺基	2.5L	多点喷射	196kPa（怠速） 268 kPa（静态）	大于100kPa（停车10min后）
本田	2.0L、2.2L	多点喷射	285±20kPa（怠速）	150kPa（停车10min后）

油压检测包括系统油压检测和熄火后系统残余压力检测。

(1)系统油压检测。多点式燃油喷射系统如图2-58所示,大多数汽车的燃油导管上都有油压测试口,用于安装油压表。系统油压的检测方法如下:

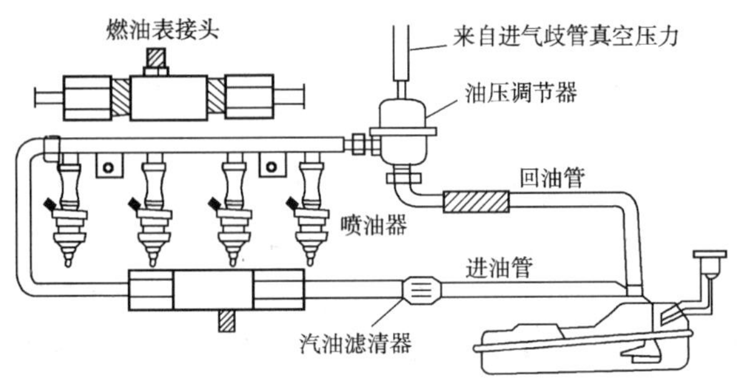

图2-58 多点喷射系统

电喷燃油供给系油压的检测

①释放油压。发动机熄火,拉紧驻车制动器操纵杆,将变速器置于P挡或N挡。打开油箱加油盖,释放油箱压力。断开燃油泵电源。起动发动机几次(或3s),卸除油管内残余压力。

②有油压测试口的,可将油压表直接接在油压测试口上,没有油压测试口的可断开进油管,将三通油压表串接在系统管路中。

③接上燃油泵电源,打开点火开关(发动机不起动)即可测量静态油压;起动发动机即可测量怠速油压。

常见系统油压故障有油压过高和油压过低。油压过高时使混合气过浓;油压过低时将使混合气过稀。

油压过高的原因是油压调节器故障或回油管堵塞,应对油压调节器和回油管进行检测,对症检修或更换。

油压过低的原因可能是油箱中燃油少、油泵滤网堵塞、油泵故障、油泵出油管松动泄漏、汽油滤清器堵塞或油压调节器故障,逐一检查,对症检修或更换。

(2)系统残压检测。发动机停熄后,系统管路中应保持一定的残余油压,便于再次起动,如果残余油压很低或等于零,将造成起动困难或不能起动的故障。发动机停止运转后(一般5~10min),观察油压读数,应符合规定。

系统残压过低的原因有燃油泵单向阀关闭不严,或油压调节器阀门关闭不严,或喷油器漏油,或燃油系统管路漏油,应逐一检查,排除故障。

4.3.2 燃油泵及控制电路的检测

燃油泵及控制电路的检测

燃油泵的控制电路因车型不同而异,有油泵开关控制型、油泵 ECU 控制型、电阻器式、燃油泵驱动模块式等。在诊断故障之前一定要分清楚燃油泵控制电路的类型。控制的类型虽然不同,但诊断的基本方法和思路大同小异。

图 2-59 所示是丰田公司断路继电器控制的燃油泵电路。断路继电器内有两个线圈,一个线圈接在起动机继电器触点与搭铁线之间,另一个线圈接在蓄电池正极和动力控制模块(PCM)之间。当发动机起动时,起动机继电器触点闭合,电流从起动机继电器触点经断电器一个线圈搭铁,此电流将继电器触点闭合,燃油泵通电工作。另外,当点火开关接通时,PCM 给继电器的另一个线圈供电,使断电器触点闭合,在发动机运行时,燃油泵始终工作。

燃油泵不工作或工作不正常时,检查步骤如下(见图 2-59):

①跨接线短接数据连接器 1 上的 FP 和 +B 端子,打开点火开关(发动机不起动)。打开油箱盖,仔细听有无燃油泵运转的声音或用手触摸油管有无油压脉动。

②若听不到燃油泵运转声音或感觉不到油压脉动,说明燃油泵没有工作,应拆下跨接线。检查电源电压、电源主熔断器、EFI 熔断器、MFI 主继电器是否正常;电路、连接器有无断路或短路。若正常,应拆检燃油泵。

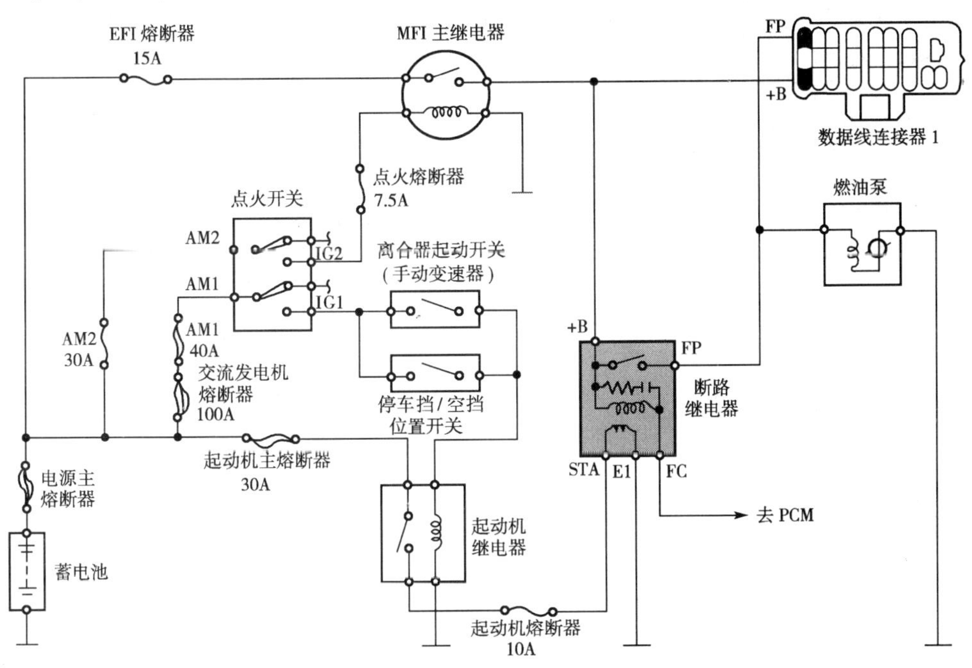

图 2-59 断路继电器控制的燃油泵电路(丰田)

③若燃油泵运转，说明燃油泵继电器、PCM及导线、连接器等不良，应分别进行检查。测量PCM的各端子电压，应符合厂家的要求，否则应更换。检查燃油泵继电器，拔下燃油泵继电器插头，测量各端子之间的电阻以检查通断情况。

④燃油泵的检测。如果线路连接正常，而燃油泵就是不工作，则应从车上拆下燃油泵，对燃油泵单独进行检查。首先检查燃油泵电机线圈电阻。测量燃油泵连接器两端子之间的电阻值（注意测试时间不可过长，以免烧坏线圈），一般为0.5～3Ω。如果电阻值不符，说明电机线圈有短路、断路或电刷接触不良的故障，应更换燃油泵。

当确认燃油泵线圈电阻没有问题后，可将燃油泵直接接在蓄电池上进行运转试验。如果燃油泵不能转动或转动缓慢、转速不匀，说明燃油泵有故障，应予更换。注意在运转试验时，持续通电时间不可超过10s，防止在没有燃油对油泵电机进行润滑的情况下，长时间运转造成油泵电机的过热损坏。

4.3.3 喷油器的检测

喷油器的性能对发动机工作影响很大，喷油器的故障可能导致发动机运转不良，甚至熄火。喷油器的检测是电喷发动机检测中的重要内容。

(1)检查喷油器的工作情况。发动机怠速运行时，用手接触喷油器，应有振动感，如图2-60所示，或用听诊器（可用旋具代替）搭在喷油器上，应听到清脆的“嗒嗒”声（电磁阀开、关声）。如用手摸无振动感或听不到电磁阀动作声音，说明该喷油器不工作。

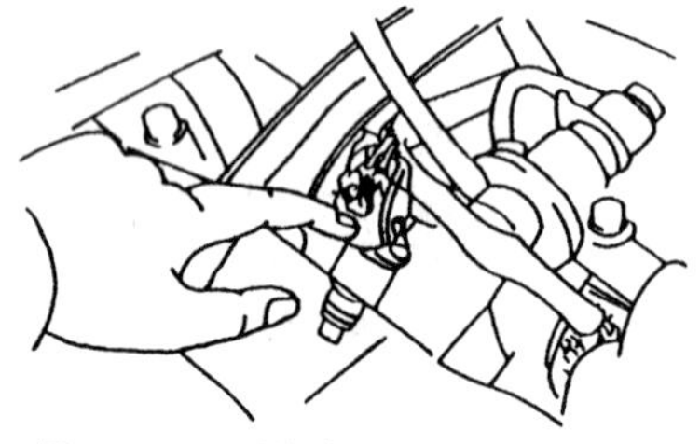
图2-60 用手指感觉检查喷油器的工作情况

(2)检测喷油器线圈的电阻值。断开点火开关，拔下喷油器的插头，用万用表电阻挡测量喷油器线圈的电阻值，如图2-61所示。喷油器按阻值可分为低阻和高阻两种，低阻的电阻值在2～3Ω，高阻的电阻值在13～18Ω。检测时，对照相关标准。

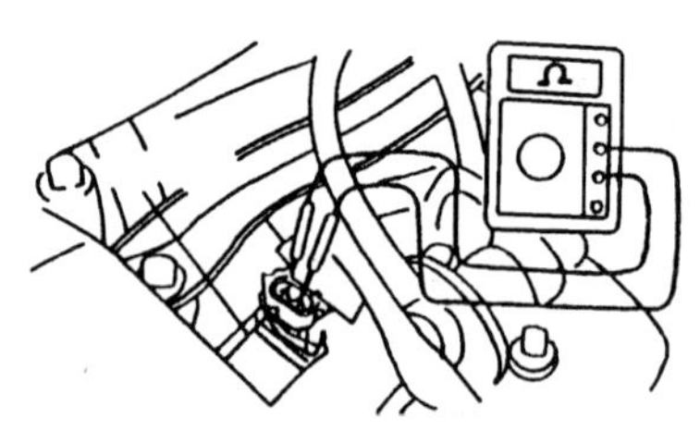

图2-61 检查喷油器电阻

(3)喷油品质检测。喷油器的喷油品质可按以下三种方法进行检测：

①以丰田车为例，断开点火开关，拆下蓄电池搭铁线；将进油管与分油管拆开，装上丰田专用的软管连接头和检查用的软管，连接头和油管旋紧；把喷油器、压力调节器和油管用连接头和连接卡夹连接好，如图2-62所示。将喷油器喷口置入量筒中，用连接线把连接插头中+B与FP端子连接起来（见图2-59所示），重新装上蓄电池搭铁线。

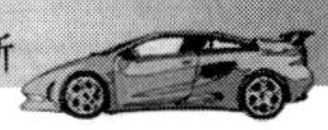

如图2-63所示，接通电源15s，检查喷油器喷油雾化情况，用量筒测出喷油量。每个喷油器测2～3次，15s内的标

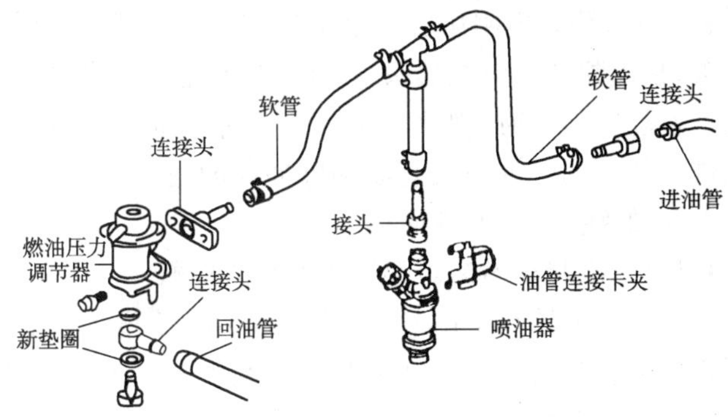

图2-62　安装喷油器测试件

准喷油量为70～80cm^3，各喷油器允许误差9cm^3，喷油状况的检测如图2-64所示。

停止喷油后检查喷油器喷口处有无漏油，每分钟漏油不允许多于1滴。

②将全部喷油器拆下安置在超声波喷油器清洗机上，直接检测喷油状况和喷油量。

③有的气动式或电动式燃油喷射清洗机有专门检测单个喷油器喷油情况的油管、接头或喷油脉冲发生器。将单个喷油器安装在清洗机的出油管上，喷油器插座上接上喷油脉冲发生器的控制线插头，调节清洗机输出油压，检测喷油状况和有否漏油。

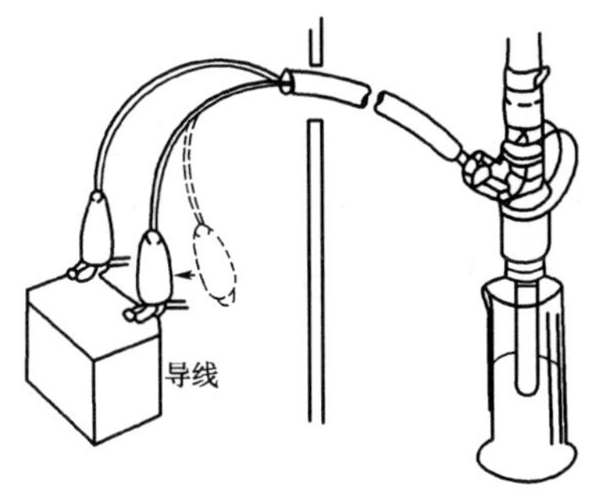

图2-63　检测喷油量

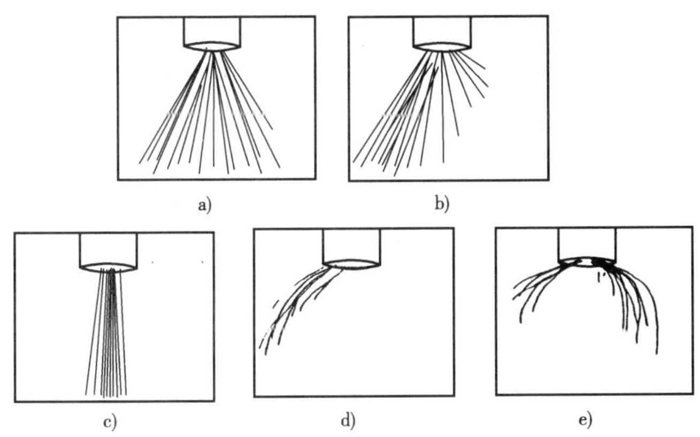

图2-64　喷油器喷油状况

a)良好；b)尚可使用；c)、d)、e)差

(4)喷油控制信号的检查。脱开喷油器连接器，接通点火开关，检查连接器线束端电源线的电压，应为蓄电池电压。

若无电压，应检查点火开关至喷油器电源线之间的线路是否正常。

将一个 330Ω 电阻串联一个发光二极管作试灯。断开点火开关，拔出喷油器电线插头，在线束插头上接上发光二极管试灯。发动机运行时，观察发光二极管，信号正常时发光二极管闪烁。如不闪烁说明没有喷油脉冲控制信号，应检查喷油器至 ECU 的线路、传感器及 ECU。

4.3.4　冷起动喷油器及控制电路的检测

冷起动喷油器在丰田、尼桑及奥迪 5 缸 K 型等车上得到使用，20 世纪 90 年代的欧美电控车一般没有冷起动喷油器。丰田车的冷起动喷油器控制电路如图 2-65 所示。

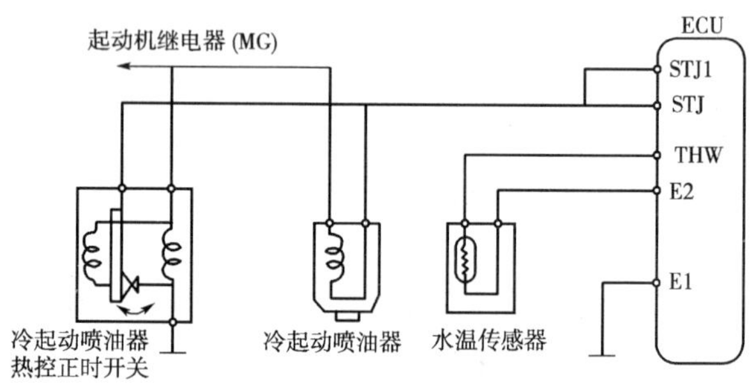

图 2-65　冷起动喷油器控制电路

冷起动时(发动机温度低于 30℃)，冷起动喷油器喷油；热起动时(发动机温度高于 40℃)，冷起动喷油器不喷油，连续起动也不喷油，不同车的温度控制略有不同。

冷起动喷油器是由一个热控正时开关控制的，热控正时开关的检测方法是：拆下冷起动喷油器热控正时开关，测量不同温度下的电阻值(如图 2-66 所示)，应符合表 2-15 所例要求。

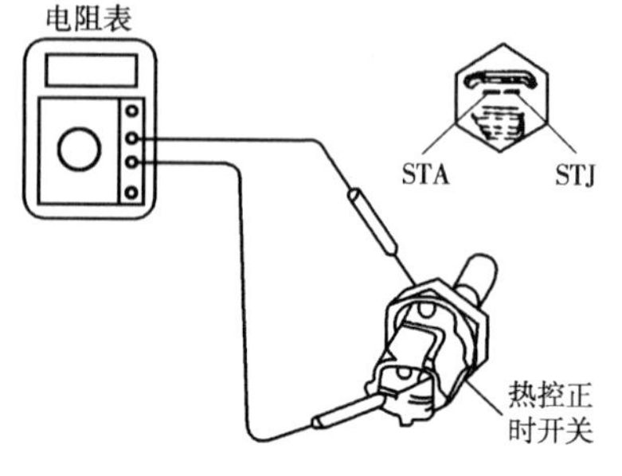

图 2-66　热控正时开关的检测

不同温度下冷起动喷油器热控正时开关的电阻值(丰田)　　表 2-15

端子	电阻 Ω	冷却液温度℃
STA-STJ	20 ~ 40	低于 30
	40 ~ 60	高于 40

冷起动喷油器的检查包括漏油和喷油状况检查，冷起动喷油器线圈的电阻值应为 2 ~ 4Ω，如不合格，应予更换。拆下冷起动喷油器，放置在容器中，连接检查连接器上的 FP 和 + B端子(见图 2-59)，冷起动喷油器每分钟漏油应不多于 1 滴。

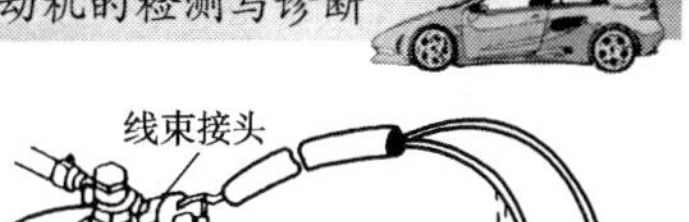

冷起动喷油器在冷起动时不喷油，会造成冷车难起动的故障。冷起动喷油器在热起动时喷油，会造成热车难起动的故障。检查冷起动喷油器喷油状况，如图2-67所示。冷起动喷油器热起动时喷油，故障原因是STJ导线搭铁或热控正时开关内触点常闭。冷起动喷油器在冷起动时不喷油，故障原因是冷起动喷油器故障、冷起动喷油器STA端子在起动时无电源、STJ端子导线断路或正时开关内触点常开不能闭合。

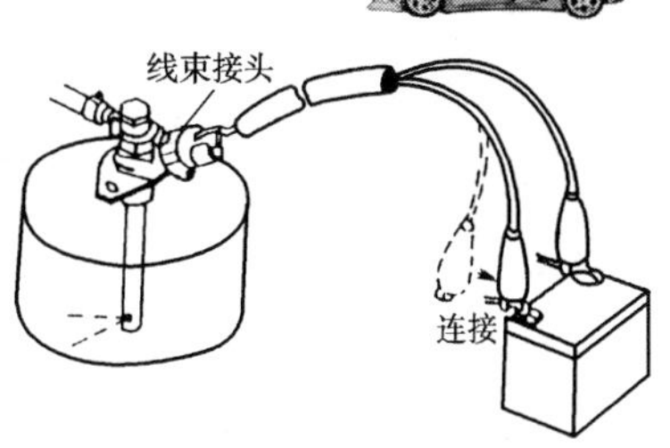

图2-67 检查冷起动喷油器喷油情况

4.3.5 油压调节器的检测

油压调节器一般安装在分油管的末端。油压调节器的作用是调节燃油供给系统油压，保持喷油器内与进气歧管内的压力差为一个恒定值。

燃油系统油压过高、过低、不稳或残压保持不住都与油压调节器有关。判断油压调节器是否良好可用如下方法。

当系统油压过高时，首先对系统卸压，拆下油压调节器上的回油管，套上准许的容器，接通点火开关或起动一下发动机，观看油压调节器回油管，如回油少或没有回油，则油压调节器不良，应予以检修或更换。

油压调节器的检测

当系统油压过低时，首先起动发动机怠速运行，夹住回油软管，如油压立即上升至400kPa以上，则说明油压调节器不良，应予以检修或更换。注意不要使系统油压高于450kPa，否则容易损坏油压调节器。

起动发动机怠速运行，拔去油压调节器上的真空管，油压应上升50kPa左右，如不符合，则说明油压调节器不良，应予以检修或更换。

4.4 空气供给系的检测与诊断

空气供给系统的作用是测量和控制进入气缸的空气量。空气经空气滤清器、空气流量计、节气门、进气总管、进气歧管进入各气缸。

在进气系统中，安装有传感器和执行元件，它可控制发动机正常运行工况的进气量。空气供给系统中各传感器和执行元件对发动机工作的影响很大。

4.4.1 进气系统中传感器的检测

进气系统中的传感器有空气流量计、进气歧管绝对压力传感器、节气门位置传感器。流量型电喷发动机采用空气流量计直接检测进气量，压力型电喷发动机采用进气歧管绝对压力传感器间接检测进气量。SGM别克(3.0L)车上既有空气流量计，又有进气压力传感器，空气流量计测量一定时间内进入发动机的进气量，发动机 PCM 根据空气流量信号及发动机操纵状况，进行供油计算，进入发动机的空气量大，表示加速或大负荷工况；反之，则表示减速或怠速。进气压力传感器监测进气歧管内压力(真空)的变化，信号电压在怠速时低于2V，点火开关接通发动机不起动或在节气门全开(低真空度)时信号电压高于4V。进气压力传感器监视废气循环时的进气歧管压力变化，还为某些故障诊断确定发动机的真空度，并确定大气压力。

进气系统中传感器的检测

空气流量计信号弱的原因，除了空气流量计本身的故障外，进气系统故障也会造成空气流量计信号弱。常见的进气系统故障原因有空气流量计滤网堵塞，空气滤清器脏堵或吸入杂物，空气流量计后方进气管路漏气，进气管积炭，节气门体积炭，怠速空气通道积炭，怠速控制阀不灵，发动机气缸压缩压力低，排气管(主要三元催化净化器)堵塞，废气再循环系统漏气，曲轴箱通风阀有故障等。

进气歧管压力传感器信号取决于进气歧管内的压力(负压)，所有进气压力传感器信号偏离标准值的原因，除了进气压力传感器本身故障外，还与进气歧管压力有关，所以必须检查发动机进气歧管压力，并检查影响压力降低的原因。

节气门位置传感器监测节气门开度。节气门位置传感器信号偏离正常值，除了节气门位置传感器本身故障外，常见的故障原因有安装位置不正确，节气门卡滞，节气门拉索过紧或过松，节气门高速限位螺钉调整不当等。

上述各种传感器的具体检测方法详见前述。

4.4.2　怠速控制阀的检测

怠速空气量的控制方式有两种：一种是怠速时节气门关闭，空气由怠速空气旁通道通过，怠速空气通道开启截面由怠速控制器控制；另一种没有怠速空气旁通道，怠速空气量由节气门的开度直接控制。

怠速控制阀的检测

(1)旁通空气式怠速控制阀的检测。旁通空气式怠速控制阀的种类较多，目前主要使用的有步进电机型和旋转电磁阀型等。

①步进电机型怠速控制阀的检测。图 2-68 所示为丰田公司提供的步进电机型怠速控制阀工作原理图和电路图，步进电机安装在怠速控制阀(ISC)内，由 4 个线圈、磁性转子、阀轴和阀组成。ECU 根据节气门位置传感器、水温传感器、发动机转速传感器等信号，控制怠速控制阀内的步进电机运转，使阀前后移动控制怠速旁通道开启面积，即控制发动机怠

速空气量，从而控制发动机怠速的转速。

a. 在车上检查怠速控制阀。当发动机熄火时，怠速控制阀会“咔嗒”一声，如果不响，应检查 ISC 阀和 ECU。

b. 检查 ISC 阀的电阻值。如图 2-68b）所示，检测 B1—S1，B1—S3，B2—S2 和 B2—S4 四个线圈电阻，都应是 10 ~ 30Ω，如电阻值不符，应更换 ISC 阀。

c. 检查 ISC 阀的工作情况。在 B1 和 B2 端子上接上蓄电池正极，然后依次将 S1、S2、S3、S4 接负极，阀应逐步关闭，如图 2-69 所示。

在 B1 和 B2 端子上接上蓄电池正极，然后依次将 S4、S3、S2、S1 接负极，阀应逐步开启，如图 2-70 所示。

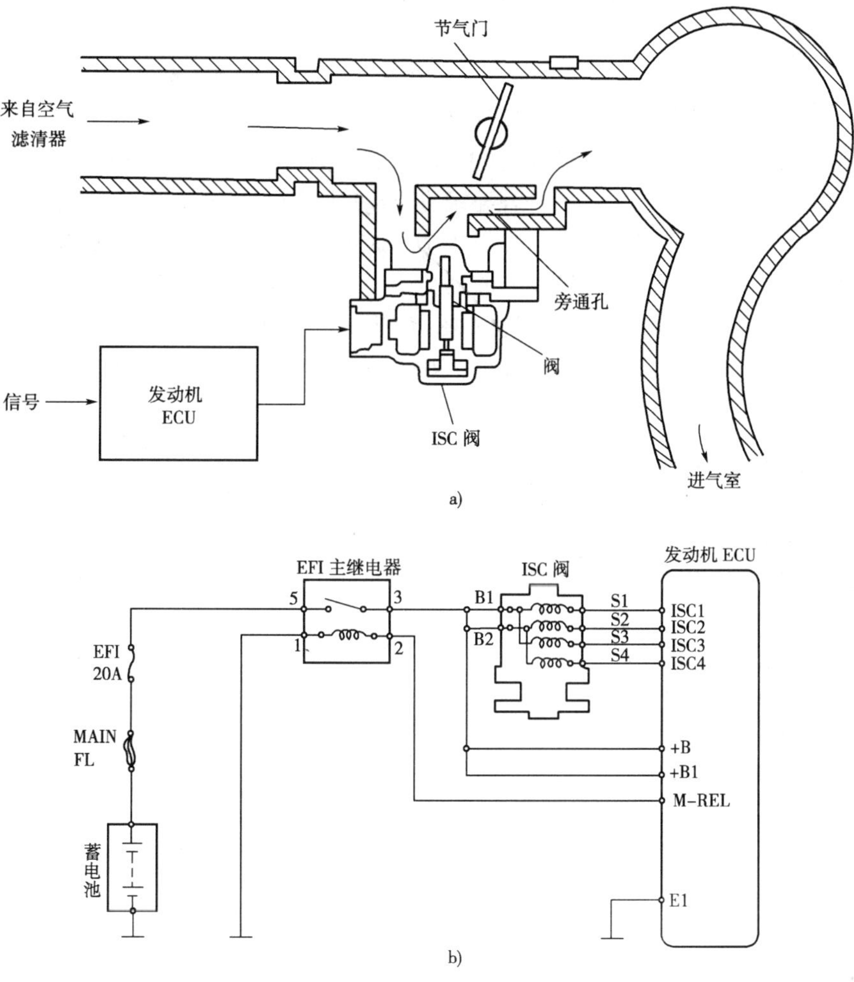

图 2-68 步进电机型怠速控制阀（丰田）

a）工作原理图；b）电路图

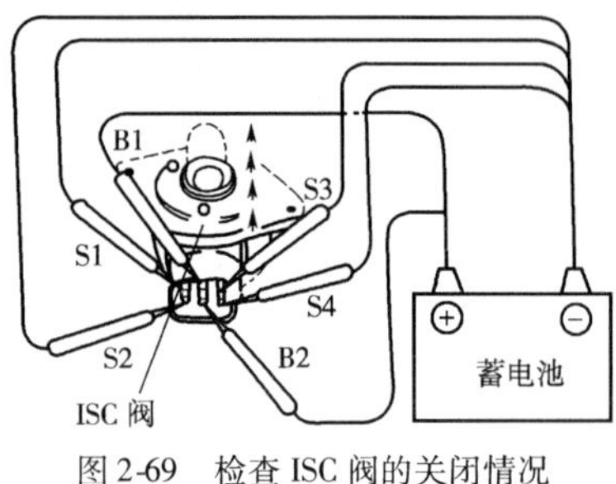

图 2-69　检查 ISC 阀的关闭情况

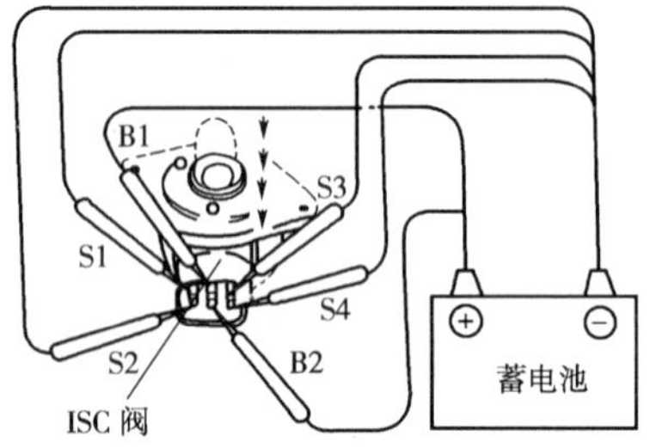

图 2-70　检查 ISC 阀的开启情况

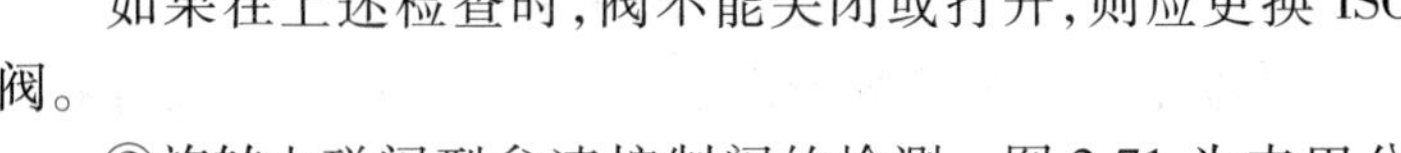

如果在上述检查时，阀不能关闭或打开，则应更换 ISC 阀。

②旋转电磁阀型怠速控制阀的检测。图 2-71 为丰田公司的旋转电磁阀型怠速控制阀电路，在整个怠速范围内，ECU 通过占空比（0 ~ 100%）对怠速转速进行控制。

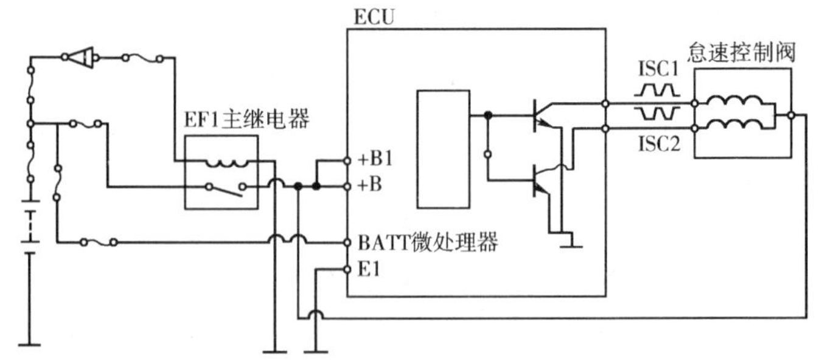

图 2-71　旋转电磁阀型怠速控制执行机构控制电路图

a. 检查 ISC 阀的电阻值。在图 2-72 所示中，+B 与 ISC1、+B 与 ISC2 之间的电阻均为 18.8 ~ 22.8Ω，如电阻值不符合要求，应更换 ISC 阀。

b. 检查 ISC 阀的工作情况。在正常水温、发动机正常运转及变速器位于空挡位置时，将检查连接器中 TE1 和 E1 端子连接起来，发动机以转速 1100 ~ 1200r/min 运转 5s 后，转速应降低 200r/min；如不符合要求，应检查 ISC 阀、ISC 阀至 ECU 的线路和 ECU。

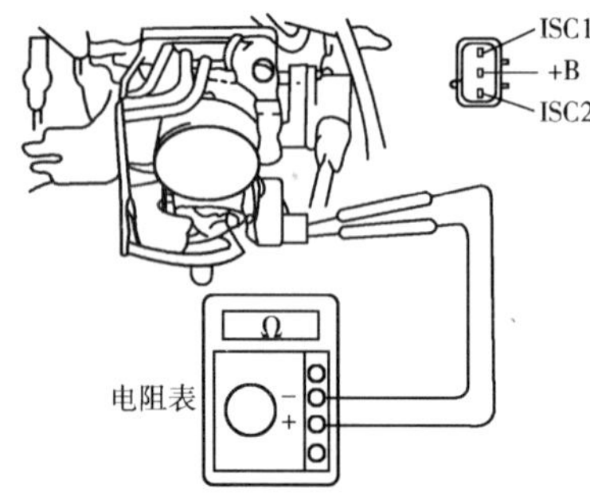

图 2-72　检查旋转电磁阀型怠速控制执行机构的电阻

（2）直通空气式怠速控制阀的检测。直通空气式怠速控制装置，是通过节气门体怠速稳定控制器，控制节气门的开启来实现怠速稳定控制的，它没有怠速空气旁通道。怠速稳定控制器由一个直流电机通过齿轮传动，控制节气门开启。桑塔纳时代超人轿车采用的是直通空气式怠速控制阀，如图 2-73 所示。

发动机怠速运转时，怠速稳定控制器根据发动机的负荷（进气量）和发动机温度对节气门进行控制。当发动机温度低时，节气门开度大。当发动机温度高时，节气门开度小。当突然放松加速踏板时，节气门由怠速稳定控制器逐渐关闭，直到所需的怠速开度。在紧急运行状态下，节气门控制部件电源被切断，节气门控制部件内的紧急运行弹簧将节气门定位在预先设定的紧急运行位置，此时驾驶员对节气门调节无效。用 V. A. G1552 诊断仪可检测桑塔纳时代超人怠速和节气门控制部件。

①怠速的检测。怠速转速由 ECU 预先设置，不可以调整。

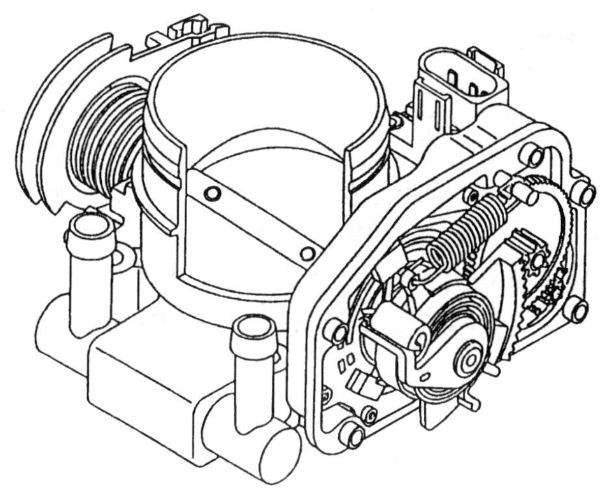

图 2-73　直通式节气门控制部件(桑塔纳时代超人)

直通空气式怠速控制阀的检测

输入地址"01",进入发动机检测

↓

输入选择功能"08",进入读取数据块功能

↓

输入组号"03",读取基本数据

↓

显示

读取数据块			3 →
800/min	13.650V	92.0℃	43.2℃
①	②	③	④

检查区域③,冷却液温度应大于 80℃,测试时冷却风扇不能转;

检查区域①,发动机怠速标准值应在(800 ± 30)r/min,如果怠速转速不在标准值范围内,按[C]键退出,输入组号[20],读取工作状态数据,显示:

读取数据块			20 →
800/min	0.000	A/C – LOW	Kompr. AUS
①	②	③	④

检查区域③,空调 A/C 开关应关闭(A/C – LOW);

检查区域④,压缩机应关闭(Kompr. AUS)。

如果怠速转速仍然超过范围,按[C]键退出,输入组号[04],读取怠速稳定数据,显示:

读取数据块			4 →
3∠°	0.23g/s	0.00g/s	Leerlauf
①	②	③	④

检查区域④,应当怠速(Leerlauf),如果没有显示怠速(Leerlauf),应检查怠速开关。

检查区域①,标准值:0～5∠°,如果没有达到标准值,应检查节气门控制部件与发动机控制电脑的匹配,按[↑]键,显示:

读取数据块			5 →
810/min	800/min	1.7%	2.9g/s
①	②	③	④

检查区域①,怠速转速标准值应在(800±30)r/min。如果怠速转速过低,故障的原因可能是:发动机负荷太大;节气门控制部件与发动机控制单元没有匹配;节气门控制部件损坏。如果怠速转速过高,故障的原因可能是:进气系统有泄漏;节气门控制部件与发动机控制单元没有匹配;节气门控制部件损坏;活性碳罐电磁阀常开。

节气门控制部件检测

②节气门控制部件检测。桑塔纳时代超人节气门控制部件位于节气门拉索轮的对面。节气门电位计、怠速开关、节气门定位电位计和紧急弹簧全部安装在节气门控制组件壳体内。这个壳体不必打开,全部调整由 V.A.G1552 诊断仪基本设定功能来完成。节气门控制部件控制电路如图 2-74 所示。

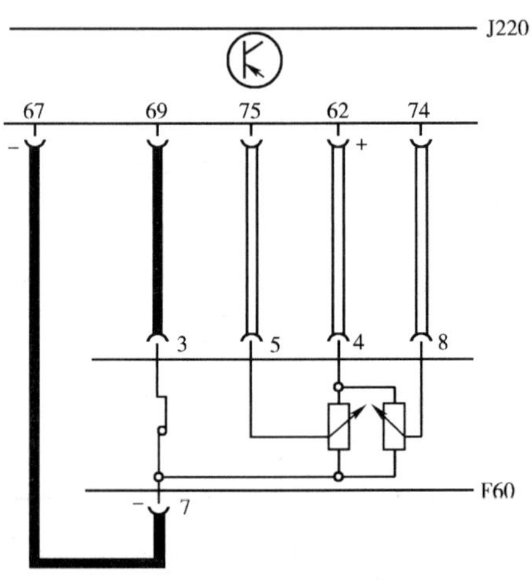

图 2-74 节气门控制部件电路(桑塔纳时代超人)

3、4、5、7、8-节气门电位计插头端子;62、67、69、74、75-ECU 线束插座端子

a. 节气门电位计的检测。节气门电位计也就是节气门位置传感器，当节气门电位计出现故障时，ECU 就用发动机转速和空气流量计的信号值计算替代。

测量节气门电位计的供电电压，拔下节气门控制部件的插头，用数字式万用表测量插头上 4 和 7 端子之间的电压值。打开点火开关，此电压值应接近 5V（ECU 提供）。

测量节气门电位计导线的导通情况，用数字式万用表测量插头上的 4、5 和 7 端子分别至 ECU 线束插座端子 62、75 和 67 之间的电阻值，测得电阻值应小于 1Ω。

测量节气门电位计的信号电压，插上节气门控制部件的插头，用数字式万用表测量插头上 5 和 7 端子（端子 5 和 7 分别对应 ECU 插座上的端子 75 和 67）之间的电压值，打开点火开关，使节气门开度变化，此电压值应在 0.5 ~ 4.9V 之间变化。

节气门位置传感器的检测

b. 节气门定位电位计的检测。节气门定位计的作用是：怠速时节气门定位器动作，使节气门打开输出位置信号。在节气门定位电位计出现故障时，节气门控制部件中的紧急运行弹簧起作用，使发动机处于紧急运行状态，此时发动机的怠速升高，约 1500r/min。

测量节气门定位电位计的供电电压，拔下节气门控制部件的插头，用数字式万用表测量插头上 4 和 7 端子之间的电压值，打开点火开关，此电压值应接近 5V。

测量节气门定位电位计导线的导通情况，用数字万用表测量插头上的 4、8 和 7 端子分别至 ECU 线束插座端子 62、74 和 67 之间的电阻值，测得的电阻值应小于 1Ω。

测量节气门定位电位计的信号电压，插上节气门控制部件的插头，用数字式万用表测量插头上 8 和 7 端子（端子 8 和 7 分别对应 ECU 插座上的端子 74 和 67）之间的电压值，打开点火开关，使节气门开度变化，此电压值应在 0.5 ~ 4.9V 之间变化。

c. 怠速开关的检测。当怠速开关出现故障时，ECU 就对节气门电位计和节气门定位电位计的信号值进行比较，判断出怠速位置。

测量怠速开关的电阻，将万用表两根表棒接触 ECU 插座上的 69 和 67 端子，当打开节气门时，测到的电阻值应为无穷大；当节气门关闭时，测得的电阻值应小于 1Ω。

测量怠速开关导线的导通情况，拔下节气门控制部件的插头，用数字式万用表测量节气门控制部件插头上的 3 和 7

端子至 ECU 线束插座 69 和 67 端子间的电阻值,测得的电阻值应小于 1Ω。

d. 节气门定位器的检测。节气门定位器即怠速稳定装置,俗称怠速电机,怠速电机损坏或 ECU 对怠速控制出现故障,节气门控制部件内的紧急运行弹簧设置节气门处于紧急运行位置。

节气门定位器的检测

测量节气门定位器的供电电压,打开点火开关,用数字式万用表测量 ECU 线束插座上的 66 和 59 端子的电压值,66 号端子的电压值应为蓄电池电压值(12V 左右),59 号端子的电压值应为 10V 左右。

测量节气门定位器导线的导通情况,用数字式万用表测量 ECU 线束插座至节气门定位器电线插头间的电阻值,电阻值应小于 1Ω。

5 柴油机燃料供给系的检测与诊断

5.1 柴油机的供油压力及波形分析

柴油机燃料供给系工作性能的好坏,在很大程度上取决于喷油泵和喷油器的工作质量。喷油泵和喷油器的工作质量,可通过高压油管中的压力变化情况及针阀升程情况反映出来。因此,用示波器观测高压油管中的压力波形与喷油泵凸轮轴转角的对应关系,观测喷油器针阀升程与凸轮轴转角及高压油管中压力的对应关系,就可以判断柴油机供给系的工作是否良好。

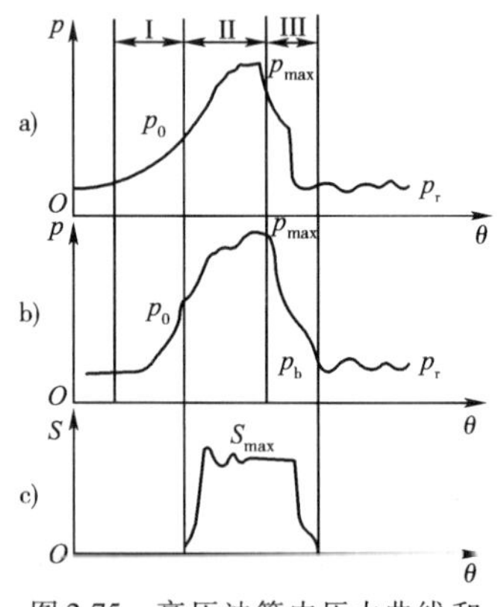

图 2-75 高压油管内压力曲线和喷油器针阀升程曲线

a)喷油泵端压力曲线;b)喷油器端压力曲线;c)针阀升程曲线

图 2-75 是在柴油机有负荷情况下实测的某缸高压油管内压力 p 和针阀升程 S 随凸轮轴转角 θ 的变化曲线,图中可以看出针阀升程 S 与压力 p 的对应关系。其中:p_r 为残余压力,p_0 为针阀开启压力,p_b 为针阀关闭压力,p_{max} 为最大压力。在横坐标方向上,整个曲线可划分为三个阶段,其中:I 为喷油延迟阶段,若调高针阀开启压力 p_0,高压油管渗漏,出油阀偶件或喷油器针阀偶件不密封,随意增加高压油管的长度或增加高压系统的总容积(如漏装减容体)等,都会使这个阶段延长。II 为主喷油阶段,该阶段的长短主要与柴油机负荷有关,对于柱塞式喷油泵来说,即与柱塞的供油有效行程长短有关,供油有效行程越长,该阶段越长。III 为自由膨胀阶段,若高压油管内最大压力 p_{max} 不足,可使该阶段缩短,反之使该阶段延长。

从图中可以看出，第Ⅰ、Ⅱ阶段为喷油泵的实际供油阶段，第Ⅱ、Ⅲ阶段为喷油器的实际喷油阶段。在循环供油量一定的情况下，若Ⅰ阶段延长和Ⅲ阶段缩短，则喷油器针阀升程所占凸轮轴转角减小，使喷油量减少。反之，若Ⅰ阶段缩短和Ⅲ阶段延长，则使喷油量增大。因此，曲线上三个阶段的长短对该缸工作的好坏有一定影响。多缸发动机各缸对应的Ⅰ、Ⅱ、Ⅲ阶段如果不一致，则对发动机工作性能的影响更大。所以，必须将各缸的压力波同时取出，以多种形式进行对比观测。

5.1.1 波形分析

高压油管内的压力波形，可用全周期单缸波、多缸平列波、多缸并列波和多缸重叠波四种形式进行观测，以下以CFC-1型柴油发动机测试仪所测波形为例进行分析。

（1）全周期单缸波。将某一缸高压油管中的压力随喷油泵凸轮轴转过360°时的变化情况显示出来的波形，如图2-76所示。波形上有一个人工移动的亮点，指针式表头可以指示出亮点所在位置的瞬态压力。因此，移动亮点可测出某缸高压油管中的残余压力p_r、针阀开启压力p_0、针阀关闭压力p_b和最大压力p_{max}等。

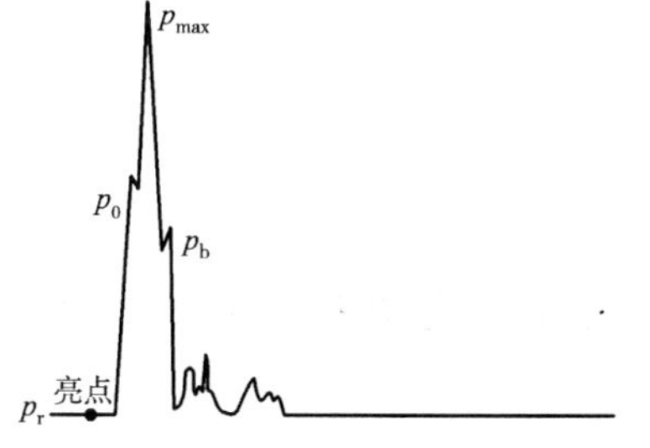

图2-76 全周期单缸波

（2）多缸平列波。以各缸高压油管内的残余压力p_r为基线，将各缸波形按着火次序从左向右首尾相连的一种排列形式，如图2-77所示。利用该波形可观测到各缸p_0、p_b和p_{max}点在高度上是否一致，因而可用于比较各缸p_0、p_b和p_{max}值的大小。

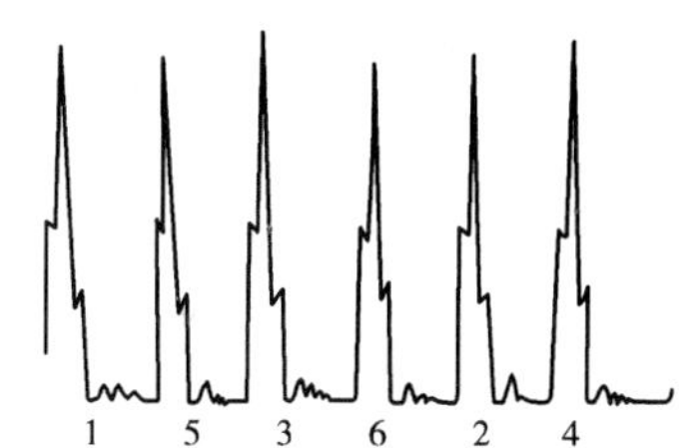

图2-77 多缸平列波

（3）多缸并列波。将各缸波形按着火次序自下而上单独放置，并将其首部对齐的一种排列形式，如图2-78所示。通过观测各缸波形三阶段面积的大小，即可用于比较各缸供油量、喷油量的一致性。必要时，可将某缸波形单独选出观测。

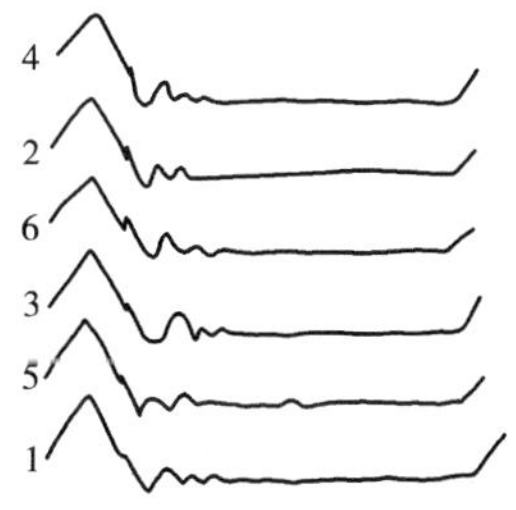

图2-78 多缸并列波

（4）多缸重叠波。将各缸波形之首对齐并重叠在一起的一种排列形式，如图2-79所示。利用该波形可观测到各缸波形在高度、长度和面积上的一致程度，可用于比较各缸p_o、p_b、p_{max}、p_r和供油量、喷油量的一致性。

除了压力波形的观测外，还可进行针阀升程波形的观测。针阀升程是判断实际喷油情况的重要参数。通过对针阀升程波形的观测，可发现喷油器有无二次喷射、间断喷射和停喷等故障。针阀升程与凸轮轴转角及高压油管中压力的对应关系可参见图2-75。

5.1.2 波形检测的方法

使用CFC-1型柴油发动机测试仪，对某6缸柴油机的供油压力进行测试，说明波形的检测与分析，该柴油机着火次序为1-5-3-6-2-4。按仪器使用说明书要求，将示波器预热、自校、调试后，将串接式油压传感器按要求安装在高压油管与喷油器之间，或将外卡式油压传感器按要求卡在高压油管上。经过预热的柴油机处于工作状态，然后通过按键选择，即可在屏幕上出现被测的多缸平列波、多缸并列波、多缸重叠波或全周期单缸波，并可进行以下检测。

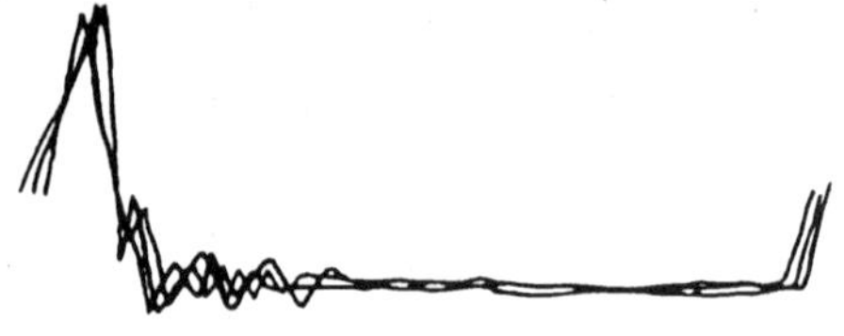

图2-79 多缸重叠波

高压油管内瞬态压力的检测

(1)高压油管内瞬态压力的检测。柴油机在800～1000r/min下稳定运转，通过按键选择，使屏幕上出现稳定的多缸平列波；再通过选缸键，从多缸平列波上选出被测缸的全周期单缸波。此时，屏幕上仅存被测缸的全周期单缸波，即可进行该缸高压油管内瞬态压力测量。调正时灯上的电位器，有一亮点沿全周期单缸波形移动(图2-76)，亮点所在位置的瞬态压力由表头指示。由此可分别测出喷油器针阀开启压力p_0、关阀压力p_b、最大压力p_{max}和油管残余压力p_r。

当发动机空转且循环供油量很小时，有时$p_0=p_{max}$，即针阀开启压力等于油管内最大压力。

同一台发动机各缸的p_0、p_b、p_{max}和p_r应该相等，并应符合原厂要求。当喷油压力不符合要求时，应拆下喷油器，在专用喷油器试验器上进行调试。

各缸供油量一致性的检测

(2)各缸供油量一致性的检测。经过上一项检测，在各缸p_0、p_b、p_{max}和p_r一致的情况下，可进一步比较各缸供油量的一致性。先将发动机调到需要的转速，一般是中速或中高速。然后通过按键选择调出该机多缸重叠波，观测波形I、II、III阶段的重叠情况。若波形三阶段重叠较好，说明各缸供油量比较一致；若波形三阶段重叠不好，说明各缸供油量不一致。其中，波形三阶段窄的缸供油量小，波形三阶段宽的缸供油量大。通过选缸键，可以找出是哪一缸的供油量不正常；也可以调出多缸并列波进行比较，但波形幅度要适当调小些。

应当指出，当各缸供油间隔不一致时，应先按下述(4)检

测并调整好供油间隔后,再进行各缸供油量一致性的检测。

(3)针阀升程的检测。将被测缸喷油器顶部的回油管拆下,把针阀传感器旋在喷油器上,当传感器上触杆被顶起时(从方孔中观看),将传感器锁紧。置发动机在中速下运转,通过按键使屏幕上出现6条并列线,被测缸的针阀升程波形出现在对应的并列线上,如图2-80所示。

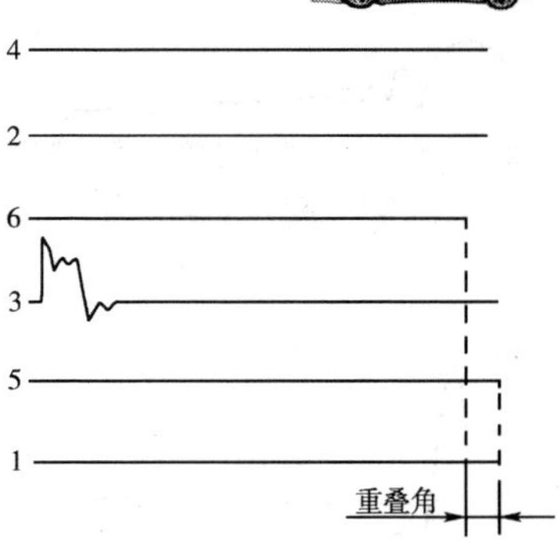

图2-80 针阀传感器接在第3缸时的针阀升程波形

1、2、3、4、5、6-气缸序号

通过针阀升程波形可检测喷油器针阀的开启、关闭、跳动和喷油器异常喷射等。异常喷射是指喷油器间隔喷射、二次喷射、停喷和针阀抖动等不正常喷射现象。间隔喷射和停喷等现象常在喷油量很小的怠速或低速情况下出现,此时的针阀升程波形变得时有时无或升程时大时小。

(4)各缸供油间隔的检测。第1缸供油提前角检测(在后面"供油正时的检测"中介绍)出来后,按工作顺序各缸供油间隔应相等,即各缸的供油提前角均等于第1缸供油提前角。利用CFC-1型柴油发动机综合测试仪检测各缸供油间隔时,应在检测针阀升程波形之后接着进行,仍保持原来的操作键位。检测时,通过操作有关旋钮使屏幕上的并列线首端与屏幕左边的横标尺零线对齐,而尾端处于屏幕右边横标尺的60°(喷油泵凸轮轴转角)左右。读取各线所占屏幕横标尺度数,即为各缸实际供油间隔。各并列线的长度可能是不相等的,其中最短并列线与最长并列线之间的重叠区所占凸轮轴转角,称为喷油泵重叠角,如图2-80所示。重叠角以接近零为好,亦即各缸供油间隔的误差越小越好。

柴油机按工作顺序的各缸供油间隔用下式计算:

$$\text{供油间隔} = \frac{360°}{\text{缸数}}(\text{凸轮轴转角})$$

可以看出,6缸柴油机的各缸供油间隔为60°凸轮轴转角,而4缸、8缸柴油机的各缸供油间隔分别为90°和45°凸轮轴转角,因此读数时要注意选择横标尺。

各缸供油间隔也可以用曲轴转角表示。根据规定,实际供油间隔与标准供油间隔相比,其误差应在±0.5°曲轴转角范围内。

如果各缸供油间隔不符合要求,可通过调整喷油泵柱塞与滚轮体之间的调整螺钉高度或更换不同厚度的调整垫块解决。

(5)压力波形的检测。检测压力波形可判断柴油机燃料系的技术状况。当使用WFJ-1型微电脑发动机检测仪,将油压传感器串接在被测缸的高压油管与喷油器之间并按下规定的操作码时,所测单缸典型供油压力波如图2-81所示。

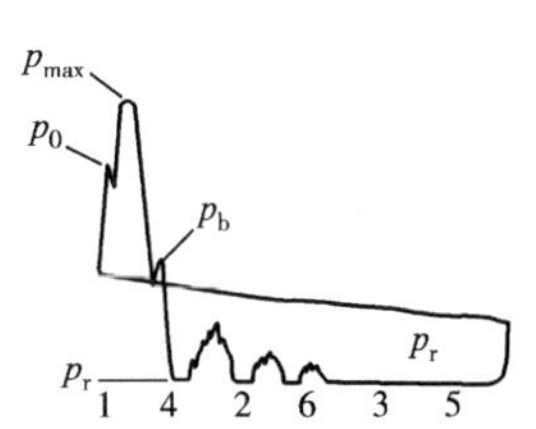

图2-81 实测的典型供油压力波形

常见的几种故障波形如下，供实测时参考。

①喷油泵不供油或喷油器针阀在开启位置“咬死”的故障波形如图 2-82 所示。

②喷油器针阀在关闭位置不能开启的故障波形如图 2-83 所示。

③喷油器喷前滴漏的故障波形如图 2-84 所示。

④高压油路密封不严时的故障波形如图 2-85 所示。

⑤残余压力上下抖动的故障波形如图 2-86 所示。残余压力上下抖动，说明喷油器有隔次喷射现象，这是因为当喷油器不能喷油时残余压力升高，而在喷油时残余压力降低的缘故。

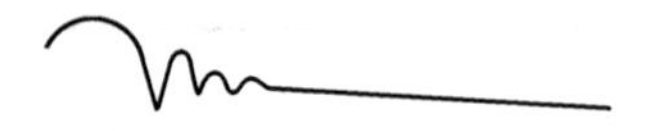

图 2-82　喷油泵不供油或喷油器在开启位置“咬死”的故障波形

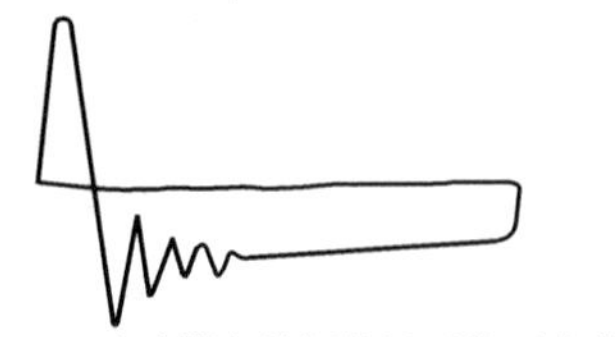

图 2-83　喷油器在关闭位置不能开启的故障波形

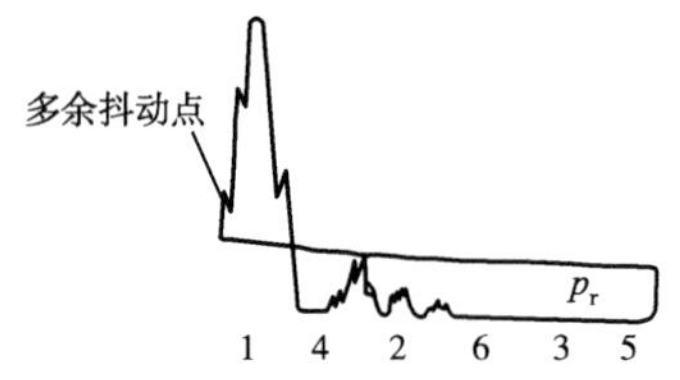

图 2-84　喷油器喷前滴漏的故障波形

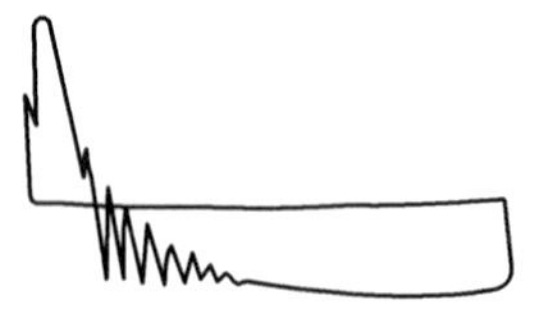

图 2-85　高压油路密封不严时的故障波形

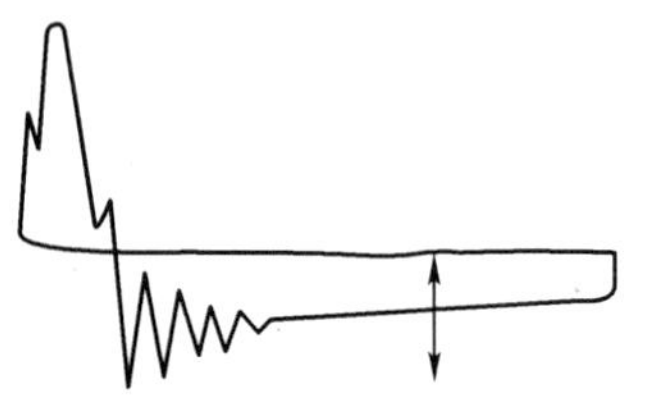

图 2-86　残余压力上下抖动的故障波形

5.2　柴油机供油正时的检测

供油正时是指喷油泵正确的供油时间，一般用供油提前角表示。供油提前角是指喷油泵第 1 缸柱塞开始供油时，该缸活塞距压缩终了上止点的曲轴或凸轮轴转角。柴油在气缸中燃烧存在着着火落后期，要想使活塞在压缩终了上止点附近获得最大爆发压力，喷油器必须在该上止点前开始喷油。喷油泵向喷油器供油时，由于高压油管的弹性变形和压力的升高及传递都需要一定时间，因而开始供油时间应比开始喷油时间还要提前。

供油提前角的大小，对柴油机的工作过程影响很大。当供油提前角过大时，气缸内的速燃期在压缩终了上止点以前发生，亦即气缸内爆发压力的峰值在活塞到达上止点以前出现，这将造成功率下降、工作粗暴、油耗增加、着火敲击声严重、怠速不良、加速无力及起动困难等现象。当供油提前角过小时，气缸内的速燃期在压缩终了上止点以后较远处发生，使爆发压力的峰值降低，同样造成功率下降、油耗增加、加速无力等现象，且将引起发动机过热。

因此，柴油机具有一个最佳供油提前角是非常重要的。所谓最佳供油提前角，是指在转速和供油量一定的情况下，能获得最大功率、最小耗油率和最佳排气净化的供油提前角。运行中的柴油机，其最佳供油提前角应随转速和供油量的变化而变化。转速越高、供油量越大时，最佳供油提前角也应越大。为此，有些柴油机的喷油泵上装有供油提前角自动调节器，能在初始供油提前角的基础上，随转速的变化自动调节。

在柴油机使用过程中，如供油正时失准或喷油泵检修后，均需检查并校正供油正时。

5.2.1 用经验法检查并校正供油正时

（1）用摇柄摇转柴油机曲轴，使第1缸活塞处于压缩行程中。当固定标记对准飞轮或曲轴传动带轮上的供油提前角记号或规定角度时，停止摇转。

（2）检查喷油泵联轴器从动盘上刻线记号是否与泵壳前端面上的刻线记号对正，如图2-87所示。若两刻线记号正好对正，说明喷油泵第1缸柱塞开始供油时间是准确的；若联轴器从动盘刻线记号还未到达泵壳上的刻线记号，说明第1缸柱塞开始供油时间晚；反之，若联轴器从动盘上的刻线记号已越过泵壳上的刻线记号，说明第1缸柱塞开始供油时间早。若喷油泵第1缸柱塞开始供油时间过早或过晚，应松开联轴器固定螺钉，在上述一对刻线记号对正的情况下紧固。

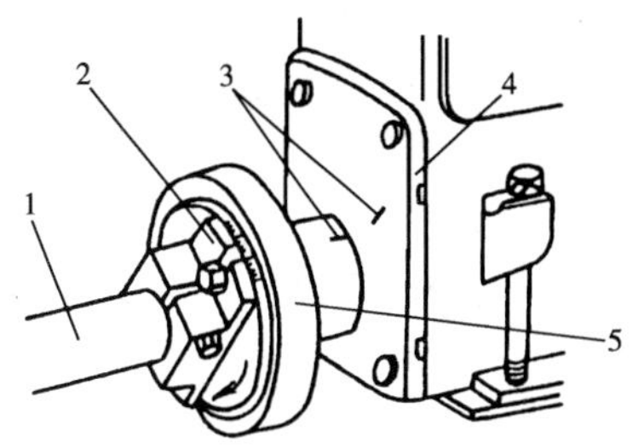

图2-87 喷油泵第1缸开始供油记号
1-驱动轴；2-联轴器主动盘；3-第1缸开始供油记号；4-泵壳前端面；5-联轴器从动盘

（3）进行路试。选择平坦、坚硬的直线道路或专用跑道，汽车走热后以最高挡、最低稳定车速行驶，然后将加速踏板迅速踩到底，使汽车急加速。此时，若能听到柴油机有轻微的敲击声，且随着车速提高逐渐消失，则为供油正时正确；如果听到的敲击声强烈，且车速提高后长时间不消失，则为供油时间过早；如果听不到着火敲击声，且加速无力，动力不足，则为供油时间过晚。当供油时间过早或过晚时，只要停机松开喷油泵联轴器，使喷油泵凸轮轴逆转动方向或顺转动方向转动少许，反复调试，直至达满意程度。

用经验法检查并校正供油正时

检查喷油泵第1缸柱塞开始供油时间，也可以采用摇转曲轴，使联轴器从动盘上的刻线记号与泵壳前端面的刻线记号对正，然后观察飞轮或曲轴传动带轮上的供油提前角记号或规定角度与固定标记的相对位置。若供油提前角记号或规定角度正好与固定标记对正，说明第1缸柱塞开始供油的提前角是正确的；若供油提前角记号或规定角度还未转到固定标记，说明第1缸柱塞开始供油的提前角太大，造成供油太早；反之，若供油提前角记号或规定角度已转过固定标记，说明第1缸柱塞开始供油的提前角太小，造成供油太迟。

当喷油泵检修调试后重新装回时，只要摇转曲轴使供油提前角记号或规定角度与固定标记对正，再使联轴器从动盘与泵壳前端面的两刻线记号对正，就能保证第1缸供油正时。如果还有差异，可在路试中调试。

以上是喷油泵第1缸柱塞供油提前角的检查和校正，其他各缸的供油正时是否正确，则决定于各缸间供油间隔。

5.2.2 用闪光法检测供油正时

供油正时仪的组成、结构、工作原理和使用方法与点火正时仪基本相同。常见的柴油机供油正时仪,其油压传感器串接在第1缸高压油管与喷油器之间或外卡在高压油管上,可使油压变为电信号,并触发频率闪光灯(正时灯)。正时灯每闪光1次表示第1缸供油1次,因此闪光与第1缸供油同步。当用正时灯对准柴油机第1缸压缩终了上止点标记,如其转动部分(飞轮或曲轴传动带轮)上的供油提前角记号或规定角度还未到达固定标记,则第1缸活塞还未到达上止点。此时,若调整正时灯上的电位器,使闪光逐渐延迟至转动部分上的供油提前角标记或规定角度正好对准固定标记时,那么延迟闪光的时间就是供油提前的时间,经过变换将其显示到指示装置上,便可读出供油提前角。

用闪光法检测供油正时

柴油机的供油提前角应符合原厂规定。常见车型喷油泵的供油提前角如表2-16所示。

常见车型的供油顺序和供油提前角 表2-16

车　　型	供 油 顺 序	供油提前角
黄河 JN1150/100	1-5-3-6-2-4	28°～30°
黄河 JN1150/106	1-5-3-6-2-4	24°±1°
五十铃 TD50A-D	1-4-2-6-3-5	17°
日野 KL 系列	1-4-2-6-3-5	18°
菲亚特 682N3	1-5-3-6-2-4	24°
三菱扶桑 T653BL	1-5-3-6-2-4	带送油阀 15°;无送油阀 17°
太脱拉 138A	1-6-3-5-4-7-2-8	26°～28°
沃尔沃 GB－88	1-5-3-6-2-4	23°～24°

5.2.3　用缸压法检测供油正时

用缸压法检测柴油机供油正时时,须拆下被测缸的喷油器,在其孔内安装缸压传感器。拆下的喷油器仍应连接在原来的高压油管上,并在两者之间串接上油压传感器。对于有些型号的柴油机,缸压传感器也可以装在预热塞孔处。检测中,缸压传感器可采集到被测缸的压缩压力信号,其最大压力点就是活塞压缩终了上止点;油压传感器还可采集到供油开始信号,两者之间的曲轴转角即为供油提前角。

6　汽车检测与诊断专用仪器的使用

随着科学的发展,电子技术在汽车上应用越来越广泛,汽车的检测与诊断也越来越依靠专用检测仪器。解码器、车用数字万用表和发动机综合性能检测仪等就是使用非常广泛的

专用仪器。

6.1　解码器

解码器亦称为汽车电控系统故障测试仪，是一种专门用于测试汽车电控系统故障的微型计算机。解码器是在读码器的基础上发展起来的检测仪器，它除了读码、清码功能外，还具有显示诊断代码内容的功能，即具有解码功能。因此，使用解码器无须再从汽车维修手册中查取诊断代码的含义，使用起来更为便捷。

6.1.1　解码器的功能、类型和基本结构

解码器的功能、类型及基本结构

(1)解码器的功能如下：

①可直接读取故障码，不需通过发动机故障报警灯的闪烁读取。

②可直接清除故障码，使发动机故障报警灯熄灭。

③能与汽车上的计算机直接进行交流，显示数据流，使电控系统工作状况一目了然，为诊断故障提供依据。

④能在静态或动态下，向电控系统各执行器发出检修作业需要的动作指令，以便检查执行器的工作状况。

⑤行车时可监测并记录数据流。

⑥有的具有示波器功能、万用表功能或打印功能。

⑦有的能显示系统控制电路图和维修指导，以供诊断时参考。

⑧可与 PC 机相连，进行资料的更新与升级。

⑨功能强大的专用解码器，还能对车上 ECU 进行某些数据的重新输入和更改。

(2)解码器的类型。解码器可分为专用型和通用型两大类。专用型解码器是汽车制造厂家为检测诊断本厂生产的汽车而专门设计制造的解码器。世界上一些大的汽车厂家，如奔驰、宝马、大众、通用等厂家都有专用型解码器，如 V. A. G1552 解码器就是德国大众公司专门为本公司汽车研制的专用型解码器。

通用型解码器是检测设备厂家为适应检测诊断多种车型而设计制造的解码器。通用型解码器存储有几十种甚至几百种不同厂家、不同车型汽车电控系统的检测程序、检测数据和故障码等资料，并配备有各种车型的检测接头，可以检测诊断多种车型，适合于综合型维修企业使用。

(3)解码器的基本结构。以国产通用型 431ME 电眼睛解码器为例介绍解码器的基本结构。

431ME电眼睛由主机、测试卡、测试主线、测试辅线和测试接头组成,并符带一个传感器/测试仪。

①主机由显示屏、操作键、两个上端9PIN接口、一个下端测试卡插孔组成。两个上端9PIN接口,左侧的接口与测试主线连接,右则的接口与PC机相连。

②配有12块测试卡,其中A01~A05为亚洲车系测试卡,可测丰田、本田、日产、现代等车系;B01~B04为欧洲车系测试卡,可测大众、奥迪、奔驰、宝马等车系;C01为美洲车系测试卡,可测通用、福特、克莱斯勒等车系;D01OBD-II为OBD-II数据流测试卡,并具有字典功能;F01为传感器模拟测试卡,用于模拟和测试传感器。

③测试主线用于连接汽车诊断座和解码器。

④测试辅线包括双钳电源线、点烟器线、万用-1线、万用-2线和飞线。

解码器的使用方法

⑤配有15个测试接头,包括大众/奥迪4PIN接头、宝马20PIN接头、奔驰38PIN接头、丰田17PIN接头、本田3PIN接头、三菱/现代12PIN接头、通用/大宇12PIN接头、OBD-II 16PIN接头和传感器测试接头等。

⑥传感器模拟测试仪有输出、输入、接地三个测试端口,上端的9PIN接口与测试主线连接。当进行传感器测试时,有传感器测试线的红线插入输入端,黑线插入接地端。当进行传感器模拟测试时,用传感器测试的红线插入输出端,黑线插入接地端。

6.1.2 解码器的使用方法

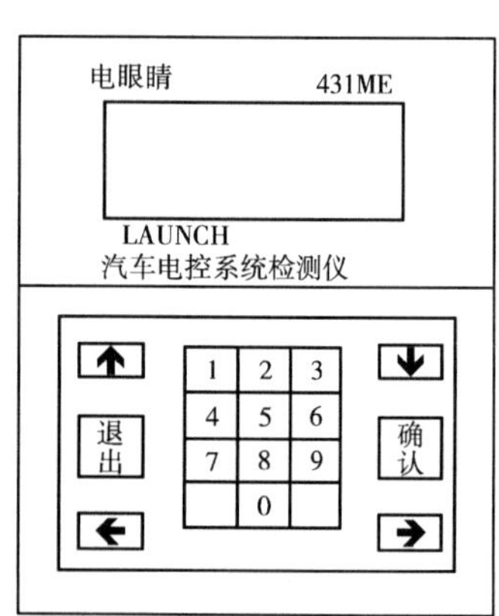

图2-88 431ME电眼睛主机面板图

不同类型的解码器,使用方法略有不同,以431ME电眼睛为例,通过对丰田车的测试,介绍解码器的使用方法。431ME电眼睛主机的面板如图2-88所示,其上有方向键、确认键、退出键和0~9数字键。

(1)开机。选择相应测试卡(丰田车选择亚洲车系测试卡,假定为A01),将其标签朝上插入主机下部的测试卡中。将测试主线与主机相连,另一端的电源线与汽车点烟器或通过双钳线与蓄电池相接,使主机通电。

(2)调显示屏亮度。主机通电后即打开仪器,并响两声,此时立即用[↑]或[↓]键调节显示屏亮度,而在进入菜单后不可再调。

(3)选择测试接头:

①主机通电后进入亚洲车系诊断系统,如图2-89所示。

CARD A01	Ver6.2
亚洲车系诊断系统	
LAUNCH	431ME

图 2-89　显示亚洲车系诊断系统

②按[确认]键后，显示 A01 卡可测试的车系，如图 2-90 所示。

431ME	Select	mode
丰田 / TOYOTA		
三菱 / MITSUBISHI		
马自达 / MAZDA		

图 2-90　A01 卡测试车系

③选择“丰田/TOYOTA”车系，按[确认]键屏幕显示出该车系测试接头形式，如图 2-91 所示。

用解码器测试故障码

Select diag.con.
1.半圆形诊断座
2.长方形诊断座
3.OBD2诊断座

图 2-91　选择测试接头

④用[↑]或[↓]键阅读图中内容，按提示选择合适的测试接头。将选择的测试接头一端与测试主线相连，另一端与车上的诊断插座相接。

选择好测试卡和测试接头后，就可以进行测试操作了。测试操作通常分为读系统数据流和测试故障码两大部分。

读取数据流，可以获取汽车有关传感器参数，了解汽车的运行状态。测试故障码，可以读取汽车故障码，诊断汽车故障。以下介绍测试故障码的操作方法。

(4)测试故障码：

①在选择测试接头时，若选择“半圆型诊断座”，按[确认]键，显示测试功能，如图 2-92 所示。可以看出，有测试故障码、重阅已测故障码、查阅故障码、清除故障码、清除 SRS 故障码和打印测试结果 6 项测试功能。

②选择“测试故障码”功能，按[确认]键，屏幕显示“自动测试所有系统”和“选择系统测试”两项供选择，如图 2-93 所示。

431ME	Select	func
(1)测试故障码		
(2)重阅已测故障码		
(3)查阅故障码		
(4)清除故障码		
(5)清除SRS故障码		
(6)打印测试结果		

图 2-92　测试功能

Sel　test　operation
自动测试所有系统
选择系统测试

图 2-93　测试项目选择

用解码器测试故障码

③选择“自动测试所有系统”，按[确认]键。此时，解码器自动对被检汽车的发动机(ENG)、自动变速器(AT)、制动防抱死系统(ABS)、安全气囊(SRS)和定速系统(CC)进行检测，并自动显示检测结果。用[↑][↓]键和[确认]键可读取各系统的故障码及内容。

a. 若选择“ENG 系统”，按[确认]键，则显示出故障码，如图 2-94 所示。

发动机系统 ……………… ENG		
12	13	21

图 2-94　发动机系统故障码显示

b. 选择“12”，按[确认]键，则显示出故障码所代表的故障含义，如图 2-95 所示。图中最下面一行有“01”、“03”字样，其中，“01”表示第 1 页内容，“03”表示共有 3 页，用[↑][↓]键可阅读所有内容。

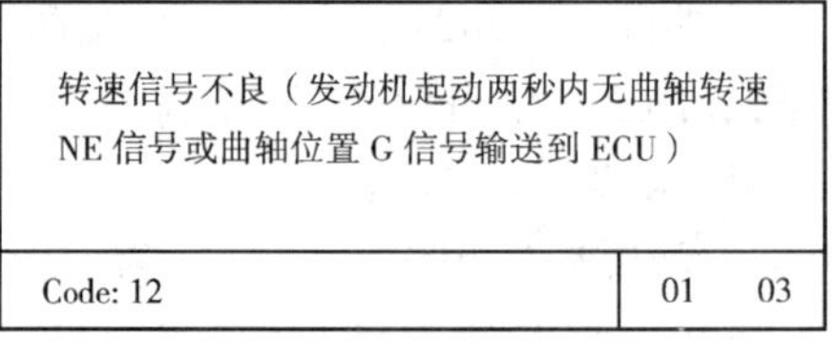
转速信号不良（发动机起动两秒内无曲轴转速 NE 信号或曲轴位置 G 信号输送到 ECU）

Code: 12	01　03

图 2-95　诊断码“12”的含义

④选择“选择系统测试”,按[确认]键,则显示可测试的5个系统,如图2-96所示。

Sel.　System	
发动机系统 ………………	ENG
自动变速器系统 …………	AT
防抱死制动系统 …………	ABS
安全气囊系统 ……………	SRS
定速系统 …………………	CC

图2-96　测试的5个系统

a. 选择“ENG系统”,按[确认]键,进入测试状态,如图2-97所示。解码器即可对发动机进行测试,并显示测试结果。

测试故障码操作步骤

Testing　System …
正在测试系统: 发动机系统 …………… ENG Code : 00

图2-97　解码器正在对发动机进行测试

b. 若选择其他系统,方法相同。

(5)重阅已测故障码。使用“重阅已测故障码”功能,可重新查阅实测操作时读取的故障码内容及故障分析。

①选择“重阅已测故障码”,按[确认]键,屏幕显示出“已测系统列表重阅”和“选择系统重阅”两种选择,如图2-98所示。

Select　operation
已测系统列表重阅 选择系统重阅

图2-98　“重阅”的选择

②选择“已测系统列表重阅”,按[确认]键,屏幕自动显示已测系统的测试结果,如图2-99所示。

a. 如果选择“ENG系统”,按[确认]键,屏幕重新显示出发动机系统已测故障码。

SYSTEM	RESULT
ENG	Tb.code
AT	Tb.code
SRS	Tb.code
CC	Tb.code

图 2-99　已测系统测试结果

b. 选择其中某一故障码,按[确认]键,屏幕显示出故障码的含义。

③选择“选择系统重阅”,按[确认]键,屏幕显示出可选择的 5 个系统,如图 2-96 所示,用[↑][↓]键和[确认]键,可阅读各系统故障码及内容。

(6)查阅故障码。使用“查阅故障码”功能,可查阅电控系统所有故障码或查阅已读取的故障码。

a. 选择“查阅故障码”,按[确认]键,屏幕显示出 5 个系统,如图 2-96 所示。

b. 在选择某系统后,屏幕显示出“依照故障码顺序查阅”和“输入故障码查阅”两项选择,如图 2-100 所示,用[↑][↓]键和[确认]键选择其中的一项。

Select operation
依照故障码顺序查阅 输入故障码查阅

图 2-100　查阅故障码选项

c. 如果选择“依照故障码顺序查阅”,按[确认]键,屏幕可能显示出故障码 11 的内容,如图 2-101 所示。按[→]键,可查看下一个顺序号的故障码内容。

主电脑电源中断	
Code : 11	01　01

图 2-101　故障码 11 的内容

d. 如果选择“输入故障码查阅”,按[确认]键,屏幕显示出“请输入故障码”,如图 2-102 所示。按主机上的 0 ~ 9 数字键,即可将故障码输入,按[→]键可更改数字,按[确认]键可查出该故障码对应的故障内容并指导修车。

Search　Code …
请输入故障码: 0　0

图 2-102　输入故障码显示框

(7)清除故障码。使用“清除故障码”,可自动清除故障码或人工清除故障码。清除故障码前,应读取一遍所有故障码。清除故障码后,应再读取一遍所有故障码,检查是否仍有故障存在。

清除故障码

①选择“清除故障码”,按[确认]键,屏幕显示清码方法,如图2-103所示,按照屏幕提示即可清除故障码。

[清码方法]
除防撞气囊系统以外的其他系统拆下EF1熔断丝或拆下蓄电池电源负极30 s后即可清除故障码

图2-103 清除故障码提示

②有些系统故障码的清除有特别提示时,应按特别提示操作,如丰田汽车安全气囊(SRS)的故障码清除,就有特别提示,如图2-104所示。

[清除气囊故障码]
1.接上[TOYOTA-17]或[TOYOTA-17F]测试接头,按[确认]键
2.数秒钟后,SRS警告灯会快速闪烁,表示SRS故障码已清除,此时应关点火开关即完成清除

图2-104 丰田汽车安全气囊故障码的清除

③人工清除故障码的方法有时不止一种,需要根据被测车型的情况进行选择。

(8)打印测试结果。使用“打印测试结果”,可通过连接微型打印机将测试结果打印出来。

a. 连接微型打印机,选择“打印测试结果”,按[确认]键,屏幕显示出5个系统,如图2-96所示。

b. 用[↑][↓]键选择要打印的系统,按[确认]键,即可打印出测试结果。

6.2 车用数字万用表

车用数字万用表

万用表分为模拟式(指针式)和数字式两种,可用来检测电阻、电流和电压。由于指针式万用表内阻小,使用时易造成过大电流,所以在电控发动机的检测中,很多元件的测量都规定要用高阻抗的数字式万用表,以防止烧坏发动机电控元件。

车用数字万用表,除了具有一般万用表的功能外,还具有一些汽车专用测试功能。车用数字万用表,一般能测量电压、

电流、电阻、转速、频率、温度、电容、闭合角、占空比和二极管等项目，并具有自动断电、自动量程变换、图形显示、峰值保留和数据锁定等功能。

目前常用的车用数字万用表有 EDA 系列、OTC 系列、VC400 型和 KM300 型等。图 2-105 所示 KM300 型车用数字万用表是美国艾克强公司的产品，现以此介绍其使用方法。

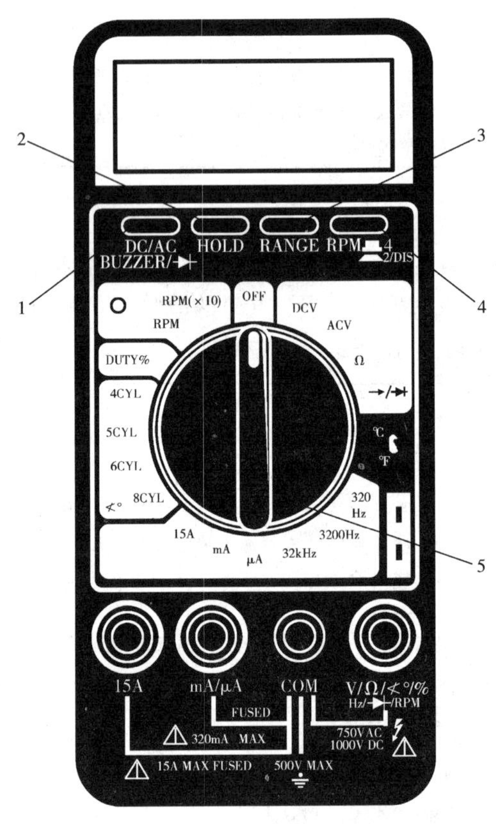

图 2-105　KM300 型车用数字万用表

1-直流/交流按钮；2-保持按钮；3-量程按钮；4-车速按钮；5-选择开关

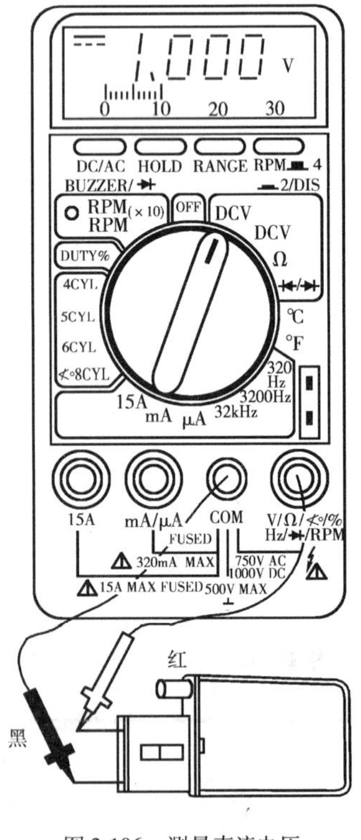

图 2-106　测量直流电压

6.2.1　测量直流电压

①将车用万用表“选择开关”旋转到直流电压（DCV）位置，此时万用表进入自动选择量程方式，能自动选择最佳测量量程。也可以按下“量程（RANGE）”按钮，选择手动选择量程方式，每按动“量程”按钮一次，即可选择更高的量程。

②红色测针的导线插入面板电压/欧姆插孔中，黑色测针的导线插入面板 COM 插孔中。红、黑测针接到被测电路上，如图 2-106 所示。

③万用表的“＋”“－”测针应与电路测点的“＋”“－”极性一致。

④读取被测直流电压值。

6.2.2　测量直流电流

①按下“直流/交流(DC/AC)”按钮,选择直流挡。

②根据被测电流的大小,将“选择开关”旋转到15A、mA或μA位置,如果不能确定所需电流量程,应先从15A开始往下降。

③红色测针的导线插入所选定的15A或mA/μA插孔内,黑色测针的导线插入面板的COM插孔内。红、黑测针接到被测电路上,与电路串联,如图2-107所示。

④打开被测电路。

⑤读取被测直流电流值。

6.2.3　测量电阻

测量直流电流及电阻

①将“选择开关”旋转到欧姆位置上,此时万用表进入自动选择量程方式,能自动选择最佳测量量程;也可以按下“量程(RANGE)”按钮,选择手动选择量程方式。

②红色测针的导线插入面板电压/欧姆插孔中,黑色测针的导线插入面板COM插孔中,红、黑测针接到被测电路上,如图2-108所示。

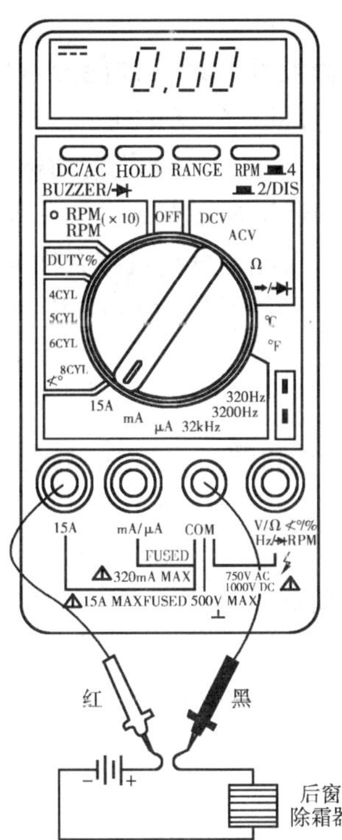

图2-107　测量直流电流

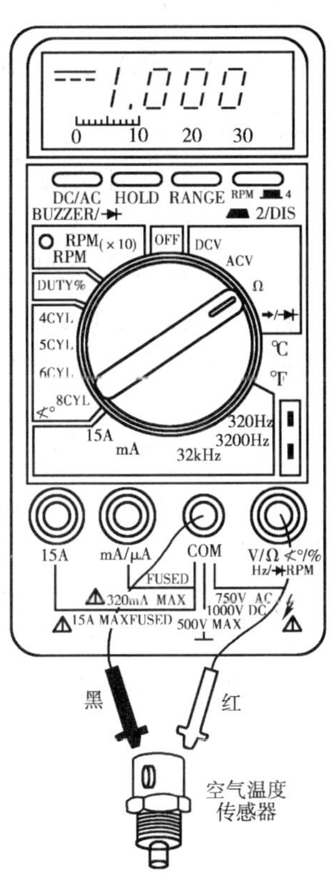

图2-108　测量电阻

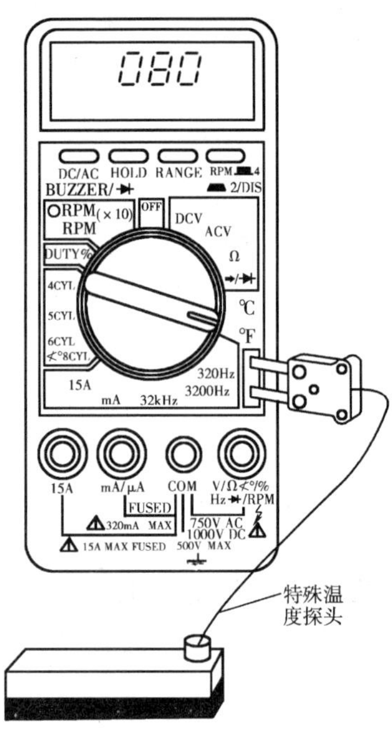

图 2-109　测量温度

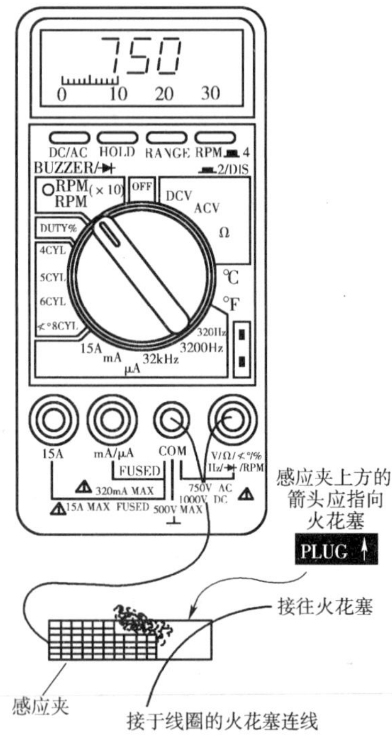

图 2-110　测量转速

③读取被测电阻值。测量电阻时不可带电操作,否则易烧毁万用表。

6.2.4　测量温度

①将“选择开关”旋转到温度位置上。

②将万用表配备的带测针的特殊插头,插接到面板黄色插孔内,测针与被测温度的部位接触,如图 2-109 所示。

③温度稳定后,读取测量值。

6.2.5　测量转速

①将“选择开关”旋转到转速(RPM 或 RPM ×10)位置上。

②感应夹的红色导线插入面板电压/欧姆插孔内,黑色导线插入 COM 插孔内,感应夹夹在通往火花塞的高压线上,其上方的箭头应指向火花塞,如图 2-110 所示。

③按下“转速”选择按钮,根据被测发动机的冲程数,选择“4”或“2”。

④读取被测发动机转速。

车用数字万用表还有一些其他的用途,在此不作介绍,可参阅相关使用手册。

6.3　发动机综合性能检测仪

发动机综合性能检测仪也称为发动机综合性能分析仪,是发动机检测诊断仪器中,检测项目最多、功能最全、涉及面最广的一种仪器。它不仅能检测、分析、判断发动机动、静态的工作性能和技术状况,有些还增加了对制动防抱死系统和安全气囊装置等的检测诊断。因此,发动机综合性能检测仪在汽车综合性能的检测诊断中所发挥的作用越来越大。

6.3.1　检测仪的功能与特点

(1)检测仪的功能。大多数发动机综合性能检测仪具有以下的功能:

①发动机常规检测功能。点火系检测,检测点火系的波形,断电器触点闭合角,点火高压值和点火提前角等;无负荷测功;动力平稳分析;转速稳定性分析;温度检测;进气管负压检测;起动机与发电机检测;废气分析(需附带废气分析仪);喷油压力检测,检测喷油压力值,检测供油压力波形;喷油提前角检测;烟度检测(需附带烟度计)等。

②发动机电控系统检测功能。空气流量检测;转速检测;温度检测;进气管负压检测;节气门位置检测;爆燃信号检测;

氧传感器检测;喷油脉冲信号检测等。

③故障分析功能。故障查询;信号回放与分析等。

④参数设定功能。

⑤数字示波器功能。

⑥数字万用表功能。

(2)检测仪的特点。发动机综合性能检测仪具有以下三个特点:

①动态测试。检测仪的信号采集系统能迅速、准确地获取发动机运转中各参数值,这些动态参数是对发动机工作性能和技术状况进行判断的重要依据。

发动机综合性能检测仪的功能、特点、基本结构与工作原理

②通用性。检测仪的检测分析过程,不依据被测发动机的数据卡,只针对发动机基本结构和工作原理进行检测,因此具有通用性。

③主动性。检测仪不仅能适时采集发动机的动态参数,而且还能主动地发出某些指令干预发动机的工作,以完成某些特定的试验。

6.3.2 检测仪的基本结构与工作原理

发动机综合性能检测仪一般由信号提取系统、信息处理系统和采控显示系统三大部分组成。图 2-111 所示为国产 EA1000 型发动机综合性能检测仪。

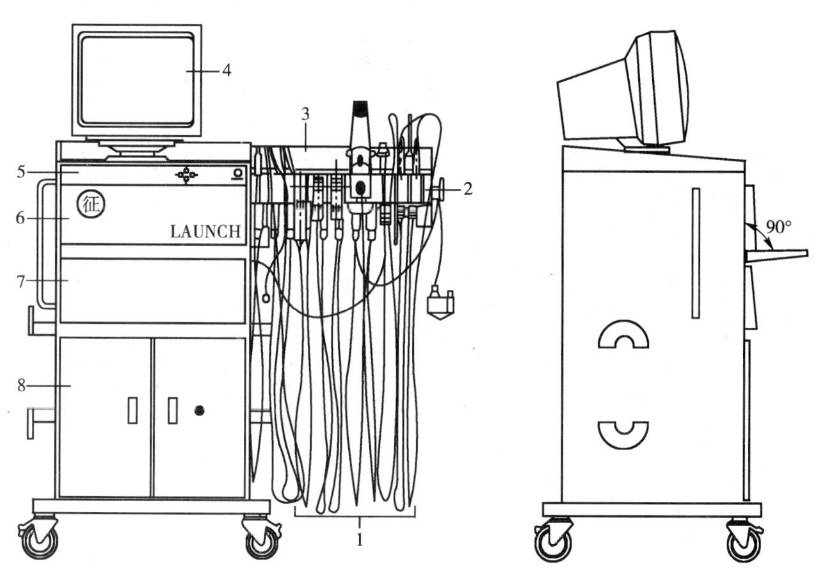

图 2-111 EA1000 型发动机综合性能检测仪

1-信号提取系统;2-传感器挂架;3-前端处理器;4-采集处理与显示系统;5-热键板;6-主机柜与键盘柜;7-打印机柜;8-排放仪柜

(1)信号提取系统。信号提取系统的作用是拾取测量点的信号,配备有多种传感器、夹持器和探针等,直接或间接地与被测点接触。EA1000型的信号提取系统如图2-112所示,该系统由12组拾取器组成,每一组拾取器根据用途不同,由相应的传感器、夹持器或探针,通过电缆与其适配器或接插头构成。适配器的作用是对采集的信号在进入前端处理器之前进行预处理。

发动机综合性能检测仪的信号提取、预处理和显示系统

(2)信号预处理系统。信号预处理系统也称为前端处理器,能对所有或部分采集的信号进行预处理,即进行衰减、滤波、放大、整形等处理,并能将所有脉冲信号和数字信号直接输入CPU的高速输入端。从发动机采集来的信号千差万别,不能被检测仪中央控制器直接使用,必须经过预处理,转换成标准数字信号后,才能送入处理器。

(3)采控与显示系统。现代的发动机综合性能检测仪均由计算机控制,能高速采控信号。检测仪的显示装置多为彩色显示器或液晶显示器。系统采用菜单式操作,使用方便。

6.3.3 发动机综合性能检测仪的使用方法

现以国产EA1000型为例介绍发动机综合检测仪的使用方法。

(1)检测前,检测仪和发动机应做好以下准备工作:

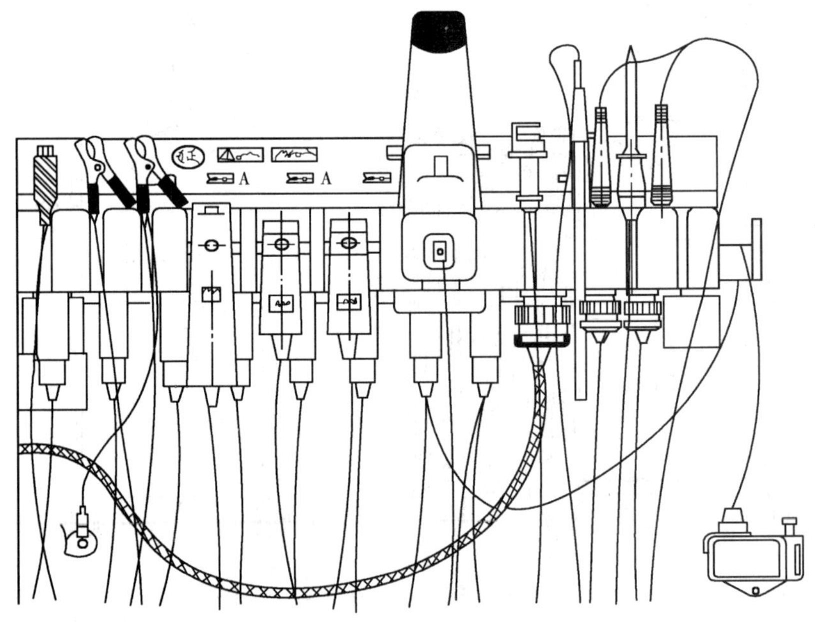

图2-112 信号提取系统

①检测仪的准备。接通电源,打开检测仪总开关,打开计算机主机开关和显示器开关,暖机 20min。电源必须可靠接地。

在发动机不工作和点火系关闭的情况下,将信号提取系统连接到被测发动机上。

在测试电喷发动机 ECU 时,仪器必须与发动机共地线,测试人员必须随时与汽车车身接触。

②发动机准备。发动机应预热至正常工作温度。调整发动机怠速,怠速转速应在规定范围内。发动机保持运转。

(2)启动检测仪。检测仪经预热后,用鼠标左键双击显示器上"检测仪图标",启动检测仪综合性能检测程序。

检测仪主机将对单片机通信、适配器逐一进行自检。自检通过为绿色,未通过将给以提示。

显示屏出现"用户资料录入"界面。点击"修改"按钮,录入汽车用户资料,然后点击"确定"按钮,显示屏出现检测主副菜单。显示屏主副菜单及分区如图 2-113 所示。

检测前,对检测仪和发动机应做的准备工作

图 2-113　主副菜单及分区

在主菜单上,根据测试对象,选择"汽油机"、"柴油机"、"电控发动机参数"或"故障分析"等项目。菜单框架结构如图 2-114 所示。如果前述步骤中未进行汽车用户资料录入,则选择"参数设定",点击"修改"按钮,录入汽车用户资料后点击"确定"即可。

如需清除以前测试的数据，点击显示器下方的“清除数据”按钮。

(3)下面以检测某6缸汽油机的点火提前角为例，介绍检测方法。

将一缸信号夹夹在一缸高压线上。按动上下键或用鼠标在屏幕上选择点火提前角功能。

从传感器挂架上卸下正时灯，对准曲轴皮带盘或飞轮上的一缸上止点，如图2-115所示。按下正时灯电源按钮，旋转正时灯调整电位器，直到旋转件的上止点标志对准壳体上的上止点标志为止。

显示器上的指针和数字将显示出点火提前角数值，如图2-116所示。

按F2数据存储热键，可将有效数据保存。

按F6图形打印热键，可将当前屏幕显示图打印。

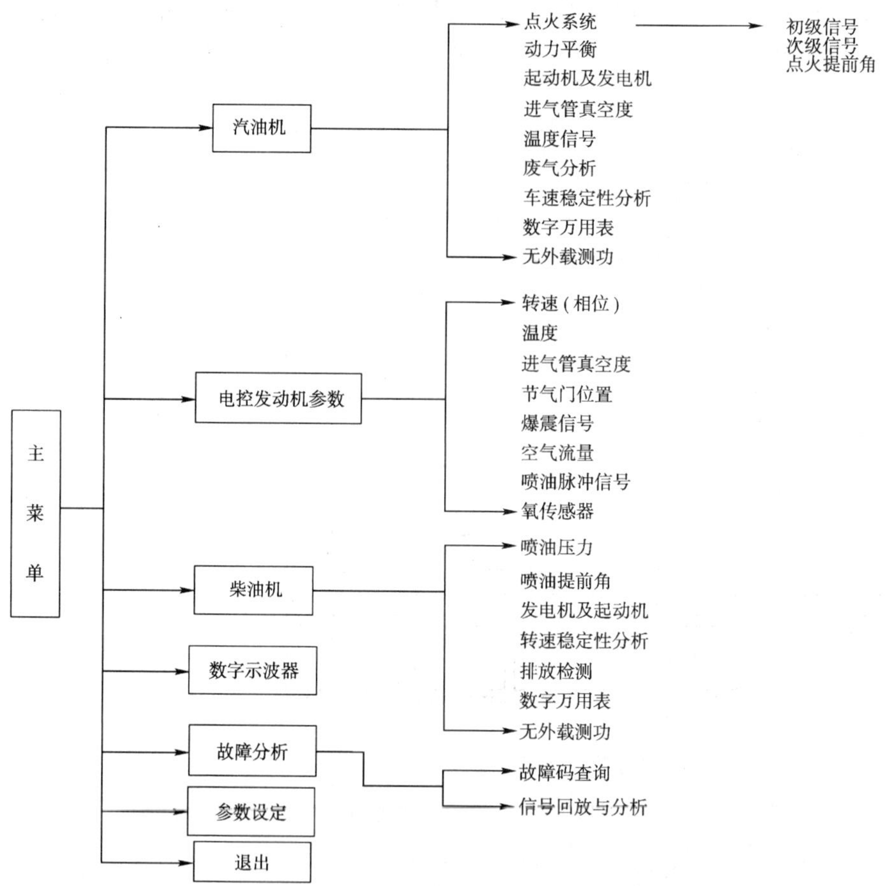

图2-114　菜单框架结构

检测完毕后,按 F1 热键,可返回上级菜单。

上面所测得的点火提前角是总提前角,它由负荷提前值和转速提前值组成。机械触点式点火系总提前角是真空提前

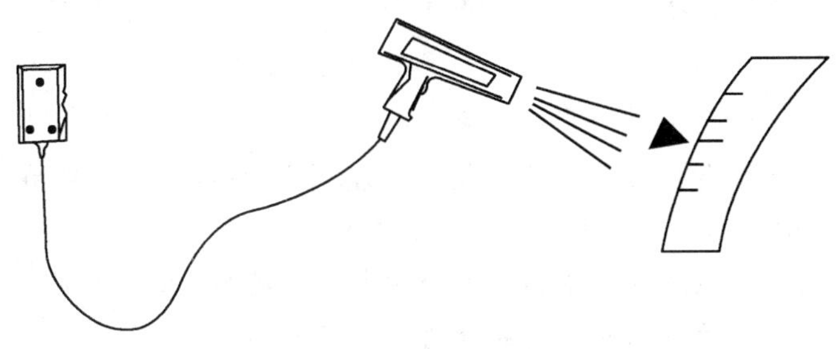

图 2-115 正时灯对准一缸上止点记号

点火提前角的检测方法

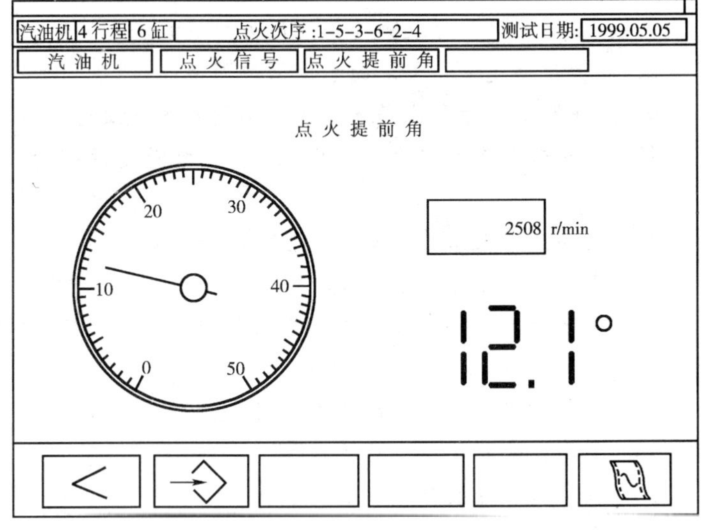

图 2-116 显示器上显示的点火提前角值

量与离心提前量的总和。测量时,拆去真空管路即为离心提前量,二者之差即为真空提前量。要测得不同负荷下的点火提前角数值,需在底盘测功机上对发动机加载。

对电子点火系统,尤其是无分电器的直接点火系统的转速提前角和负荷提前角是由 ECU 根据发动机各传感器提供的信号,从预先存储的数据中优选的,不可人为调整。但检测电子点火系的点火提前角,可查找 ECU 和各传感器是否存在故障。

使用发动机综合性能检测仪检测发动机其他项目的方法和步骤,可参阅使用说明书进行。

1. 发动机检测有哪些项目?

2. 稳态测功是通过测量发动机的什么参数来计算功率的?所用的公式及各符号的意义是什么?

3. 叙述用电涡流测功器检测发动机功率的测试过程。

4. 用于检测气缸密封性的方法有哪些?

5. 国家对在用汽车发动机和大修竣工后的发动机的气缸压力有哪些规定?

6. 分析气缸压力过低或过高产生的原因?

7. 叙述用气缸压力表测量气缸压力的过程。

8. 曲轴箱窜气量过大是由于什么原因造成的?

9. 应在发动机什么状态下进行曲轴箱窜气量测量?

10. 当气缸漏气率达到多少时,应查找原因进行排除或维修?

11. 发动机点火系的主要故障有哪几种现象?

12. 点火示波器可显示点火过程的哪几类波形?

13. 试分析单缸标准直列波形所表示的点火系的技术状况。

14. 试分析单缸直列波常见故障波形。

15. 利用重叠波可以检查什么?

16. 在标准重叠波中,初级电路导通时间所占比例和闭合段波形的变化范围有什么规定?

17. 试分析故障重叠波形。

18. 试分析常见高压故障波形。

19. 电子点火系的点火波形与传统点火系波形相比有何异同?

20. 叙述用人工法检查并校正点火正时的步骤。

21. 叙述用闪光法检查点火正时的步骤。

22. 简述缸压法检测点火正时的工作原理。

23. 冷却液温度传感器和进气温度传感器的电阻值和电压值随温度是怎样变化的?

24. 实际检测一冷却液温度传感器的电阻值。

25. 节气门位置传感器的电阻值和输出电压与节气门的

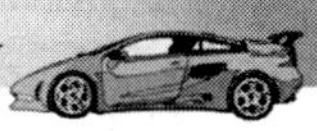

开度是怎样的？

26. 空气流量计有哪几种形式？

27. 以桑塔纳时代超人为例，叙述热膜式空气流量计故障检测步骤。

28. 氧传感器向计算机输送的是什么信号？这个信号与混合气的浓度有什么关系？

29. 氧化锆式氧传感器的信号电压范围是多少？

30. 叙述氧传感器使用与检测的注意事项。

31. 叙述检测发动机爆燃传感器的步骤。

32. ECU 通过车速传感器提供信号，控制发动机的哪些指标？

33. 电控发动机控制系统开关信号有哪些？

34. 搭铁型开关信号在开路和接通时，提供的是什么信号？

35. 正极型开关信号在开路和接通时，提供的是什么信号？

36. 在发动机起动时，起动开关向 ECU 提供一个什么样的信号？

37. 当低速或怠速时转动转向盘，达到校准压力时，动力转向压力开关向 ECU 提供什么样的信号？

38. 发动机怠速时开启空调，ECU 是先提高怠速转速，还是直接开启空调？

39. 当踩下制动踏板时，ECU 的 STP 端子应有多少电压？

40. 电喷发动机燃油压力的检测项目包括哪几个？

41. 分析常见系统油压过高或油压过低的原因。

42. 列举几种燃油泵控制电路的类型。

43. 电喷发动机喷油器的检测内容有哪些？

44. 冷起动喷油器有什么作用，它由什么控制的？

45. 燃油压力调节器的作用是什么？

46. 电喷发动机中的空气供给系统的作用是什么？

47. 怠速空气量控制方式有哪几种？

48. 要使电喷发动机正常工作，必须满足哪些条件？

49. 用示波器检测柴油机高压油管内的压力，可用哪几种波形来进行观测？

50. 对同一台发动机各缸的喷油器针阀开启压力 p_0、关闭压力 p_b、油管最大压力 p_{max} 和油管残余压力 p_r 有什么要求？

51. 通过哪种波形可观测各缸供油量的一致性？

52. 柴油机各缸供油间隔角度是多少？

53. 检查和校正柴油机的供油正时可采用什么方法？

单元三　汽车底盘的检测与诊断

学习目标

知识目标

1. 正确描述汽车底盘检测的项目和内容；
2. 简单叙述汽车底盘检测的基本原理。

能力目标

1. 会正确使用汽车底盘检测诊断的仪器设备；
2. 会正确分析汽车底盘各检测结果；
3. 能掌握汽车底盘故障的诊断和排除方法。

汽车底盘包括传动系、行驶系、转向系和制动系。汽车底盘的技术状况，直接关系到整车行驶的操纵稳定性和安全性，同时还影响发动机的动力传递和燃油消耗。

常用的汽车底盘检测设备

常用的汽车底盘检测设备有：离合器打滑频闪测定仪、传动系游动角度检测仪、四轮定位仪、车轮动平衡仪、悬架和转向系检测仪、悬架装置检测台等。随着科学技术的发展，这些检测设备已大量采用光、机、电一体化技术，并采用计算机控制，有些还具有智能化功能或专家诊断系统。

1　传动系的检测

汽车的传动系包括离合器、变速器、万向传动装置、主减速器及差速器等部件。随着汽车行驶里程的增加，传动系功能会逐渐下降，出现异响、过热、漏油及乱挡等故障。对传动系及时进行检测、诊断、维修，可确保汽车安全正常运行。

在汽车不解体的情况下，使用仪器既可以检测传动系的技术参数，如滑行距离、功率消耗和游动角等，还可以对传动系的主要部件进行检测诊断，如离合器是否打滑、各部分传动件间的游动角、各部分异响和变速器是否跳挡等。

1.1　滑行距离和传动系功率消耗的检测

1.1.1　汽车滑行距离的检测

汽车滑行距离的长短取决于传动系技术状况。滑行距离可在惯性式底盘测功试验台(将在单元四中论述)上进行检测,也可用五轮仪在道路试验中进行检测。检测前要求发动机运行至正常温度,当试验速度达到设定滑行初速度时,变速器置空挡,滑行到车轮停转为止,测量滑行距离即可。

测滑行距离应满足汽车制造商的要求。GB 3798—83《汽车大修竣工出厂条件》中规定,汽车空载行驶初速度为30km/h 的滑行距离应不少于220m。

汽车滑行距离和传动系功率消耗的检测

1.1.2 汽车传动系功率消耗的检测

通过检测传动系功率消耗,可表征传动系的技术状况。传动系功率消耗可在惯性式底盘测功试验台上进行检测。在测完驱动车轮的输出功率(将在单元四中论述)后,立即踏下离合器踏板,利用试验台的惯性反拖传动系运转,即可测出传动系消耗功率。传动系功率消耗量应满足汽车制造商的要求。

1.2 离合器打滑的检测

离合器踏板自由行程过小,离合器弹簧弹力减弱或折断,离合器摩擦片粘有油污,离合器压盘与飞轮发生翘曲,离合器摩擦片烧蚀或硬化等都势必导致离合器打滑。离合器打滑将使动力传递受到影响,并使离合器磨损加剧、过热、烧焦甚至损坏。使用离合器频闪测定仪可检测离合器是否打滑。

(1)测定仪的结构与工作原理。离合器打滑频闪测定仪主要由透镜、闪光灯、电阻器、电容器、传感器和电源等组成,如图3-1 所示,电源可采用汽车蓄电池。

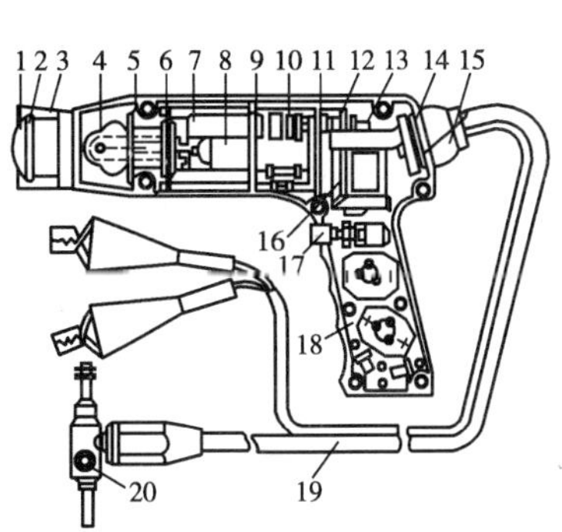

图 3-1 离合器打滑频闪测定仪
1-环;2-透镜;3-框架;4-闪光灯;5-护板;6、9、11、12、18-隔板;7-电阻器;8、10-电容器;13-二极管;14 支持器;15-座套;16-变压器;17-开关;19-导线;20-传感接头

该仪器由发动机火花塞的高压电极输入电脉冲信号,火花塞每跳火一次,闪光灯就亮一次,闪光频率与发动机转速成正比。

(2)离合器打滑的检测方法。离合器打滑的检测可以在底盘测功试验台上或车速表试验台上进行,无试验台的可支起驱动轮进行。检测时,在传动轴上作一标记,变速器应挂入直接挡并踩下加速踏板,使车轮原地运转,必要时可给试验台滚筒增加负荷或使用行车制动器,以增加驱动论和传动系的负荷。将闪光灯发出的光亮点投射到传动轴的标记处,若离合器不打滑,传动轴上标记点与光亮点同步;若离合器打滑,则传动轴上标记点与光亮点不同步。离合器不容许出现打滑现象。

离合器打滑时,汽车将出现起步困难、加速缓慢,严重时会散发出焦糊味等,也可从汽车的这些特征上进行诊断。

1.3 传动系游动角度的检测

传动系游动角度的检测

汽车传动系游动角度的检测使用游动角度检测仪进行,常用的游动角度检测仪有指针式和数字式两种。

1.3.1 使用指针式游动角度检测仪检测传动系游动角度

(1)检测仪的结构与工作原理,指针式游动角度检测仪是由指针、刻度盘、测量扳手等组成。在测量过程中,指针固定在驱动桥主动轴上,刻度盘固定在主减速器壳上,如图3-2a)所示。测量扳手一端带有U型卡嘴,以便卡在十字万向节上。为了适应多种车型,卡嘴上带有可更换的钳口。测量扳手另一端有指针和刻度盘,可指示转动扳手的转矩值,如图3-2b)所示。

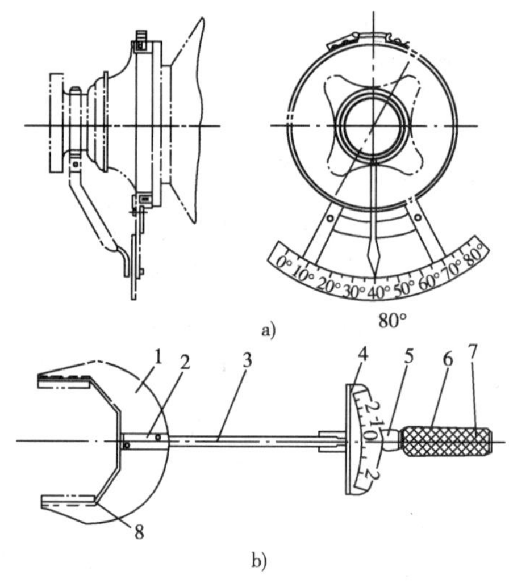

图3-2 指针式游动角度检测仪

a)指针与刻度盘的安装;b)测量扳手

1-卡嘴;2-指针座;3-指针;4-刻度盘;5-手柄;6-手柄套筒;7-定位销;8-可换钳口

检测传动系游动角度时,将检测扳手卡在万向节上,用不小于30N·m的转矩转动,使之从一个极端位置转到另一个极端位置,刻度盘上指针转过的角度即为所测游动角度值。

(2)游动角度的检测方法如下:

①检测驱动桥的游动角度。变速器操纵杆置空挡,驻车制动器松开,驱动轮制动,将测量扳手卡在驱动桥主动轴万向节的从动叉上,即可测得驱动桥的游动角度。

②检测万向传动装置的游动角度。与测驱动桥游动角度的方法基本相同,只是扳手卡在变速器后端万向节的主动叉上。此时获得的游动角度减去驱动桥的游动角度,即为万向传动装置的游动角度。

③检测离合器和变速器的游动角度。放松制动器踏板,离合器处于接合状态,视必要可支起驱动桥。测量扳手仍卡在变速器后端万向节的主动叉上,依次挂入各挡,即可获得不同挡位下从离合器到变速器的游动角度。

对上述三段游动角度求和,即可获得整个传动系的游动角度。

1.3.2 使用数字式游动角度检测仪检测传动系游动角度

(1)检测仪的结构与工作原理。数字式游动角度检测仪的检测范围为0°~30°,使用的电源为直流12V,检测仪由倾角传感器和测量仪两部分组成,两者以电缆相连。

①倾角传感器。倾角传感器的作用是将其外壳随传动轴游动之倾斜角转换为相应频率的电振荡。传感器外壳是一个长方形的壳体,其上部开有V形缺口,并配有带卡扣的尼龙带,因而可方便地固定在传动轴上。传感器壳内的装置如图3-3所示。图中弧形线圈固定在外壳中的夹板上,弧形铁氧体磁棒通过摆杆和心轴支承在夹板的两轴承上,因此可绕心轴轴线摆动。在重力作用下,摆杆与重力方向始终保持某一夹角 α_0。当传感器外壳倾斜角度不同时,弧形线圈内弧形磁棒的长度亦随之不同,产生的电感量亦不同,因而也就改变了电路的振荡频率。可见,传感器实际上是一个倾角—频率转换器。为使传感器摆动后能迅速处于平衡状态,传感器外壳内装有变压器油。

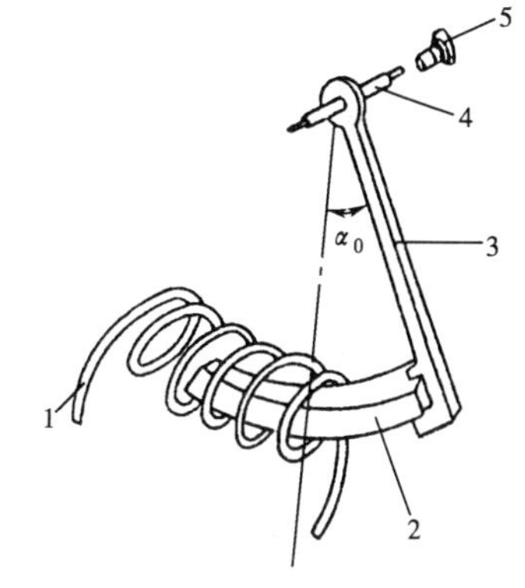

图3-3 倾角传感器结构示意图
1-弧形线圈;2-弧形铁氧体磁棒;3-摆杆;4-心轴;5-轴承

②测量仪。测量仪是一台专用的数字式频率计,由于采用了与传感器特性相适应的门时和初始置数的措施,因而能直接显示传感器的倾角。

仪器采用PMOS数字集成电路。由传感器送来的振荡信号经计数门进入主计数器,在置成的补数基础上累计脉冲数。计数结束后,在锁存器接收脉冲作用下,将主计数器的结果送入寄存器,并由萤光数码管将结果显示出来,将游动范围内两个极端位置的倾角读出,其差值即为游动角度。

(2)游动角度的检测方法。将测量仪接好电源,用电缆把测量仪和传感器连接好,先按仪器使用说明书的要求对仪器进行自校,再将转换开关扳到“测量”位置上,即可进行实测。在汽车传动系统中,最便于固定倾角传感器的部位是传动轴。因此,在整个检测过程中,该传感器一直固定在传动轴上。

用数字式游动角度检测仪检测传动系的游动角度

①万向传动装置的游动角度检测。把传动轴置于驱动桥游动范围的中间位置或将驱动桥支起,拉紧驻车制动器操纵手柄。左、右旋转传动轴至极端位置,测量仪便直接显示出固定在传动轴上的传感器倾斜角度,将两个极端位置的倾斜角度记下,其差值即为万向传动装置的游动角度。此角度不包括传动轴与驱动桥之间的万向节的游动角度。

②离合器与变速器及各挡的游动角度检测。放松驻车制动器操纵手柄,将变速器操纵杆挂入选定挡位,离合器处于接合状态,传动轴置于驱动桥游动范围中间位置或将驱动桥支起。左、右旋转传动轴至极端位置,测量仪便显示出传感器的倾斜角度。求出两极端位置倾斜角度的差值,便可得到一游动角度值。该游动角度减去已测得的万向传动装置的游动角度,即为离合器与变速器在该挡位下的游动角度。按同样方法,依次挂入各挡位,便可测得离合器与变速器各挡位下的游动角度。

③驱动桥的游动角度检测。变速器操纵杆置于空挡位置,松开驻车制动器操纵手柄,踩下制动踏板将驱动轮制动。左、右旋转传动轴至极端位置,即可测得驱动桥的游动角度。该角度包括传动轴与驱动桥之间万向节的游动角度。

对于多桥驱动的汽车,分别将传感器固定在变速器与分动器之间的传动轴、前桥传动轴、中桥传动轴和后桥传动轴上,可以检测每段传动轴的游动角度。

在测量仪上读取数值时应注意,显示的角度值在0°~30°内有效,出现大于30°的情况,可将固定在传动轴上的传感器适当转过一定角度。若其中一极限位置为零度,另一极限位置超过30°,说明该段游动角度已大于30°,超出了仪器的测量范围。

1.3.3 诊断参数标准

目前我国尚无游动角度的诊断参数标准,根据国外资料,中型载货汽车传动系游动角度及各分段游动角度应不大于表3-1所列数据(仅供诊断时参考)。

游动角度参考数据 表3-1

部　位	游动角度	部　位	游动角度
离合器与变速器	≤5°~15°	驱动桥	≤55°~65°
万向传动装置	≤5°~6°	传动系	≤65°~86°

2 转向系的检测与诊断

汽车转向系常见的故障有,转向盘自由转动量过大、转向沉重、自动跑偏、前轮摆振等。这些故障现象通常为综合性故障,除与转向系统有关外,还可能与轮胎、悬架、车身等有关。

2.1 转向盘自由行程和转向阻力的检测

转向盘自由行程,是指汽车转向轮静止不动时,转动转向盘所测得的游动角度。转向盘的转向力,是指在一定行驶条件下,作用在转向盘外缘的圆周力。这两个参数主要用来诊断转向系中各零件的配合状况。该配合状况直接影响到汽车的操纵稳定性和行车安全。对于新车和在用车都必须对其进行该两项参数的检测。

2.1.1 转向盘自由行程的检测

转向盘自由行程的检测

转向盘自由行程采用专用检测仪进行检测。简易的转向盘自由行程检测仪如图 3-4 所示,主要由刻度盘和指针组成。刻度和指针分别固定在转向盘轴管和转向盘边缘上。固定方式有机械式和磁力式两种。

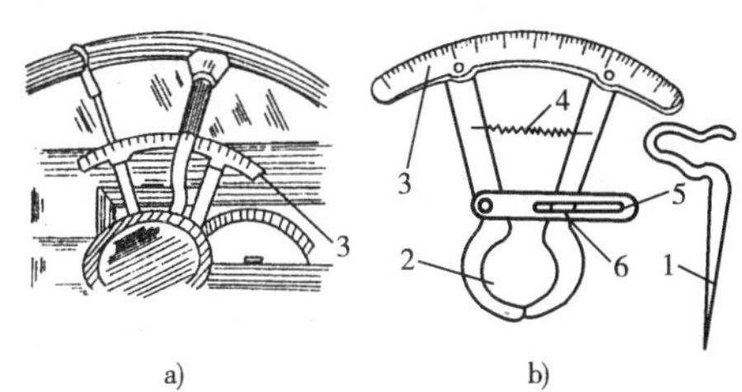

图 3-4 简易的转向盘自由行程检测仪

a)检测仪的安装;b)检测仪的结构

1-指针;2-夹盘;3-刻度盘;4-弹簧;5-连接板;6-固定螺钉

检测时,应使汽车的两转向轮处于直线行驶位置不动,轻轻向左(或向右)转动转向盘至空行程一侧的极端位置(感到有阻力),调整指针指向刻度盘零度。然后,再轻轻转动转向盘至另一侧空行程极端位置,指针所示刻度即为转向盘的自由行程。

根据 GB 7258—2004《机动车运行安全技术条件》的规定,最高设计车速不小于 100km/h 的机动车,其转向盘自由行程的最大转动量不允许大于 20°;其他机动车不允许大于 30°。

转向盘自由行程过大的故障现象是，转向轮保持直线行驶位置静止不动时，转向盘左右转动的游动角度过大。

转向盘自由转动量过大的故障原因是，转向系的齿轮啮合间隙调整不当；转向器齿轮箱安装不良；转向器齿轮磨损；转向轴万向节磨损；横拉杆连接处磨损等。

转向盘自由转动量过大的诊断与排除方法是，首先判明故障是由转向器，还是由拉杆球节磨损的原因造成的。检查故障时，架起汽车转向轮，左右转动转向盘，当用力转动时，拉杆才同步运动，说明拉杆球节连接处磨损而旷量过大；若拉杆不动，则说明转向器齿轮的磨损过大。

2.1.2 转向盘转向阻力的检测

转向盘转向阻力采用转向参数测量仪或转向力角仪进行检测。国产ZC-2型转向参数测量仪如图3-5所示，是以计算机为核心的智能仪器，可测得转向盘自由转向量和转向力。该仪器由操纵盘、主机箱、连接叉和定位杆四部分组成。操纵盘由螺钉固定在三爪底板上，底板经力矩传感器与三个连接叉相连，每个连接叉上都有一只可伸缩长度的活动卡爪，以便与被测转向盘相连接。主机箱为一圆形结构，固定在底板中央，其内装有口板、计算机板、转角编码器、打印机、力矩传感器和电池等。定位杆从底板下伸出，经磁力座吸附在驾驶室内的仪表盘上。定位杆的内端连接有光电装置，光电装置装在主机箱内的下部。

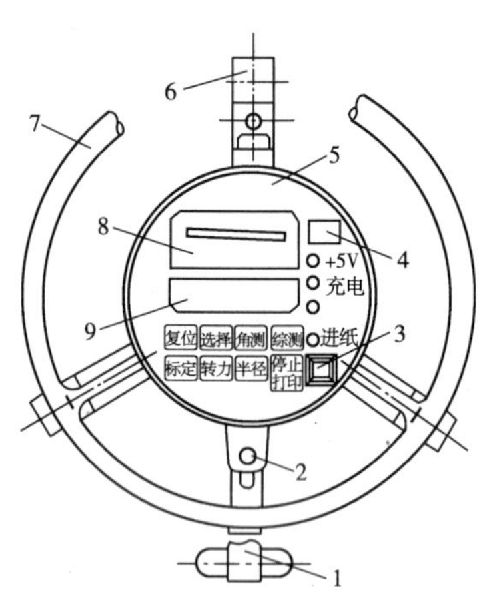

图3-5 ZC-2型转向参数测量仪
1-定位杆；2-固定螺钉；3-电源开关；4-电压表；5-主机箱；6-连接叉；7-操纵盘；8-打印机；9-显示器

测量时，把转向参数测量仪对准被测转向盘中心，调整好三个连接叉上伸缩卡爪的长度，与转向盘连接并固定好。转动操纵盘，转向力通过底板、力矩传感器、连接叉传递到被测转向盘上，使转向盘转动以实现汽车转向。此时，力矩传感器将转向力矩转变成电信号，而定位杆内端连接的光电装置则将转角的变化转变成电信号。这两种电信号由计算机自动完成数据采集、转角编码、运算、分析、存储、显示和打印。因此，使用该测量仪既可测得转向盘的转向力，又可测得转向盘的自由转动量。

转向盘转向阻力的检测

转向力角仪与转向参数测量仪结构类似，一般都是具有检测转向盘转向力和转向角的功能，所以也完全可以用来检测转向盘的自由转动量。

根据GB 7258—2004《机动车安全技术条件》的规定，机动车在平坦、硬实、干燥和清洁的水泥或沥青道路上行驶，以10km/h的速度在5s之内沿螺旋线从直线行驶过渡到直径为24m的圆周行驶，施加于转向盘外缘的最大切向力应不大于

254N。

转向沉重的故障现象是，汽车转弯时，转动转向盘感到吃力，且无回正感。

转向沉重的故障原因是，齿条和小齿轮啮合间隙过小；转向轴的轴承过紧或损坏；转向拉杆的球头销与球头座配合过紧；转向轴万向节十字轴配合过紧；前稳定杆变形等。转向沉重还与轮胎气压不足及悬架、车轴、转向轮定位的故障有关。

转向沉重的故障诊断与排除方法是，首先拆下转向节臂并转动转向盘，若仍感到转向沉重，说明转向器存在故障，如齿轮结合间隙过小，转向柱轴套严重磨损等；若感觉不沉重，应检查拉杆球头间隙是否过小、车身是否变形、前轮定位角是否满足要求等。

2.1.3 自动跑偏的诊断与排除方法

GB 7258—2004《机动车安全技术条件》指出，机动车在平坦、硬实、干燥和清洁的道路上行驶不应跑偏，应具有稳定的直线行驶能力。

自动跑偏的故障现象是，汽车行驶中，行驶方向自动偏向一边，不易保持直线行驶，操纵困难。

汽车自动跑偏与前轮摆振的诊断与排除

自动跑偏的主要原因与轮胎、减振器、转向轮定位、前轮制动器等的技术状况有关，主要包括：左右轮胎气压不一致；前左、前右减振器弹簧刚度不一致；车身变形或车架变形使两侧轴距不等；转向轮定位失准；转向轮单边制动或单边制动拖滞；转向轮单边轮毂轴承装配过紧或损坏；转向轮某一侧的前稳定杆、下摆臂变形等。

自动跑偏的故障诊断与排除方法是，首先检查左右转向轮气压是否符合标准或一致，不符合标准或不一致时应充气至标准值；检查前稳定杆和前摆臂是否变形，减振器弹簧刚度及左右弹簧的变形量是否一致；行车后检查左右轮毂和制动毂的温度情况，若温度不一致时，则说明高温一侧的制动器存在单边制动、制动拖滞或轮毂轴承装配过紧、损坏等；检查转向轴的轮距和转向定位是否符合标准值。

2.1.4 前轮摆振的诊断与排除方法

GB 7258—2004《机动车安全技术条件》指出，机动车行驶时，不应有摆振、路感不灵或其他异常现象。

前轮摆振的故障现象是，汽车在某一速度范围内行驶时，转向轮围绕主销发生角振动。

前轮摆振的故障原因是，若汽车在低速情况下发生摆振，主要原因是转向系各部位配合间隙过大及转向轮定位失准；

汽车高速行驶时发生转向轮摆振，一般为车轮不平衡。

前轮摆振的故障诊断与排除方法，出现转向轮摆振故障时，应首先检查转向系统各部件的配合间隙，及时排除故障，在此基础上，对转向轮定位进行检测和调整；对转向轮进行平衡检测和校正。

2.1.5　液力式动力转向系统故障诊断与排除

液力式动力转向系统的故障诊断与排除

液力式动力转向系统的主要故障有转向沉重、漏油、异响、转向不稳及油压低等。

液力式动力转向系统的故障原因是，液压泵传送带松旷，或者液压泵技术状况不良，如液压泵传动打滑、液压泵内部机件磨损，不能产生正常油压；液压系统中液压管路接头松动、损伤，液压油管损坏，使系统有漏油现象，造成液压油供应不足；转向轮定位失准，转向器内部齿轮磨损，转向拉杆球节润滑不良，转向轮气压不足，造成转向系统故障等。

进行液力式动力转向系统的故障诊断时，应首先排除机械故障，再对液力系统进行检查。检查的内容有：液压传动带的松紧度；工作油温检查，发动机怠速运转，左右转动转向盘数次，检查液力系统工作油温能否达到标准值；检查储油罐的储油量是否在规定的范围之内，液压油是否起泡、发白，有无空气混入；检查油管和管接头是否有松动、破损及漏油现象；液压泵输出油压检查，发动机怠速运转，在阀门全开时测量输出油压，并把检测结果与标准值比较，若所测油压偏低，说明液压泵存在故障，应进行修理；转向齿轮的油压检查，发动机怠速运转，在阀门全开时，左右转动转向盘时测量油压并与规定值比较，测得油压偏低时，说明转向器内有漏油现象。

2.2　车轮定位的检测

汽车车轮定位的检测有静态检测法和动态检测法两种类型。静态检测法是在汽车停止的状态下，使用测量仪器对车轮定位进行几何角度的测量。动态检测是在汽车以一定车速行驶的状态下，用测量仪器检测车轮定位产生的侧向力或由此引起的车轮测滑量。动态检测的内容和方法将在本书单元四“汽车侧滑的检测与调整”中讲述。

车轮定位的静态检测

2.2.1　车轮定位的静态检测

车轮定位值的静态检测法，是根据车轮旋转平面与各定位角间存在的直接或间接的几何关系，用专用的检测设备测量其是否符合规定。使用的检测设备有气泡水准式、光学式、激光式、电子式和计算机式等车轮定位仪。

气泡水准式定位仪由于具有结构简单、价格低廉、便于携带等优点，在国内获得广泛应用，但是也有安装和测试费时费力等缺点。

光学式车轮定位仪一般由转盘、支架、车轮镜和投光装置等组成。投光装置（由投光器和投影屏组成）也像水准仪一样安装在支架上，支架固定在轮辋上。该定位仪利用光学投影原理，将车轮纵向旋转平面与车轮定位的关系投影到带有指示刻度的投影屏上，从而测得车轮定位值。

激光式车轮定位仪的检测原理与光学式相同，只不过采用的是激光投影系统，因而在强烈的阳光下也能清楚地从投影屏读出测量数据。

电子式车轮定位仪则是在光学式和激光式的基础上，由投影屏刻度显示转变为显示屏数字显示。

车轮定位的静态检测

计算机式车轮定位仪比以上几种车轮定位仪先进，目前国内外生产的定位仪多以这种类型为主，且一般为四轮定位仪，可同时检测前、后轮的定位参数。计算机式车轮定位仪由于采用微电脑技术和精密传感测量技术，并备有完整齐全的配套附件，所以具有测量准确和操作简便等优点。它一般由计算机主机、显示器、操作键盘、转盘、支架、打印机和摇控器等组成，往往制成可移动台式。由安装在车轮上的传感器把车轮定位角的几何关系转变成电信号，送入计算机分析判断，然后由显示屏显示和打印输出。测试过程中，可通过操作全功能红外线摇控器，在汽车的任何位置实现远距离的测试控制。

2.2.2　气泡水准式定位仪及使用方法

(1)气泡水准定位仪按适用车型范围分为两种，一种适用于大、中、小型汽车，另一种仅适用于小型汽车。前者一般由水准仪、支架、转盘（转角仪）等组成，后者一般由水准仪和转盘组成。

如图3-6所示，水准仪按适用范围也分为两种，一种适用于大、中、小型汽车，另一种仅适用小型汽车。它们均由壳体、水泡管、水泡调节装置和刻度盘等组成。适用于大、中、小型汽车的水准仪带有两个定位锁，以便插入支架中心孔固装在支架上；适用于小型汽车的水准仪带有永久磁铁和定位针，可以对准转向节枢轴中心孔靠磁力吸附在轮毂的端面上，因而省去了支架。

支架是水准仪与轮辋之间的连接装置。支架固定在轮辋上，水准仪则插在支架的中心孔内，由锁紧螺钉锁住。支架有卡紧式和磁力式两种。

转盘一般由固定盘、活动盘、扇形刻度尺、游标指示针、锁止销和若干滚珠等组成。

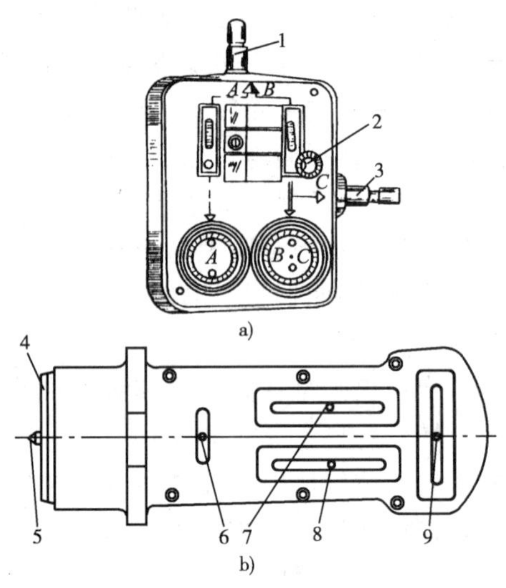

图 3-6　水准仪

a)适用于大、中、小型汽车的水准仪;b)适用于小型汽车的水准仪

1、3-定位锁;2-旋钮;4-永久磁铁;5-定位针;6-校正水平的水泡管;7-测量主锁后倾角的水泡管;8-测量前轮外倾角的水泡管;9-测量主锁内倾角的水泡管

气泡水准式定位仪的使用方法

(2)气泡水准式定位仪使用方法。常见气泡水准定位仪的使用方法大同小异,下面以国产 GCD-1 型光束水准仪为例介绍使用方法。GCD-1 型水准仪,除由一个水准仪、两个支架和两个转盘组成外,还配备有两个聚光器、两个标尺、两根标杆和一个踏板抵压器。聚光器在标杆配合下可测得车轮前束值,聚光器在标尺配合下可测得后轴与前轴间的平行度、后轴与车架间的垂直度及后轴与车架在水平平面的弯曲变形等。踏板抵压器可将制动踏板压住,省去人力。

①检测前的准备工作,汽车轮胎及气压应符合规定。车轮轮毂轴承、转向节衬套与主销的配合符合要求。汽车制动可靠。检测场地水平且平整。检测时,应保证前后车轮接地面处于同一水平面上。将汽车两前轮处于直驶位置,分别放置在各自的转盘上,并使主锁中心线的延长线通过转盘中心。确定前轮直驶位置后,将转盘扇形刻度尺调整到零位,对准游动指针,然后固定。当再转动转向盘时,前轮的转角可从转盘刻度尺上读取。

先将固定支架的两个固定脚卡在轮辋适当部位,再移动活动支架,使其固定脚也卡在轮辋上,然后用活动支架的偏心

卡紧机构将三个固定脚卡紧在轮辋上。此时，三个固定脚的定位端面贴紧在轮辋的边缘上。松开调整支座弹性固定板的固定螺栓，使调整支座沿导轨滑动，通过特制芯棒使调整支座安装聚光器或水准仪的孔中心与前轮中心重合，然后拧紧螺栓，将调整支座固定于导轨上。经验表明，当支架中心与车轮中心偏离 2 ~ 3mm 时，对测量结果影响甚微，故也可以目视对中，而不使用芯棒。

将聚光器定位销轴插入支座孔中，使销轴定位端面与支座定位端面贴合，然后拧紧弹簧卡固定螺钉，使聚光器不致于从支座上滑落。顶起被测车轮，使其离开转盘，当在其圆周上施力时能自由转动。将标杆以轮辋半径 7 倍的距离放在所测车桥之前或之后的地面上，一般而言，测前轮轮辋变形量时，可把标杆放于前桥之前；测后轮轮辋时，可把标杆放在后桥之后。将聚光器通以电源，聚光器发出强光束指针，转动聚光器的调节盘，使光束指针的扇形缺口朝上，调整聚光器伸缩套筒，使光束指针清晰地指在标杆上带有刻度的标牌上，用手把持聚光器，松开弹簧卡固定螺钉，缓慢转动车轮一周，读出光束指针指示的最大值与最小值，最大值与最小值之差即为轮辋端面的摆差。当摆差大于 3mm 时，一般认为轮辋是不合格的，应予更换。对于有摆差的车轮轮辋，为了消除对检测车轮定位角度值的影响，可转动调整支座上的滚花调节螺钉，直至光束指针指示的最大值与最小值之差在 3mm 之内为止。轮辋的变形补偿后，将车轮放回转盘上。

前束值的检测

②前束值的检测。用聚光器配合标杆来检测车轮前束的原理如图 3-7 所示。以前轮前束为例，讲述前束的检测方法。汽车两前轮放于转盘上，找正直驶位置后，在检测前束的过程中不得再转动转向盘。

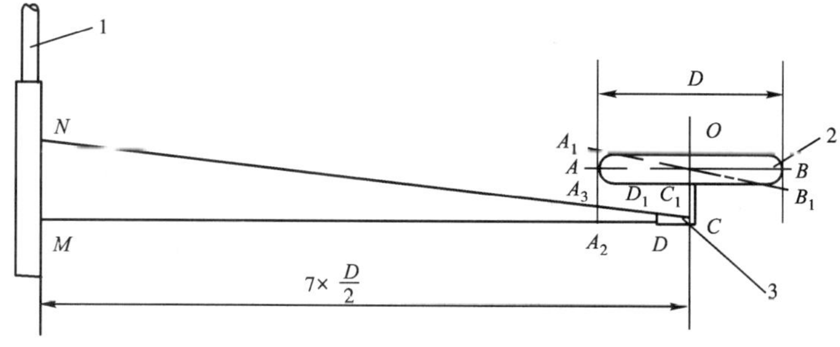

图 3-7 前束检测原理图

1-标杆；2-前轮；3-聚光器

调节标杆长度,使同一标杆两标牌之间的距离略大于被测轮距,并能使聚光器光束指针大致投射到标牌的中间位置。两套标杆一定要调整到等长,特别是标牌之间的距离一定要相等,否则将影响检测结果。

将已调好的两套标杆放置在被测车桥的前后两侧,并平行于该车桥。每一标杆距车轮中心的距离为车轮上规定前束测点处半径的7倍。车轮上规定前束测点依车型而定,有的测点在胎面中心处,有的测点在胎侧凸出处,而有的测点在轮辋边缘处,检测前束应注意查阅汽车使用说明书。

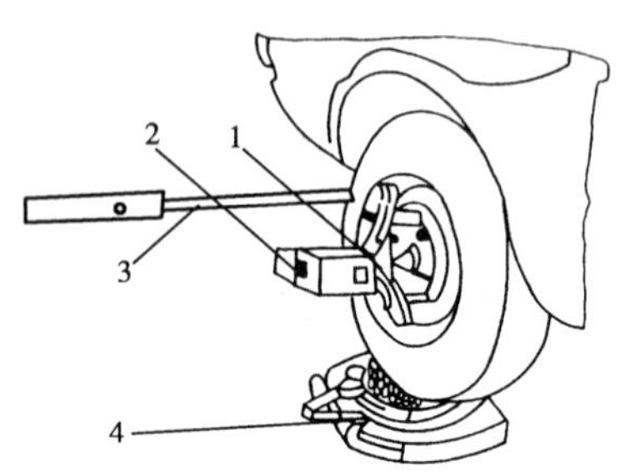

图3-8　检测车轮前束值
1-支架;2-聚光器;3-标杆;4-转盘

先将车轮一侧聚光器的光束投向前标杆的标牌上,使光束指针指于某一整数位置上,如图3-8所示。再将该聚光器的光束向后投射到后标杆的标牌上,并平行移动后标杆使光束指针落在与前标牌同一数值上。然后,将另一侧聚光器分别向前标杆、后标杆投射光束,读出光束指针指示值,计算前束。若前标杆指示值为25mm,后标杆指示值为28mm,则前束值为28 - 25 = 3mm。若前标杆指示值为28mm,后标杆指示值为25mm,则前束值为 - 3mm,即为负前束。

汽车后轮前束的检测方法与此相同。

③车轮外倾角的检测。在车轮保持直驶位置不动的情况下,将水准仪黑箭头指示的定位销插入车轮上支架的中心孔内,并使水准仪在左右方向上大致处于水平状态。轻轻拧紧弹簧卡锁紧螺钉,固定水准仪,如图3-9所示。

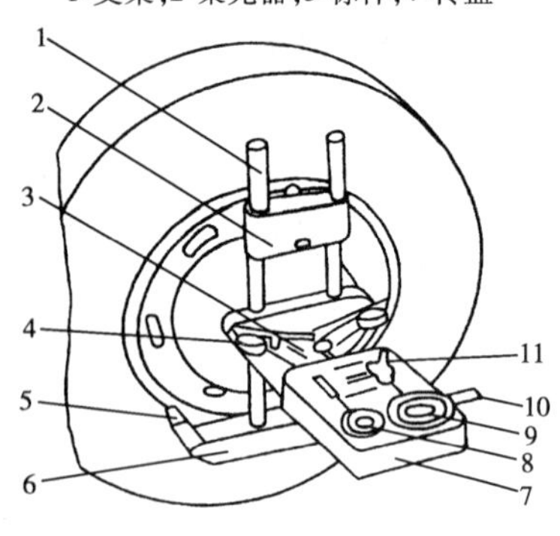

图3-9　检测车轮外倾角和主销后倾角
1-导轨;2-活动支架;3-调整支座;4-调节螺钉;5-固定脚;6-固定支架;7-水准仪;8-A调节盘;9-BC调节盘;10-定位销;11-旋钮

转动水准仪上的A调节盘,直到对应气泡管内的气泡处于中间位置为止,然后在黑刻度盘上读出A盘红线所指角度值,该角度值即为前轮外倾角。用同样的方法可检测其他车轮的外倾角。

④主销后倾角的检测。前轮外倾角测定后,可不动水准仪,接着进行主销后倾角的检测。

将前轮向内转20°(左前轮向左转,右前轮向右转,下同),松开弹簧卡锁紧螺钉,使水准仪左右方向处于水平状态,然后拧紧锁紧螺钉。

转动水准仪上的BC调节盘,使其上红线与蓝、红、黄刻度盘零线重合。调整对应气泡管的旋钮,使气泡居中。

将前轮向相反方向转40°,转动BC调节盘使气泡在管内居中,在蓝盘上读出BC盘红线所示之值即为主销后倾角。

⑤主销内倾角的检测。检测前应使前轮处于制动状态,以防止转动转向盘时前轮滚动。将红黄箭头所指的定位销插

入支架中心孔内,轻轻拧紧锁紧螺钉,如图 3-10 所示。将被测前轮向内转 20°,松开锁紧螺钉,使水准仪在左右方向上处于水平状态,然后拧紧锁紧螺钉。

转动 BC 调节盘,使其红色刻线与蓝、红、黄刻度盘零线重合。调节对应气泡管旋钮,使气泡居中。

将前轮向外转 40°,调节 BC 盘使水泡管内气泡居中。此时,BC 盘红线在红刻度盘或黄刻度盘所示之值即为主销内倾角。检测左前轮时,在黄刻度盘上读数;检测右前轮时,在红刻度盘上读数。

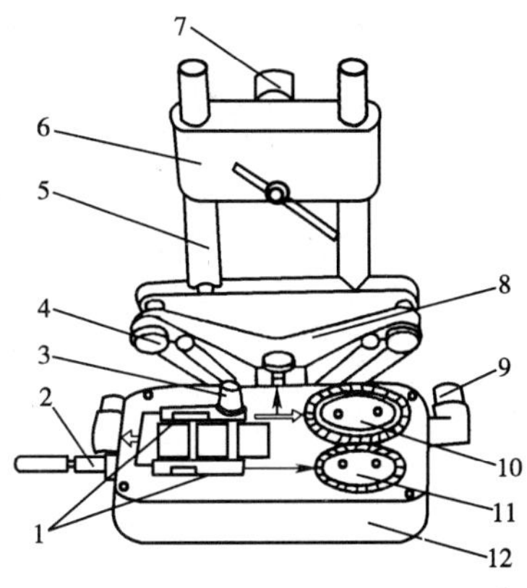

图 3-10 检测主销内倾角

1-水泡管;2-定位销;3-旋钮;4-调节螺钉;5-导轨;6-活动支架;7、9-固定脚;8-调整支座;10-BC 调节盘;11-A 调节盘;12-水准仪

⑥前轮最大转角的检测。前轮最大转角是指前轮处于直线行驶位置时,分别向左、向右转至极限位置的角度。

前轮处于直驶位置,置转盘扇形刻度尺于零位并固定。转动转向盘,使前轮向任一侧至极限位置,从扇形刻度尺上读出的数值,即为该侧最大转角,同理可测出转向另一侧的最大转角。

2.2.3 四轮定位仪及使用方法

汽车行驶速度越来越高,汽车的操纵稳定性对行车安全影响越来越大。有些汽车,尤其是轿车不仅具有前轮定位,还具有后轮外倾角和后轮前束等定位参数。如果能对汽车四轮定位参数进行检测,不仅能确定所有车轮定位正确与否,还能确定前轴、后轴、悬架、车架等的技术状况,为底盘不解体诊断提供可靠依据。

四轮定位仪是专门用来测量车轮定位参数的设备。四轮定位仪可检测的项目包括:前轮前束、前轮外倾角、主销后倾角、主销内倾角、后轮前束、后轮外倾角、轮距、轴距、推力角和左右轴距差等。

四轮定位仪及使用方法

目前使用的四轮定位仪均由微机控制,它们的测量原理基本是一致的,但不同类型的四轮定位仪的使用方法有一定的差异,应严格按使用说明书的要求和方法进行操作。图 3-11所示为国产 KD-120 型四轮定位仪外形图,图 3-12 所示为该型四轮定位仪框图。

四轮定位仪由主机、显示器、打印机、前后车轮检测传感器、传感器支架、转盘、刹车锁、转向盘锁及导线等零件构成。配有专用软件和数据光盘,可读取近 10 年来世界各地汽车四轮定位参数,且可更新。还配有数码视频图像数据库,显示检查和调整位置等。

为便于检测和调整,被检汽车需放在地沟上或举升平台上,地沟或举升平台应处于水平状态,四轮定位仪则安装在地沟两旁或举升平台上,图 3-13 是四轮定位仪安装在举升平台上的情况。

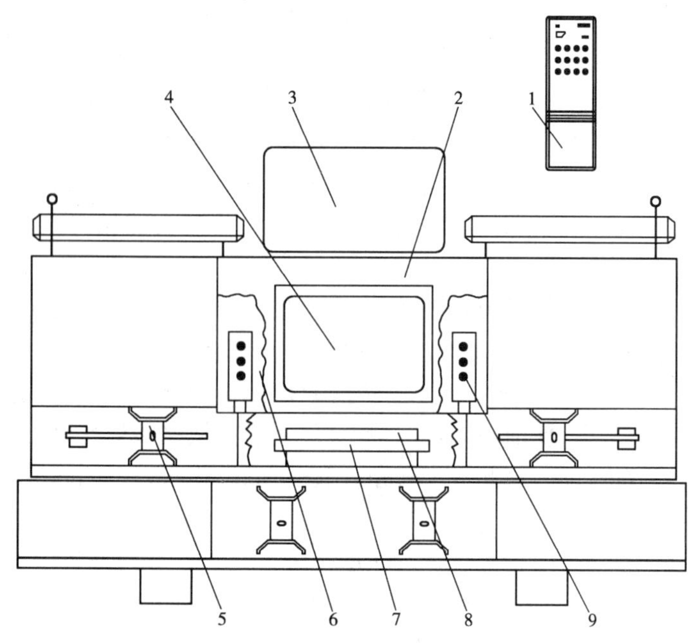

图 3-11　KD-120 型四轮定位仪外形图

1-红外线遥控器;2-主机柜;3-上车镜;4-显示器;5-传感器;6-微机;7-键盘;8-打印机;9-控制箱

检测四轮定位前的准备工作

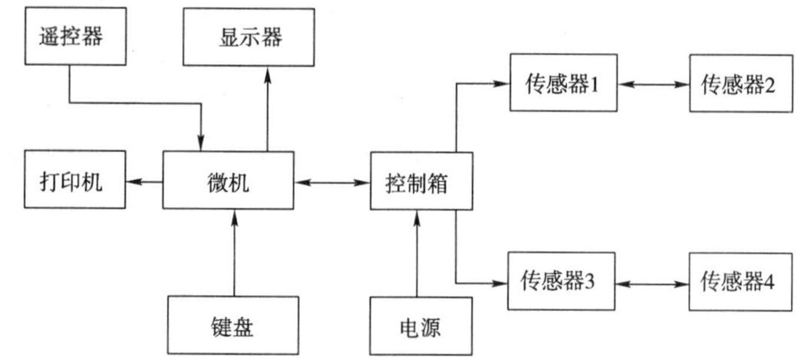

图 3-12　KD 系列四轮定位仪框图

图 3-13　四轮定位仪安装在举升平台上

(1)检测前的准备。把汽车开上举升平台,托住车轮,把汽车举升 0.5m(第一次举升);托住车身,把汽车举升至车轮能自由转动(第二次举升);拆下各车轮,检查轮胎磨损情况,要求各轮胎磨损基本一致;检查轮胎气压,使其符合标准值;作车轮动平衡试验,动平衡完成后,将车轮装回车上;检查车身高度,检查车身四个角的高度和减振器技术状况,如果车身不平应先调平,同时检查转向系统和悬架是否松旷,如松旷则应先紧固或更换零件。

(2)利用四轮定位仪检测车轮定位的步骤如下:

把传感器支架安装在轮辋上，再把传感器(定位校正头)安装到支架上，并按使用说明书的规定调整。

开电脑主机进入测试程序，输入被测汽车的车型和生产年份。

进行轮辋变形补偿，转向盘位于直驶位置，使每个车轮旋转一周，即可把轮辋变形误差输入电脑。

降下第二次举升量，使车轮落到平台上，把汽车前部和后部向下压动4~5次，使各部位落到实处。

用四轮定位仪检测车轮定位的步骤

用刹车锁压下制动踏板，使汽车处于制动状态。

将转向盘左转至电脑显示“OK”，输入左转角度数；然后将转向盘右转至电脑显示“OK”，输入右转角度数。

将转向盘回正，电脑显示出车轮的前束及外倾角数值。

调整转向盘，并用转向盘锁锁止转向盘，使之不能转动。

将安装在四个车轮上的定位校正头的水平仪调到水平线上，此时电脑显示出转向轮的主销后倾角、主销内倾角、转向轮外倾角和前束的数值。电脑将比较各测量数值，得出“无偏差”、“在允许范围内”或“超出允许范围”的结论。

若“超出允许范围”，按电脑提示的调整方法进行针对性调整。调整后仍不能解决问题，则应更换有关零部件。

再次压试汽车，将转向轮左右转动，观察屏幕上数值有无变化，若有变化应重新调整。

拆下定位校正头和支架，进行路试，检查四轮定位调整的效果。

3 车轮平衡度的检测

随着汽车行驶速度的不断提高，车轮不平衡越来越严重的影响着汽车行驶的平顺性、安全性和乘坐舒适性。车轮不平衡，在高速行驶时，会引起上下跳动和左右摆动，使车辆难于控制，同时还将加剧轮胎和有关机件的非正常磨损。因此，车轮平衡度检测已成为汽车检测的重要项目之一。

车轮平衡度的检测

3.1 车轮平衡的概念与不平衡的原因

3.1.1 车轮平衡的概念

车轮的平衡可分为车轮静平衡和车轮动平衡。

(1)车轮静平衡的概念与检测。支起车轴，调整好轮毂轴承松紧度，用手轻转动车轮，使其自然停转。车轮停转后在离地最近处作一标记，然后重复上述试验多次。若车轮经几次转动自然停转后,所做标记的位置各不一样,或强迫停转后,消除外力车轮也不再转动,则车轮为静平衡。静平衡的车轮,其旋转中心与车轮中心重合。

如果每次试验所作标记都停在离地最近处,则车轮为静不平衡。静不平衡的车轮,其旋转中心与车轮中心不重合。

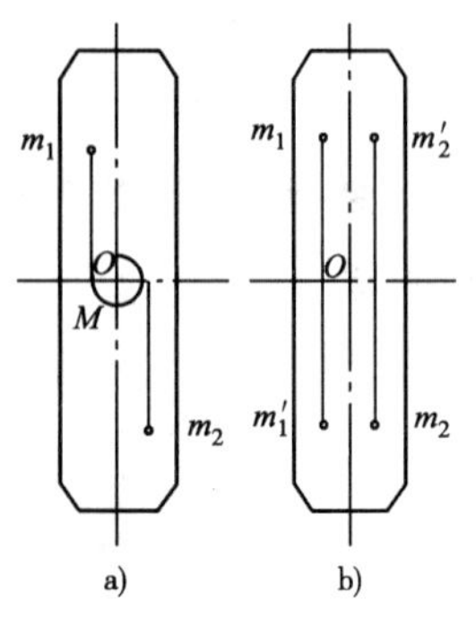

图 3-14 车轮平衡示意图
a) 车轮静平衡但动不平衡;b) 车轮动平衡且静平衡

(2) 车轮动平衡的概念。在图 3-14a) 中,车轮是静平衡的,在该车轮旋转轴线的径向反位置上,各有一作用半径相同质量也相同的不平衡点 m_1 与 m_2,且不处于同一平面内。对于这样的车轮,其不平衡点的离心力合力为零,但离心力的合力矩不为零,转动中产生方向反复变动的力偶 M,使车轮处于动不平衡中。动不平衡的前轮绕主销摆动。如果在 m_1 与 m_2 同一作用半径的相反方向上配置相同质量 m'_1 与 m'_2,则车轮处于动平衡中,如图 3-14b) 所示。动平衡的车轮一定是静平衡的,因此对车轮主要应进行动平衡检测。

3.1.2 引起车轮不平衡的原因

引起车轮不平衡的原因

引起车轮不平衡的原因有:轮毂、制动鼓(盘)加工时定心定位不准、加工误差大、非加工面铸造误差大、热处理变形、使用中变形或磨损不均。

轮胎螺栓质量不等、轮辋质量分布不均或径向圆跳动、端面圆跳动太大。

轮胎质量分布不均、尺寸或形状误差太大、使用中变形或磨损不均、使用翻新胎或修补胎。

并装双胎的充气嘴未相隔 180°安装,单胎的充气嘴未与不平衡点标记(经过平衡试验的新轮胎,往往在胎侧标有红、黄、白或浅蓝色的□、△、○、或◇符号,用来表示不平衡点位置)相隔 180°安装。

轮毂、制动鼓(盘)、轮胎螺栓、轮辋、内胎、衬带、轮胎等拆卸后重新组装成车轮时,累计的不平衡质量或形位偏差太大,破坏了原来的平衡。

3.2 车轮动平衡的检测及校正方法

3.2.1 车轮平衡机的类型

车轮平衡机也称为车轮平衡仪,用来检测车轮的平衡度。按功能可分为车轮静平衡机和车轮动平衡机两类;按测量方式可分为离车式车轮平衡机和就车式车轮平衡机两类;按车轮平衡机转轴的形式可分为软式车轮平衡机和硬式车轮平衡机两类。

使用离车式车轮平衡机时,将车轮从车上拆下安装到车

轮平衡机的转轴上检测其平衡状况。

软式车轮平衡机，安装车轮的转轴由弹性元件支承。当被测车轮不平衡时，该轴与其上的车轮一起振动，测得该振动即可获得车轮的不平衡量。硬式车轮平衡机的转轴由刚性元件支承，工作中转轴不产生振动，它是通过直接测量车轮旋转时不平衡点产生的离心力来确定不平衡量的。

凡是可以测定车轮左、右两侧的不平衡量及其相位的，可以称为二面测定式车轮平衡机。

3.2.2　离车式车轮平衡机检测校正车轮动平衡

用离车式车轮平衡机检测校正车轮动平衡

(1)离车式车轮平衡机的结构简介。离车式车轮动平衡机如图3-15所示，其专用卡尺如图3-16所示。目前应用最多的是硬式二面测定车轮动平衡机。该动平衡机一般由驱动装置、转轴与支承装置、显示与控制装置、制动装置、机箱和车轮防护罩等组成。转轴由两个滚动轴承支承，每个轴承均有一能将动反力变为电信号的传感器。转轴的外端通过锥体和大螺距螺母等固装被测车轮。

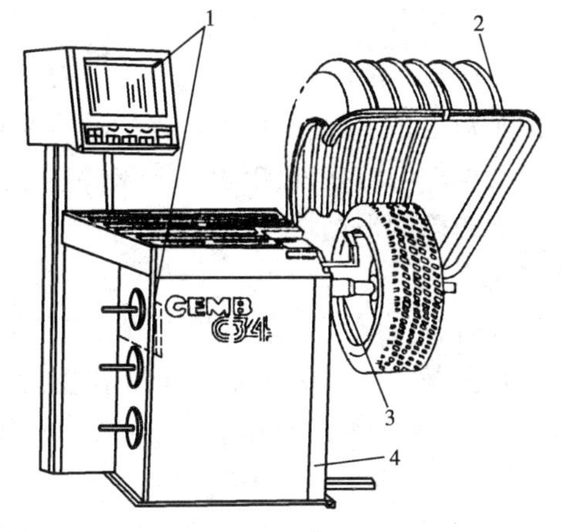

图3-15　离车式车轮动平衡机

1-显示与控制装置；2-车轮防护罩；3-转轴；4-机箱

近年来生产的车轮动平衡机，其显示与控制装置多为计算机式，具有自动诊断和自动系统，能将传感器的电信号通过计算机运算、分析、判断后显示出不平衡量及相位。为了使显示的不平衡量恰是轮辋边缘所加平衡块的质量，还必须将测得的轮辋直径 d、轮辋宽度 b 和轮辋边缘至平衡机机箱的距离 a(轮辋外悬尺寸)，通过键盘或选择器旋扭输入计算机。

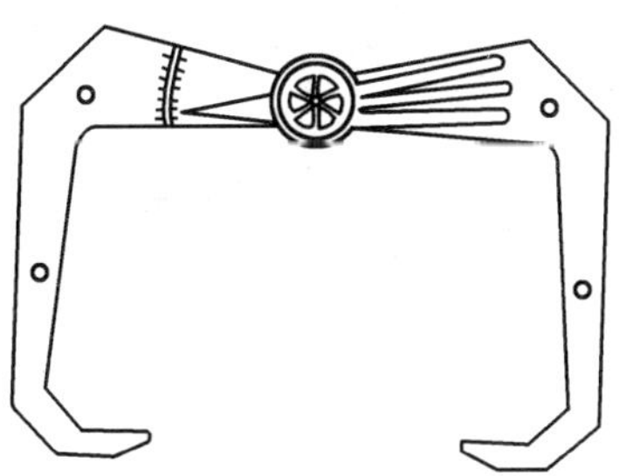

图3-16　离车式车轮动平衡机的专用卡尺

(2)离车式车轮平衡机检测校正车轮动平衡的使用方法。清除被测车轮上的泥土、石子和旧平衡块。检查轮胎气压，视必要充至规定值。

根据轮辋中心孔的大小选择锥体，装上被测车轮，用大螺距螺母紧固。

打开电源开关，检查指示与控制装置的面板是否指示正确。

用卡尺测量轮辋宽度 b、轮辋直径 d(也可由胎侧读出)，用平衡机上的标尺测量轮辋边缘至机箱距离 a，用键入或选择器旋钮对准测量值的方法，将 a、b、d 直接输入指示与控制装置中。为了适应不同计量制式，平衡机上的所有标尺一般都同时标有英制和公制刻度。

怎样检测校正车轮动平衡

放下车轮防护罩，按下起动键，车轮旋转，平衡测试开始，计算机自动采集数据。车轮自动停转或听到“笛”声，按下停止键并操纵制动装置使车轮停转，从指示装置读取车轮内、外不平衡量和不平衡位置。

抬起车轮防护罩，用手慢慢转动车轮。当指示装置发出指示(音响、指示灯亮、制动、显示点阵或显示检测数据等)时停止转动。在轮辋的内侧或外侧的上部(时钟 12 点位置)加装指示装置显示的该侧平衡块质量。内、外侧要分别进行，平衡块装卡要牢固。

安装平衡块后有可能产生新的不平衡，应重新进行平衡试验，直至不平衡量 < 5g(0. 3oz)，指示装置显示“00”或“OK”时才能满意。当不平衡量相差 10g 左右时，如沿轮辋边缘左右稍移平衡块，也能获得满意的效果。

3.2.3　就车式车轮平衡机检测校正车轮动平衡

(1)就车式车轮平衡机结构简介。使用就车式车轮平衡机，无需从车上拆下车轮，就车即可测得车轮的平衡状况。就车式车轮动平衡机一般由驱动装置、测量装置、指示与控制装置、制动装置和小车等组成，如图 3-17 所示。图 3-18 所示为工作图。驱动装置由电动机、转轮等组成，能带动支离地面的车轮转动。测量装置由传感磁头、可调支杆、底座和传感器等组成。它能将车轮不平衡量产生的振动变成电信号，送至指示与控制装置。指示与控制装置由频闪灯、不平衡度表或数字显示屏等组成。频闪灯用来指示车轮不平衡点位置，不平衡度表或数字显示屏用来指示车轮的不平衡量。不平衡量一般有两个挡位，第一挡往往用于初查时的指示，第二挡往往用于装上平衡块后复查时指示。制动装置用于使车轮停转。除测量装置外，车轮动平衡机的其余装置都装在小车上，可方便地移动。

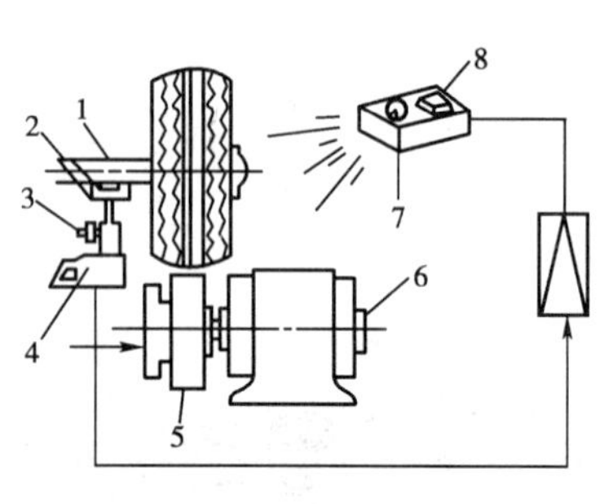

图 3-17　就车式车轮动平衡机示意图
1-转向节；2-传感磁头；3-可调支杆；4-底盘；5-转轮；6-电动机；7-频闪灯；8-不平衡度表

(2)就车式车轮平衡机检测校正车轮动平衡的使用方

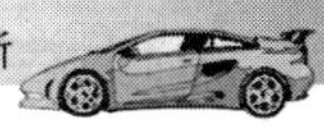

法。用千斤顶支起车轴，两边车轮离地间隙要相等。清除被测车轮上的泥土、石子和旧平衡块。检查轮胎气压，视必要充至规定值。检查轮毂轴承是否松旷，视必要调整至规定松紧

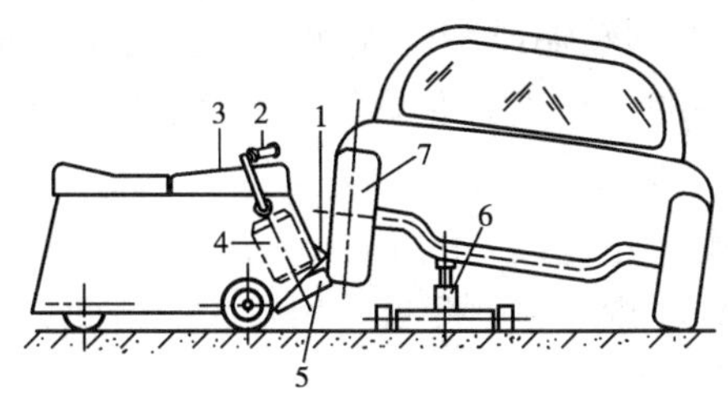

图 3-18 就车式车轮平衡机工作图

1-光电传感器；2-手柄；3-仪表板；4-驱动电机；5-摩擦轮；6-传感器支架；7-被测车轮

度。在轮胎外侧面任意位置上用白粉笔或白胶布做上记号。

就车式车轮平衡机检测校正车轮动平衡的使用方法

用三角垫木垫住非测试车轮，将就车式车轮动平衡机的测量装置推至被测前轮一端的前轴下，传感磁头吸附在悬架下或转向节下，调节可调支杆高度并锁紧。推平衡机至车轮侧面或前面（视车轮平衡机形式不同而异）。检查频闪灯工作是否正常，检查转动的旋转方向能否使车轮的转动力与前进行驶时方向一致。

操纵车轮动平衡机转轮与轮胎接触，起动驱动电机带动车轮旋转至规定转速。观察频闪灯照射下的轮胎标记位置，并从指示装置（第一挡）上读取不平衡量数值。操纵平衡机上的制动装置，使车轮停止转动。用手转动车轮，使其上的标记仍处在上述观察位置上，此时轮辋的最上部（时钟 12 点位置）即为加装平衡块的位置。

按指示装置显示的不平衡量选择平衡块，牢固地装卡到轮辋边缘上。重新驱动车轮进行复查测试，指示装置用二挡显示。若车轮平衡度不符合要求，应调整平衡块质量和位置，直至符合平衡要求。

检测驱动轮平衡时，用发动机驱动车轮，加速至 50 ~ 70km/h 的某一转速下稳定运转。测试结束后，用制动器使车轮停转。

3.2.4 注意事项

动平衡机装有精密的位移传感器和易碎裂的压电晶体传感器，严禁冲击和敲打主轴或传感器支架。

在检修车轮动平衡机时，传感器的固定螺栓不得松动。因为这一螺栓不是一般的紧固件，需要由它向传感晶体提供必要的预紧力。当这一预紧力发生变化时，电算过程将完全

失准。

车轮动平衡机的机械系统和电算电路都是针对正常车轮使用条件下平衡失准或轻微受损但仍能使用的车轮而设计的，对严重变形的轮辋或胎面大面积剥离的车轮是不能上机进行平衡检测的。超值的不平衡力可能溢出电算范围而使仪器自动拒绝工作。

就车式车轮平衡机使用注意事项

当不平衡量超过最大配重时，可用两个以上配重并列使用。但这时要注意因多个配重占用较大的扇面会使其有效质量低于实际质量。

一般情况下，离车式车轮动平衡机或就车式车轮动平衡机都是分别各自使用的。但对高速行驶的汽车车轮而言，如果用离车式车轮动平衡机平衡后再装在车上行驶时，仍会出现不平衡现象，最好能再用就车式车轮动平衡机进行校对。

1. 传动系的检测内容有哪些？

2. 叙述使用离合器频闪测定仪检测离合器是否打滑的方法。

3. 叙述使用指针式游动角度检测仪检测传动系游动角度的检测方法。

4. 叙述转向盘自由转动量的检测方法。

5. 在 GB 7258—2004 国家标准中，对转向盘自由行程的最大转动量有何规定？

6. GB 7258—2004 国家标准对施加于转向盘外缘的最大切向力有何规定？

7. 汽车自动跑偏的主要原因有哪些？

8. 汽车前轮摆振的主要原因有哪些？

9. 叙述使用气泡水准式定位仪检测汽车前轮定位的方法。

10. 叙述电脑式四轮定位仪的使用方法。

11. “车轮静平衡的就一定是动平衡的”和“车轮动平衡就一定是静平衡的”，哪一句对？

12. 引起车轮不平衡的原因有哪些？

单元四 汽车整车的检测

学习目标

知识目标

1. 正确描述汽车整车检测的项目和内容；
2. 简单叙述汽车整车检测的基本原理。

能力目标

1. 会正确使用汽车整车检测诊断的仪器设备；
2. 会正确分析汽车整车检测的结果；
3. 能掌握汽车整车故障的诊断和排除方法。

汽车整车的技术状况，关系到车辆行驶的动力性、经济性、排气净化性、操纵稳定性、安全性和舒适性等使用性能，是汽车检测诊断的重点内容之一。

汽车整车技术状况的变化，主要表现在故障增多、性能降低和损耗增加上。在诸多诊断参数中，要特别选出那些与汽车上述使用性能有关的参数进行检测、分析与判断，以便确定整车的技术状况。

汽车检测的一般条件

汽车整车的检测，即可以在道路试验中进行，也可以在汽车检测线的试验台上进行。不论采用何种方法进行检测，被检车辆、道路、气候、仪器设备等都应符合有关规定。

汽车检测的一般条件如下。

(1)车辆：

①被检汽车各总成、部件及附属装置(包括随车工具与备胎)，必须按规定装备齐全，并安放在规定的位置上。调整状况应符合该车技术条件的规定。

②无特殊规定时，被检汽车装载质量均为厂定最大装载质量或处于厂定最大总质量状态。乘员平均质量可用相同质量的重物代替。

③试验过程中，轮胎冷态充气压力应符合技术条件的规定，误差不超过 ±10kPa。

④被检汽车使用的燃料、润滑油(脂)和制动液应符合技术条件的规定。除可靠性和耐久性试验外，同一试验的各项

性能测定必须使用同一批燃料、润滑油(脂)和制动液。

⑤试验前,被检汽车必须进行预热,冷却液温度应在80～90℃;发动机润滑油温度应在50～95℃;变速器及驱动桥润滑油温度应不低于50℃。

整车检测的道路条件

(2)道路。除另有规定外,各项性能试验应在清洁、干燥、平坦的沥青或混凝土路面的道路上进行,道路长3km以上,宽度不小于8m,纵向坡度在0.1%以内。

(3)气候。除另有规定外,试验时应天气良好,相对湿度小于95%,气温0～40℃,风速不大于3m/s。

(4)试验用仪器设备必须经计量检定,且在有效期内。在使用前应对仪器设备进行调整和校正。

当汽车在检测线上进行试验时,滚筒式试验台以筒的表面代替路面,通过加载装置给滚筒施加负荷,以模拟行驶阻力,使汽车尽可能在接近实际行驶工况下进行各项检测与试验。因此,汽车的动力性、燃料经济性、加速性、滑行性、制动性和车速表指示误差等,均可以在检测线上测定。

1 汽车检测站

汽车检测站的任务

汽车检测站是综合运用现代检测技术,对汽车实施不解体检测的机构。它具有现代的检测设备和检测方法,能在室内检测出车辆的各种参数并诊断出可能出现的故障,为全面、准确评价汽车的使用性能和技术状况提供可靠的依据。汽车检测站不仅是公安交通管理机关或行业对汽车技术状况进行检测和监督的机构,而且已成为汽车制造企业、汽车运输企业、汽车维修企业中不可缺少的重要组成部分。

1.1 汽车检测站的任务和类型

1.1.1 检测站的任务

按我国交通部第29号令《汽车运输业车辆综合性能检测站管理办法》的规定,汽车检测站的主要任务如下:

对在用运输车辆的技术状况进行检测诊断。

对汽车维修行业的维修车辆进行质量检测。

接受委托,对车辆改装、改造、报废及其有关新工艺、新技术、新产品、科研成果等项目进行检测,提供检测结果。

接受公安、环保、商检、计量和保险等部门的委托,为其进行有关项目的检测,提供检测结果。

1.1.2 检测站的类型

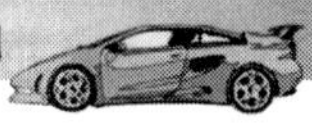

按不同的分类方法，汽车检测站可分为不同的类型。

(1)按服务功能分类。汽车检测站可分为安全检测站、维修检测站和综合检测站三种。

安全检测站是国家的执法机构，它按照国家规定的车检法规，定期检测车辆中与安全和环保有关的项目，以保证汽车安全行驶，并将污染降低到允许的限度。这种检测站对检测结果往往只显示“合格”、“不合格”两种，不作具体故障分析。检测合格的车辆凭检测结果报告单办理年审签证，在有效期内准予车辆行驶。

维修检测站主要是从车辆使用和维修的角度，担负车辆维修前、后的技术状况检测。它能检测车辆的主要使用性能，并能进行故障分析与诊断。

汽车检测站的分类

综合检测站既能担负车辆管理部门的安全环保检测，又能担负车辆使用、维修企业的技术状况诊断，还能承接科研或教学方面的性能试验和参数测试。这种检测站检测设备多，自动化程度高，数据处理迅速准确，功能齐全，检测项目全面。

(2)按规模大小分类。汽车检测站可分为大、中、小三种类型。

大型检测站检测线多，自动化程度高，检测能力大，检测车型多。中型检测站至少有两条检测线。小型检测站主要指那些服务对象单一的检测站，如规模不大的安全检测站和维修检测站。

(3)按自动化程度分类。汽车检测站可分为手动式、半自动式和全自动式三种类型。

手动检测站由人工手动控制检测过程，从各单机配备的指示装置上读数，笔录检测结果或由单机配备的打印机打印检测结果，检测效率低，读数误差大，多用于维修检测站。

全自动检测站利用计算机控制系统，能自动控制检测过程，使设备的启动与运转、数据采集、分析判断、存储、显示和打印等全过程实现自动化。由于全自动检测站自动化程度高，检测效率高，能避免人为的判断错误，因而获得广泛应用，目前国内外的安全检测站多为这种型式。

半自动检测站的自动化程度或检测范围介于手动和全自动检测站之间，一般是在原手动检测站的基础上将部分检测设备(如侧滑试验台、制动试验台、车速表试验台等)与计算机联网以实现自动控制，而另一部分检测设备(如烟度计、废气分析仪、前照灯检测仪、声级计等)仍然手动操作。

(4)综合检测站按职能分类，可分为A级站、B级站和C

级站三种类型。

A 级站能全面承担检测站的任务，即能检测车辆的制动、侧滑、灯光、转向、前轮定位、车速、车轮动平衡、底盘输出功率、燃料消耗、发动机功率和点火系状况以及异响、磨损、变形、裂纹、噪声、废气排放等状况。

B 级站能承担在用车辆技术状况和车辆维修质量的检测，即能检测车辆的制动、侧滑、灯光、转向、车轮动平衡、燃料消耗、发动机功率和点火系状况以及异响、变形、噪声、废气排放等状况。

C 级站能承担在用车辆技术状况的检测，即能检测车辆的制动、侧滑、灯光、转向、车轮动平衡、燃料消耗、发动机功率以及异响、噪声、废气排放等状况。

1.2 汽车检测站的组成与检测项目

1.2.1 各类汽车检测站的组成

汽车检测站的组成

汽车检测站主要由一条至数条检测线组成。对于独立而完整的检测站，除检测线外，还应包括停车场、清洗站、泵气站、维修车间、办公区和生活区等设施。

安全检测站一般由一条至数条安全环保检测线组成，有两条以上安全环保检测线时，一般一条为大、小型汽车通用自动检测线，另一条为小型汽车的专用自动检测线，有的还配备一条新规检测线(对新车登录、检测之用)和一条柴油车排烟检测线。

维修检测站一般由一条至数条综合检测线组成。

综合检测站一般由安全环保检测线和综合检测线组成，可以各为一条，也可以各为数条。国内交通系统建成的检测站大多属于综合检测站。

1.2.2 汽车检测线的工位及检测项目

不管是安全环保检测线，还是综合检测线，它们都由多个检测工位组成，布置形式多为直线通道式，即检测工位按一定顺序分布在直线通道上，有利于流水作业。

(1)安全环保检测线，一般由外观检查(人工检查)工位、侧滑制动车速表工位、灯光尾气工位三个工位组成。全自动安全环保检测线可以由三工位、四工位或五工位组成。五工位一般是汽车资料输入及安全装置检查工位、侧滑制动车速表工位、灯光尾气工位、车底检查工位、综合判定及主控制室工位。图 4-1 所示为国产五工位全自动安全环保检测线，其主要检测项目、设备及其用途如表 4-1 所示。在表列设备中，侧滑试验台、轴重计或轮重仪、制动试验台、车速表试验台、前

照灯检测仪、排气分析仪、烟度计、声级计和检测手锤为检测设备。

全自动安全环保检测线检测项目和主要设备

全自动安全环保检测线检测项目、主要设备及其用途　表 4-1

<table>
<tr><th>检测工位</th><th>主要检测项目</th><th>设备名称</th><th>设备用途</th></tr>
<tr><td rowspan="9">汽车资料输入及安全装置检查工位（L工位）</td><td rowspan="9">汽车上部的灯光和安全装置等项目的外观检查</td><td>进线指示灯</td><td>控制进线车辆，绿灯进，红灯停</td></tr>
<tr><td>汽车资料登录计算机</td><td>登录汽车资料，并发送给主控制计算机</td></tr>
<tr><td>工位测控计算机</td><td>担负工位检测过程监控，数据采集处理等项工作</td></tr>
<tr><td>检验程序指示器</td><td>指示工位检测程序，下达操作指令，显示检测结果，引导车辆前进</td></tr>
<tr><td>轮胎自动充气机</td><td>按设定的轮胎气压自动充气</td></tr>
<tr><td>轮胎花纹测量器</td><td>测量轮胎花纹深度</td></tr>
<tr><td>检测手锤</td><td>检查各连接件、车架等是否松动或开裂</td></tr>
<tr><td>不合格项目输入键盘</td><td>将车上、车下外观检查中的不合格项目报告主控制计算机</td></tr>
<tr><td>监察电视及摄像机</td><td>供主控制室监察地沟及整个检测线的工作情况</td></tr>
<tr><td rowspan="7">侧滑制动车速表工位（ABS工位）</td><td rowspan="7">侧滑检测
轴重检测
制动检测
车速表检测</td><td>侧滑试验台</td><td>检测转向轮侧滑量</td></tr>
<tr><td>轴重计或轮重仪</td><td>检测各轴(轮)轴(轮)重</td></tr>
<tr><td>制动试验台</td><td>检测各轮拖滞力、制动力和驻车制动力</td></tr>
<tr><td>车速表试验台</td><td>检测车速表指示误差</td></tr>
<tr><td>车速表检测申报开关或遥控器</td><td>当试验车速达 40km/h 时按下此开关或遥控器，计算机采集此时的实际车速数据</td></tr>
<tr><td>光电开关</td><td>当车轮遮挡光电开关时，光电开关产生的信号输入计算机，报告车辆到位，计算机安排检测开始</td></tr>
<tr><td>反光镜</td><td>供驾驶员观察车轮到达试验台或停车线的位置</td></tr>
</table>

全自动安全环保检测线检测项目和主要设备

续上表

检测工位	主要检测项目	设备名称	设备用途
灯光尾气工位(HX工位)	前照灯检测 排气检测 喇叭声级检测	前照灯检测仪	检测前照灯发光强度和光轴偏斜量
		排气分析仪	检测汽油车排气中的CO和HC浓度
		烟度计	检测柴油车排气中的自由加速烟度
		声级计	检测喇叭声级
		停车位置指示器	指引汽车在灯光尾气工位停车线上准确停车
车底检查工位(P工位)	车辆底部外观检查	地沟内举升平台	使地沟内的检测人员在高度上处于较有利的工作位置
		对讲话筒及扬声器	用于地沟上下的通话联系
		地沟内报警灯或报警器	报告车辆到达车底检查工位
综合判定及主控制室工位	对各工位检测结果进行综合判定后,打印检测结果报告单	主控制计算机	安排检测程序,对照检测标准,综合判定并存储、打印检测结果
		打印机	打印检测结果报告单
		控制台	主控制计算机、键盘、显示器、打印机、监察电视等均安放在控制台上,是全线的控制中心
		主控制键盘	当计算机系统出现故障不能使用时,可通过主控制键盘对各工位实施控制,方便不间断检测工作
		稳压电源和不间断电源	稳定电压,不间断供电

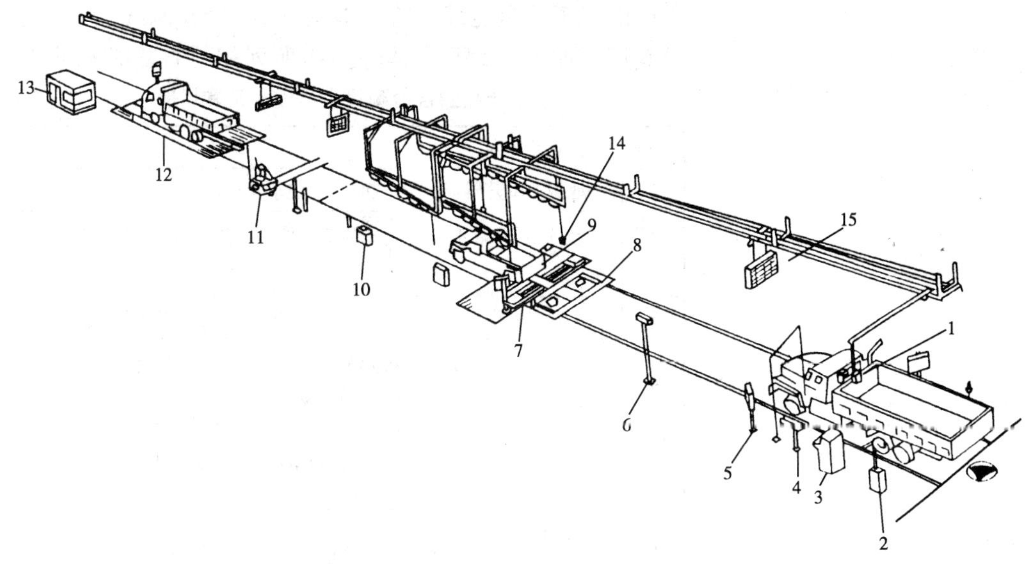

图 4-1 国产五工位全自动安全环保检测线

1-进线指示灯;2-烟度计;3-汽车资料登录计算机;4-安全装置检查不合格项目输入键盘;5-烟度计检验程序指示器;6-电视摄像机;7-制动试验台;8-侧滑试验台;9-车速表试验台;10-废气分析仪;11-前照灯检测仪;12-车底检查工位;13-主控制室;14-车速表检测申报开关;15-检验程序指示器

(2)综合检测线分为 A、B、C 三种类型。图 4-2 所示的综合检测线,是一种接近全能的综合检测线,它由发动机测试及车轮平衡工位、底盘测功工位、车轮定位及车底检查工位组成。B 级站和 C 级站的综合检测线不包括底盘测功工位。

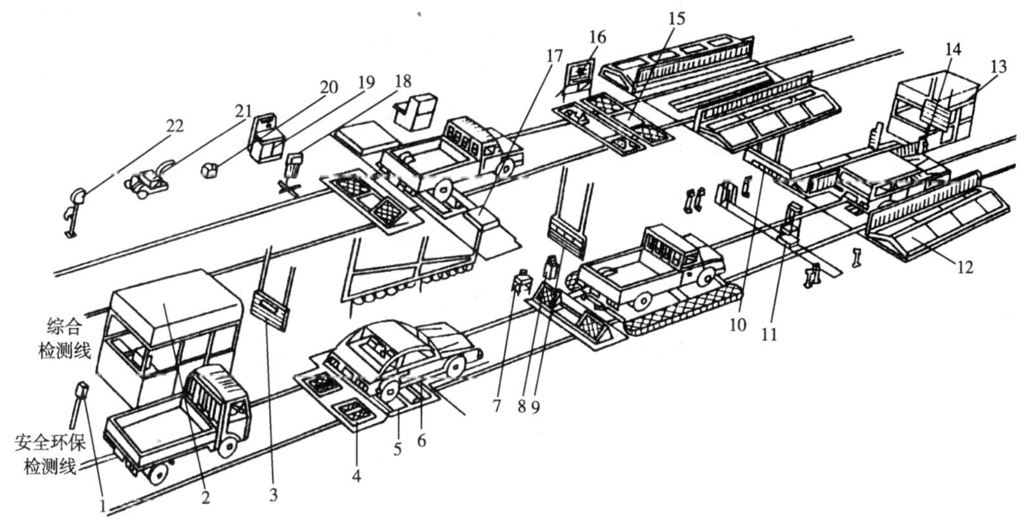

图 4-2 双线综合检测站

1-进线指示灯;2-进线控制室;3-L 工位检验程序指示器;4、15-侧滑试验台;5-制动试验台;6-车速表试验台;7-烟度计;8-排气分析仪;9-ABS 工位检验程序指示器;10-HX 工位检验程序指示器;11-前照灯检测仪;12-地沟系统;13-主控制室;14-P 工位检验程序指示器;16-前轮定位检测仪;17-底盘测功工位;18、19-发动机综合性能分析仪;20-机油清净性分析仪;21-就车式车轮平衡仪;22-轮胎自动充气机以外观检查及车轮定位工位、制动工位和底盘测功工位组成的三工位全能综合检测线为例，综合检测线的主要设备及其用途如表4-2所示（与表4-1所列相同的设备未列出）。

全能综合检测线主要设备及其用途

全能综合检测线主要设备及其用途　　表4-2

序号	设备名称	设备用途
1	地沟上举升器	举起车辆，使车轮离地
2	就车式车轮平衡机	就车检测车轮不平衡量，并通过配重使车轮平衡
3	声发射探伤仪	在不解体情况下探测零件的裂纹和损伤
4	四轮定位仪或车轮定位检测仪	检测车轮前束值、车轮外倾角和主销后倾角、主销内倾角及前轮最大转向角度值
5	转向盘自由转动量检测仪	检测转向盘自由转动量
6	转向盘转向力检测仪	检测转向盘转向力
7	传动系游动角度检测仪	检测传动系自由转动量
8	底盘间隙检测仪	检测轮毂轴承、转向节主销、纵横拉杆和钢板弹簧销等处的间隙
9	底盘测功试验台	检测驱动车轮的输出功率或驱动力，模拟道路行驶，做各种性能试验，进行动态检测诊断等
10	发动机综合参数测试仪	对发动机的功率、气缸压力、点火正时、供油正时、点火系技术状况、供油系技术状况、电控系统和异响等进行检测、分析和判断
11	电控系统检测仪	包括读码器、解码器、扫描器、专用诊断仪、示波器、分析仪、信号模拟器和综合测试仪等，用于对汽车电控系统的检测和诊断
12	电器综合测试仪	检测电器设备的技术状况
13	气缸压力测试仪或气缸压力表	检测气缸压缩压力
14	气缸漏气量（率）测试仪	检测气缸的漏气量或漏气率
15	真空表或真空测试仪	检测进气管负压值，用于评价气缸密封性
16	油耗计	检测燃油消耗量
17	五气体分析仪	检测排气中的CO、HC、NO_X、CO_2、O_2

续上表

序号	设备名称	设备用途
18	机油清净性分析仪	分析机油的清净性程度
19	发动机无负荷测功仪	对发动机进行无负荷加速测功
20	发动机异响分析仪	诊断发动机异响
21	传动系异响分析仪	诊断传动系异响
22	温度计或温度仪	检测各总成温度及发动机排气温度

汽车外观检查、车轮定位、制动工位和底盘测功工位的主要设备

①外观检查及车轮定位工位的主要设备有：轮胎自动充气机、轮胎花纹测量器、检测手锤、地沟内举升平台、地沟上举升器、就车式车轮平衡机、声发射探伤仪、侧滑试验台、四轮定位仪或车轮定位检测仪、转向盘自由转动量检测仪、转向盘转向力检测仪、传动系游动角度检测仪、底盘间隙检测仪等。

外观检查及车轮定位工位的检测项目有车上车底外观检查、就车检测调整车轮不平衡量、对转向节等安全机件进行探伤、检测前轮侧滑量和最大转向角、检测前轮和后轮定位参数、检测转向盘自由转动量和转向盘转向力、检测传动系游动角度、检测轮毂轴承等处的松旷量等。

②制动工位的主要设备有：轴重计或轮重仪、制动试验台等。

制动工位的检测项目有检测各轴轴重、检测各轮制动拖滞力和制动力及按制动曲线分析制动过程、检测驻车制动力等。

③底盘测功工位的主要设备有，底盘测功试验台、发动机综合参数测试仪、电控系统检测仪、电器综合测试仪、气缸压力测试仪或气缸压力表、气缸漏气量（率）测试仪、真空表或真空测试仪、油耗计、五气体分析仪、烟度计、声级计、机油清净性分析仪、发动机无负荷测功仪、发动机异响分析仪、传动系异响分析仪、温度计等。

底盘测功工位的检测项目有，模拟汽车道路行驶，对汽车发动机、底盘、电气设备和车身等进行动态综合检测诊断。配备的设备越多，能检测诊断的项目也越多。

1.3 汽车检测站的工艺路线流程

汽车检测的工艺路线流程

汽车进入检测站后，在检测线上只有按照规定的检测工艺路线和程序流动，才能完成整个检测过程。

对于一个独立而完整的检测站，汽车进站后的工艺路线流程如图4-3所示。

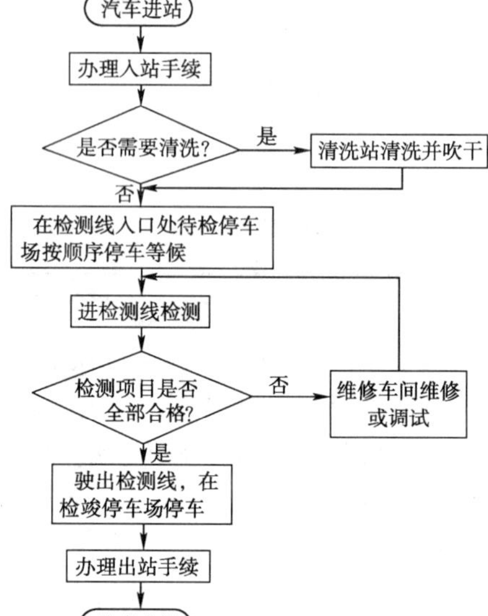

图4-3 检测站工艺路线流程图

检测线的工位布置是固定的，进线检测的汽车按工位顺序流水作业。以三工位全能综合检测线为例，其工艺路线流程如图4-4所示。

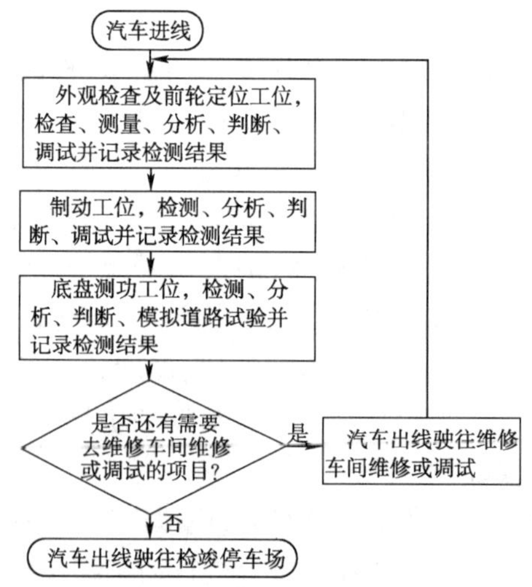

图4-4 全能综合检测线工艺路线流程图

2 汽车动力性的检测

汽车是一种高效率的运输工具,其运输效率的高低主要取决于汽车的动力性,该性能是汽车最基本最重要的使用性能之一。汽车动力性的评价指标主要有:汽车的最高车速、汽车的加速时间、汽车的最大爬坡能力。汽车动力性评价指标可通过道路试验测定。

2.1 汽车最高车速的测定

汽车最高车速是汽车满载时在良好的水平路面上能达到的最大行驶速度。汽车的最高车速高,汽车的平均行驶速度就高,汽车的运输效率就高。

对汽车进行最高车速的测定,应满足前面叙述的"汽车试验的一般条件",并检查汽车的转向机构、各部紧固件的紧固情况和制动系统的状况,以确保试验的安全。测定时应关闭好车辆的门窗。

汽车最高车速的检测

(1)测定的方法。在符合规定的试验道路上,选定中间一段200m为测试路段,并用标杆作好标志。

根据汽车加速性能的好坏,选定充足的加速区段,使汽车在驶入测量路段前能够达到最高的稳定行驶车速。

测试汽车在加速区间以最佳加速状态行驶,在到达测量路段前保持变速器(及分动器)在汽车设计最高车速的相应挡位,加速踏板踩到底,使汽车以最高的稳定车速通过测量路段。记录汽车以最高车速通过测速路段的时间。

测试往返各进行一次,取其平均值。

(2)测试结果处理。按测速距离与通过测速路段的时间,按下式计算汽车的最高车速。

$$V_{amax}=\frac{200}{t}\times 3.6=\frac{720}{t}$$

式中:V_{amax}——汽车的最高车速,km/h;

t——汽车各次通过200m路段的平均时间,s。

2.2 汽车加速性能的测定

汽车的加速能力对汽车的平均行驶车速有很大的影响。汽车的加速能力通常用加速时间来评价。加速时间又分为原地起步加速时间和超车加速时间两种。汽车原地起步加速时间是汽车由第1挡或第2挡起步,以最大的加速度且选择恰当的换挡时刻逐步换至最高挡后，加速到某一预定的距离或车速时所需的时间，小型乘用车通常用从 0km/h 加速到 100km/h 所需时间表示。超车加速时间是汽车用最高挡或次高挡由某一预定的车速全力加速至另一预定的距离或车速时所需的时间，例如计算从 50km/h 加速到 80km/h 所用时间。超车加速试验通常采用直接挡，故称超车加速能力为直接挡加速能力。超车加速能力好，汽车超车时并行行程短，利于行车安全。

试验时，应满足"汽车试验的一般条件"并保证汽车技术状况良好。

汽车加速性能的测定

(1)超车加速性能的测定。在符合试验条件的道路上，选取合适长度的路段作为测试路段，在两端设立标记。

汽车变速器挂入预定的挡位，以稍高于该挡最低稳定车速为初速(例如 50km/h)作等速行驶。当车速稳定后驶入试验路段，急速将加速踏板踩到底，使汽车加速行驶至预定车速(例如 80km/h)，记录所用时间。

试验往返各进行一次，取其平均值。

(2)原地起步加速性能的测定。试验路段与超车加速性能试验路段相同。

汽车停于加速试验路段起点，变速器挂入起步挡位，迅速起步并将加速踏板快速踩到底，使汽车以最大的加速度行驶。当发动机达到最大功率转速时，迅速换挡，换挡后立即将加速踏板踩到底，如此换至最高挡。直至加速到预定车速(例如 100km/h)或预定距离，记录所用时间。

试验往返各进行一次，取其平均值。

2.3 汽车爬坡能力的测定

汽车爬陡坡能力是指汽车满载，在良好的路面上用 1 挡行驶时所能克服的最大坡度。通常最大爬坡度用 i_{max} 表示。

$$i_{max} = \tan\alpha_{max}$$

式中：i_{max}——汽车的最大爬坡度，%；

α_{max}——汽车所能越过的最大坡度，(°)。

汽车爬坡能力的测定

汽车要求有足够的爬坡能力，载货汽车的 i_{max} 在 30% 左右；越野汽车的 i_{max} 在 60% 左右。

试验时，应满足"汽车试验的一般条件"并保证汽车技术状况良好。

试验坡道的坡度应与试验车的最大爬坡度相接近。坡度长度不小于 25m，坡前应有 8 ~ 10m 的平直路段。

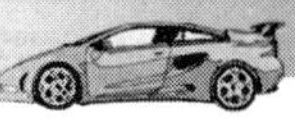

变速器使用最低挡，如有副变速器也置于最低挡，爬坡过程中不得换挡。

汽车经预热后，停于接近坡道的平直路面上。起步后，加速踏板踩到底，全力爬坡。如第一次爬不上去，可进行第二次，但不得超过2次。

如果坡度不合适（过大或过小），可用增减装载质量或使用变速器较高一挡（如2挡）进行试验，并用下式将试验结果折算为汽车生产厂额定最大总质量时，变速器使用最低挡时的最大爬坡度。

汽车爬坡能力的测定

$$i_{max} = \tan\alpha_{max}$$

$$\alpha_{max} = \sin^{-1}\left(\frac{G_{实}}{G}\frac{i_1}{i_{实}} \cdot \sin\alpha_{实}\right)$$

式中：i_{max}——汽车的最大爬坡度，%；

α_{max}——汽车所能越过的最大坡度，(°)；

$\alpha_{实}$——坡道的实际坡度，(°)；

G——汽车厂额定最大总质量，kg；

$G_{实}$——试验时汽车实际总质量，kg；

i_1——汽车最低挡总速比；

$i_{实}$——汽车试验时实际总速比。

在室内检测汽车动力性时，采用驱动车轮输出功率或驱动力作为诊断参数，需在汽车底盘测功试验台上进行。

汽车驱动轮输出功率的检测通常称为底盘测功，其目的是评价汽车的动力性，同时对驱动轮输出功率与发动机输出功率进行对比，可求出传动效率以评价汽车底盘传动系的技术状况。

2.4 汽车底盘测功试验台的结构与原理

2.4.1 底盘测功试验台的功能

底盘测功试验台的功能、结构与工作原理

汽车底盘测功试验台的基本功能为：测试汽车驱动轮输出功率；测试汽车的加速性能；测试汽车的滑行能力和传动系统的传动效率；检测校验车速表；辅以油耗计、废气分析仪等设备，对汽车的燃油经济性和废气环保性能进行检测。

2.4.2 底盘测功试验台的结构与工作原理

汽车底盘测功试验台，一般由滚筒装置、功率吸收装置（即加载装置）、测量装置、辅助装置四部分组成。图4-5所示为国产DCG-10C型汽车底盘测功试验台机械部分的结构示意图。该试验台是一种采用美国Intel公司生产的单片机作为系统的控制核心，适用于轴质量不大于10t、驱动车轮输出功率不大于150kW车辆的检测。

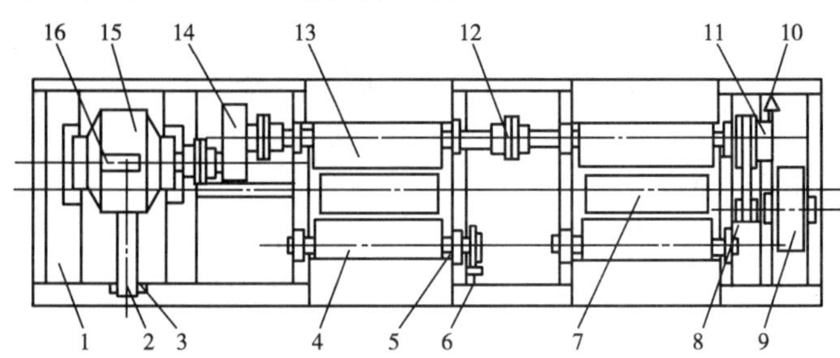

图4-5 底盘测功试验台机械部分结构示意图

1-框架;2-测力杠杆;3-压力传感器;4-从动滚筒;5-轴承座;6-速度传感器;7-举升装置;8-传动带轮;9-飞轮;10-电刷;11-离合器;12-联轴器;13-主动滚筒;14-变速器;15-电涡流测功器;16-冷却水入口

底盘测功试验台主要装置

(1)滚筒装置。滚筒相当于连续移动的路面,被检汽车的车轮在其上滚动,滚筒有单滚筒和双滚筒两种,如图4-6所示。双滚筒结构简单,安装使用方便,且成本较低,因而使用广泛。

滚筒表面形状不同,有光滚筒、滚花滚筒、带槽滚筒和带涂覆层滚筒多种形式。光滚筒目前应用最多,虽然附着系数较低,但车轮与光滚筒间的附着能力可以产生足够的牵引力。

(2)功率吸收装置(即加载装置)。用来模拟车辆在道路上行驶所受的各种阻力。常用的功率吸收装置有水力测功器、电力测功器和电涡流测功器,目前多采用电涡流测功器。

(3)测量装置。测功器不能直接测出汽车驱动轮的输出功率值,它需要测出旋转运动时的转速与转矩,或直线运动时的速度与牵引力,再换算成其功率值。测功试验台必须配有测力装置与测速装置。

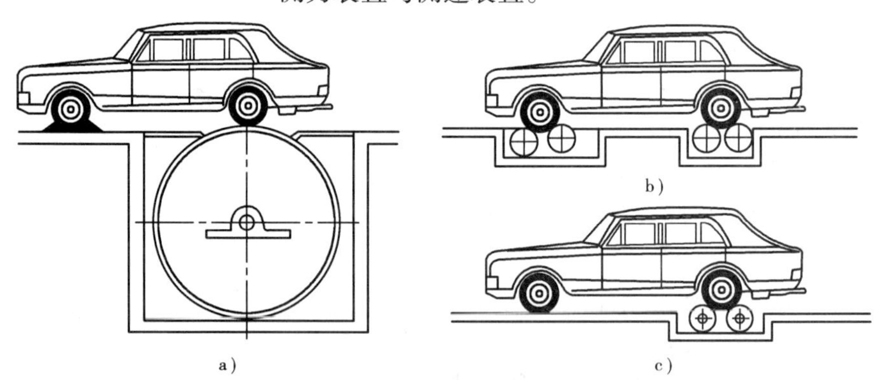

图4-6 滚筒式底盘测功试验台

a)单轮单滚筒式;b)双轮双滚筒式;c)单轮双滚筒式

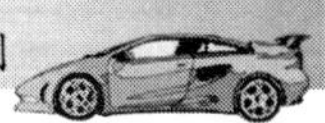

测力装置有机械式、液压式和电测式三种形式，目前应用较多的是电测式。电测式测力装置通过测力传感器，将力变成电信号，经处理后送到指示装置显示出来。

测速装置多为电测式，一般由速度传感器、中间处理装置和指示装置组成。速度传感器安装在从动滚筒一端，随滚筒一起转动，能把滚筒的转动变为电信号。

在计算机控制的底盘测功试验台，测力传感器和速度传感器输出的电信号送入计算机处理后，指示装置直接显示驱动轮的输出功率。

(4)控制装置。底盘测功试验台的控制装置和指示装置往往制成一体，形成柜式结构。图4-7为国产DCG-10C型底盘测功试验台控制柜面板图，控制柜上的按键、显示窗、旋钮、功能灯、报警灯、指示灯等，用来控制试验过程，显示或打印试验结果。

底盘测功试验台控制装置

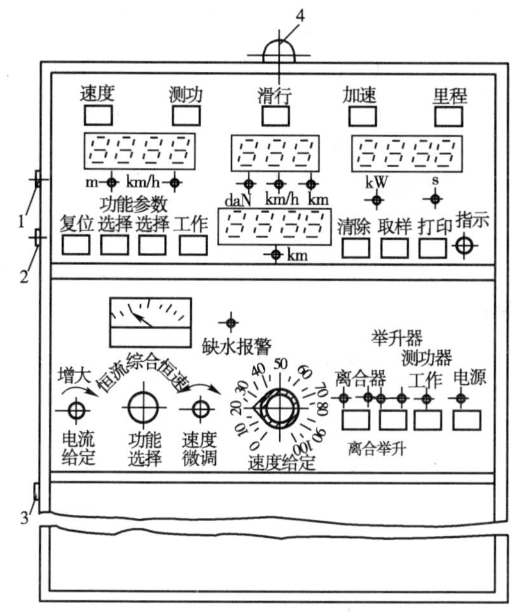

图4-7 DCG-10C型底盘测功试验台控制柜面板图

1-取样盒插座；2-打印机数据线插座；3-打印机电源线插座；4-报警灯

2.5 汽车驱动轮功率检测方法

不同型式的底盘测功试验台，其使用方法有所区别，以下介绍的是一般的操作方法。

2.5.1 检测前的准备

底盘测功试验台的准备。使用试验台之前，按厂家规定的项目对试验台进行检查、调整、润滑，在使用过程中，要注意仪表指针的回位、举升器工作导线的接触情况。发现故障，及时清除。

被检汽车的准备。汽车开上底盘测功试验台以前，调整发动机供油系及点火系至最佳工作状态；检查、调整、紧固和润滑传动系及车轮的连接情况；清洁轮胎，检查轮胎气压是否符合规定；汽车必须运行至正常工作温度。

2.5.2　汽车驱动轮功率的检测方法

(1)驱动轮功率检测点的选择。测功试验时，应选择几个有代表性的工况测试汽车驱动轮的输出功率或驱动力，如发动机额定功率所对应的车速(或转速)，发动机最大转矩所对应的车速(或转速)，汽车常用车速或经济车速，或根据交通管理部门的要求选择检测点。

汽车驱动轮功率检测

(2)驱动轮功率的检测方法如下：

①接通试验台电源，并根据被检车辆驱动轮输出功率的大小，将功率指示表的转换开关置于低挡或高挡位置。

②操纵手柄(或按钮)，升起举升器的托板。

③使被检汽车的驱动轮与滚筒成处于垂直状态。操纵手柄，降下举升器托板，直到轮胎与举升器托板完全脱离为止。

④用三角木抵住滚筒之外的一对车轮的前方，以防止汽车在检测时从试验台滑出去，将冷却风扇置于被检汽车正前方，并接通电源。

⑤检测发动机额定功率和最大转矩转速下的输出功率或驱动力时，将变速器挂入选定挡位，松开驻车制动，踩下加速踏板，同时调节测功器制动力矩对滚筒加载，使发动机在节气门全开情况下以额定转速运转。待发动机转速稳定后，读取并打印输出功率(或驱动力)值、车速值。在节气门全开情况下继续对滚筒加载，至发动机转速降至最大转矩转速稳定运转时，读取并打印驱动力(或输出功率)值、车速值。

如需测出驱动车轮在变速器不同挡位下的输出功率或驱动力，则要依次挂入每一挡按上述方法进行检测。当发动机发出额定功率，挂直接挡，可测得驱动车轮的额定输出功率；当发动机发出最大转矩，挂 1 挡，可测得驱动车轮的最大驱动力。

发动机全负荷选定车速下输出功率或驱动力的检测，是在踩下加速踏板的同时调节测功器制动力矩对滚筒加载，使发动机在节气门全开情况下以选定的车速稳定运转进行的。发动机部分负荷选定车速下输出功率或驱动力的检测与此相

同,只不过发动机是在选定的部分负荷下工作的。

当使用 DCG-10C 型汽车底盘测功试验台测功时,将"速度给定"旋钮(见图 4-7)置于选定的速度刻线上,"功能选择"旋钮置于"恒速"上,在逐渐增大节气门到所需位置的同时,控制装置能自动调控激磁电流,使汽车在选定的车速下恒速测功。如果手动调控激磁电流,需将"功能选择"旋钮置于"恒流"上,然后手动旋转"电流给定"旋钮即可增大或减小激磁电流,并在旋钮给定位置上供给恒定的激磁电流。

检测汽车驱动轮功率应注意的事项

(3)检测汽车驱动轮功率应注意的事项有:超过试验台允许轴重或轮重的车辆一律不准上试验台进行检测。检测过程中,切勿拨弄举升器托板操纵手柄,车前方严禁站人,以确保检测安全。检测额定功率和最大转矩相应转速工况下的输出功率时,一定要开启冷却风扇并密切注意各种异响和发动机的冷却水温。走合期间的新车和大修车不宜进行底盘测功。试验台不检测期间,不准在上面停放车辆。

滚筒式底盘测功试验台,除能检测驱动车轮的输出功率或驱动力外还能检测车速表指示误差,行驶油耗量等。在测得驱动车轮输出功率后,立即踩下离合器踏板,利用试验台对汽车的反拖还可测得传动系消耗功率。将测得的同一转速下的驱动车轮输出功率与传动系消耗功率相加,就可求得这一转速下的发动机有效功率。

3 汽车燃料经济性检测

汽车燃料经济性的检测

汽车燃料经济性是指完成单位里程或单位运输工作量的燃料消耗量。汽车燃料消耗量除了与燃料供给系的技术状况有直接关系外,还与发动机、汽车底盘和汽车电气的技术状况有关。所以,对汽车燃料消耗量的检测,不仅可以诊断燃料供给系的技术状况,而且可以诊断发动机及整车的技术状况。

汽车燃料经济性的评价指标是,完成单位里程的燃料消耗量(L/100km)或完成单位运输工作量的燃料消耗量(L/t·100km)。

汽车燃料消耗量的测量使用车用油耗计,也称为燃料流量计。测量汽车燃料消耗量时,可以测量其容积、质量、流量、流速或压力,其中测量其容积和质量的方法较为常用,特别是测量容积的方法应用更为广泛。

3.1、车用油耗计及使用方法

车用油耗计一般由传感器和计量显示仪表组成，二者采用电缆连接。车用油耗计的类型有多种，常用的有容积式和质量式。容积式车用油耗计按传感器结构不同可分为膜片式、量管式和活塞式三种。容积式车用油耗计按计量显示仪不同可分为电磁计数器式和有运算功能的数字显示式两种，后者现已发展成为微机控制的智能化仪表。

（1）车用油耗计的安装方法及注意事项：

车用油耗计的安装注意事项

①将油耗计传感器串接在燃料系供油管上。化油器式汽油机应串接在汽油泵与化油器之间，如图 4-8 所示；柴油机应串接在柴油滤清器与喷油泵之间，从高压回油管和低压回油管流回的燃油应接在油耗计传感器与喷油泵之间，以免重复计量，如图 4-9 所示；电控燃油喷射汽油机应串接在燃油滤清器与燃油分配管之间，从燃油压力调节器经回油管流回燃油箱的燃油应改接在油耗计传感器与燃油分配管之间，避免重复计量，如图 4-10 所示。

②传感器的进出油管最好为透明塑料管，以便观察燃油中有无气体。供油管中有气体会导致测量误差。

测量开始前应将供油管路中的气体排净。测量中若发现油耗计传感器出油管中有气泡，应重新测量。在油耗计传感

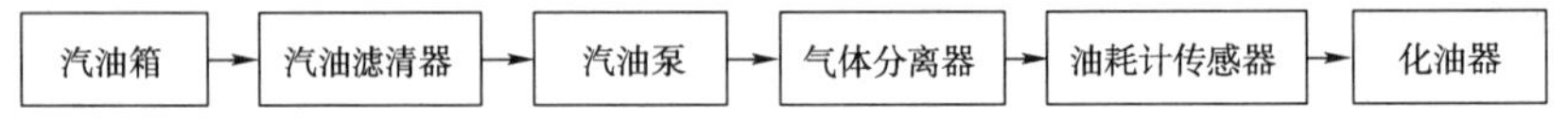

图 4-8　油耗计传感器和气体分离器在化油器式汽油机上的安装位置

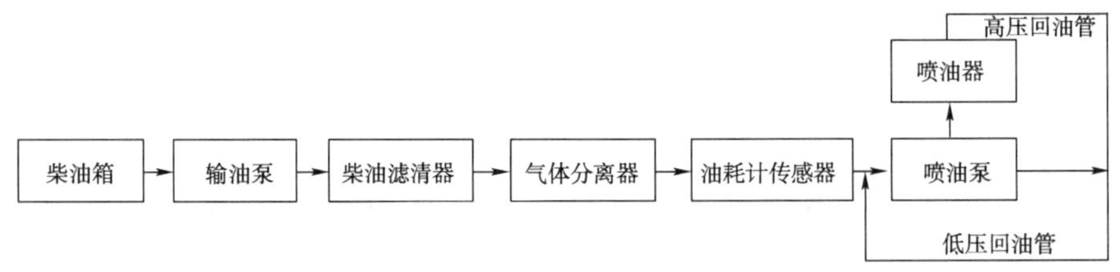

图 4-9　油耗计传感器和气体分离器在柴油机上的安装位置

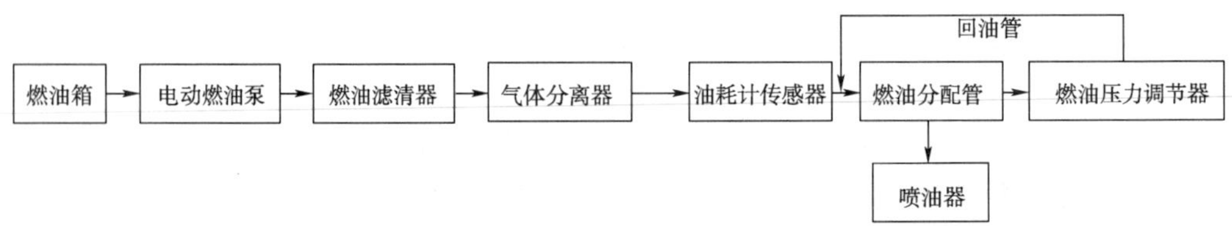

图 4-10　油耗计传感器和气体分离器在电控汽油机上的安装位置

器进口处串接气体分离器，可提高测量精度。气体分离器的安装位置见图 4-8、图 4-9 和图 4-10 所示。

(2)车用油耗计的使用方法。不同的油耗计使用方法也不相同，使用前应认真阅读使用说明书，并严格按照说明书提供的方法操作。在此仅以 ZHZ14 型汽车综合参数测试仪为例说明车用油耗计的使用方法。

①按图 4-8 或图 4-9、图 4-10 所示的方法，将油耗计与汽车燃油管连接好。

②接通电源，开机或按下"自校"键，仪器自动进入自检状态，可对面板、拨码盘、测温系统、测量系统、打印机等进行检查，并显示能否正常工作。

车用油耗计的使用方法

③按下"启动"键，仪器将自检数据清零，进入正常测量状态。此时，可按国家标准 GB/T 12545—1990《汽车燃料消耗量试验方法》规定的试验方法逐项进行检测。通过按键，仪器可显示累计行驶路程、累计油耗量、瞬时油耗量、累计时间、试验车速和燃油温度等参数。按下"打印"键，可打印测量结果。

该仪器还设置了专用试验功能，可自动完成国家标准规定的等速燃料消耗量试验和多工况燃料消耗量试验，手动完成百公里燃料消耗量试验等，测量中采用哪种方式，可通过按键选择。

④测量结束后，从汽车上拆下油耗计，将传感器内的油液排净，并注入经过加热蒸发过水分的润滑油。

车用油耗计使用一段时间后，由于传感器技术状况变化，测量精度将会下降，因此需要定期重新标定油耗计系数。通常的做法是先测定油耗计传感器的实际输油量，再与计量显示的数值进行比较，求出新的标定系数，仪器的指示误差通过确定新的标定系数而得到校正。

3.2 汽车燃料消耗量的测定

汽车燃料消耗量道路试验

汽车燃料消耗量试验方法分道路试验方法和台架试验方法两种。

3.2.1 道路试验方法

(1)试验条件：

①试验车辆载荷。除有特殊规定外，轿车为规定乘员数的一半(取整数)；城市客车为总质量的 65%；其他车辆为满载，乘员质量及其装载要求按 GB/T 12534—1990《汽车道路试验方法通则》的规定。

②试验仪器。车速测定仪器和燃料流量计精度为0.5%；计时器最小读数为0.1s。

③试验的一般规定。试验车辆必须清洁，关闭车窗和驾驶室通风口，只允许开动为驱动车辆所必须的设备；由恒温器控制的空气流必须处于正常调整状态；试验车辆必须按规定进行磨合；其他试验条件，试验车辆准备按 GB/T 12534—1990 的规定。

汽车燃料消耗量道路试验项目和方法

(2)试验项目和方法。GB/T 12545—1990《汽车燃料消耗量试验方法》确定的试验项目有：直接挡全节气门加速燃料消耗量试验、等速燃料消耗量试验、多工况燃料消耗量试验和限定条件下的平均使用燃料消耗量试验。此书仅介绍前二项，其余内容请参阅 GB/T 12545—1990《汽车燃料消耗量试验方法》。

①直接挡全节气门加速燃料消耗量试验。试验测试路段长度为500m。

汽车挂直接挡(没有直接挡可用最高挡)，以 30 ± 1km/h 的初速度行驶，稳定通过 50m 的预备段，在测试路段的起点开始，节气门全开，加速通过测试路段；测量并记录通过测试段的加速时间、燃料消耗量及汽车在测试段终点时的速度。

试验往返各进行二次，测得同方向加速时间的相对误差不大于5%；取测得四次加速时间试验结果的算术平均值作为测定值，且要符合该车技术条件的规定。

②等速行驶燃料消耗量试验。试验测试路段长度为500m。

汽车用常用挡位，等速行驶，通过 500m 的测试段，测量通过该路段的时间及燃料消耗量；试验车速从 20km/h(最小稳定车速高于 20km/h 时，从 30km/h)开始，以车速的10km/h 的整数倍均匀选取车速，直至最高车速的 90%，至少测定 5 个试验车速；同一车速往返各进行二次。

3.2.2 台架试验方法

汽车燃料消耗量台架试验方法

台架试验方法是将汽车置于底盘测功试验台上，模拟道路试验条件进行试验的一种方法。

①试验车辆载荷、试验仪器、试验的一般规定、试验车辆磨合和其他试验条件等，相同于道路试验方法。

②试验车辆应预热至正常工作温度，轮胎气压应符合汽车制造厂的规定；底盘测功试验台应预热至正常工作温度，油耗计和气体分离器的安装位置应正确，供油系气体应排除干净。

③汽车开上底盘测功试验台，落下举升器，逐挡加速至常用挡位（直接挡或超速挡），同时给滚筒加载，使车辆模拟满载等速行驶，直至达到规定试验车速。

待车速稳定后，测量不低于500m行程的燃料消耗量。连续测量2次，取其算术平均值，即为等速行驶燃料消耗量，再计算等速百公里燃料消耗量。

不管是道路试验还是台架试验，燃料消耗量的测量值均应按公式校正到标准状态下的数值。标准状态是指：气温20℃，气压100kPa，汽油密度0.742g/mL，柴油密度0.830g/mL。

4 汽车制动系的检测

4.1 制动性能的检测

根据国家标准GB 7258—2004《机动车运行安全技术条件》的规定，机动车可以用制动距离、制动减速度和制动力检测制动性能，检测设备有五轮仪、制动减速度仪和制动试验台。

汽车制动性能的检测

汽车制动性能检测分台架试验法和道路试验法两种。用五轮仪和制动减速度仪检测汽车制动性能时，需在道路试验中进行，称道路试验法。台架试验法使用制动试验台进行检测。与道路试验法相比，台架试验法具有迅速、准确、经济、安全，不受自然条件的限制，以及试验重复性好和能定量地指示出各车轮的制动力等优点，因而在国内外获得了广泛应用。

4.1.1 制动试验台的结构与工作原理

制动试验台根据不同分类方法有多种类型，按测量原理不同，可分为反力式和惯性式两类；按支承车轮形式不同，可分为滚筒式和平板式两类；按检测参数不同，可分为测制动力式、测制动距离式和多功能综合式三类；按测量装置至指示装置传递信号方式不同，可分为机械式、液压式和电气式三类；按同时能测车轴数不同，又可分为单轴式、双轴式和多轴式三类。

在上述类型中，由于测量制动力的单轴反力式滚筒制动试验台具有测试条件稳定，试验车速低，所需电机功率小，结构简单，占地少和能适应多种车型检测等优点，所以获得了广泛应用。

单轴反力式滚筒制动试验台的结构如图4-11所示。它由框架、驱动装置、滚筒装置、测量装置、举升装置和指示与控制装置等组成。

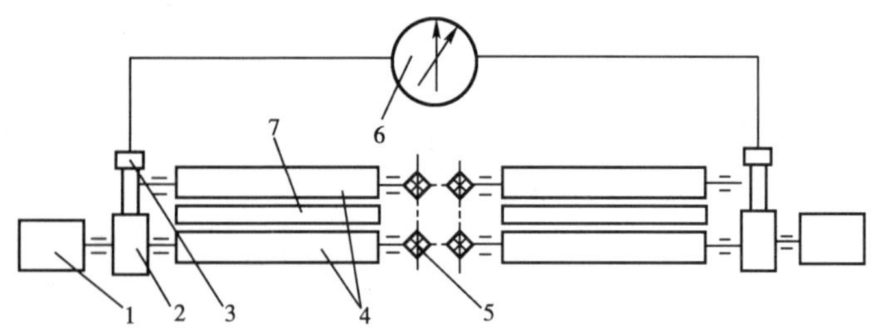

图 4-11 单轴反力式滚筒制动试验台

1-电动机;2-减速器;3-测量装置;4-滚筒装置;5-链传动;6-指示与控制装置;7-举升装置

制动试验台的结构与工作原理

驱动装置由电动机、减速器和传动链条等组成。电动机的转动通过减速器内的蜗轮蜗杆传动和一对圆柱齿轮传动后传递给主动滚筒,主动滚筒又通过链传动把动力传递给从动滚筒。减速器与主动滚筒共用一轴,减速器壳体处于浮动状态。车轮制动时,该壳体能绕轴摆动,把制动力矩传给测力杠杆。

滚筒装置由四个滚筒组成,左右各一对独立设置,滚筒相当于一个活动路面,被测车轮置于两滚筒之间,用来支承被检车轮并在制动时承受和传递制动力。

测量装置主要由测力杠杆、测力传感器等组成。测力杠杆一端与传感器连接,另一端与减速器壳体连接,装在测力杠杆前端的测力传感器,有自整角电机式、电位计式、差动变压器式或电阻应变片式等多种类型,传感器能把测力杠杆的位移或力变成反映制动力大小的电信号,送入指示与控制装置。

为了便于汽车出入试验台,在两滚筒之间设有举升装置。举升装置一般由举升器、举升平板和控制开关等组成,举升器有气压式、液压式和电动式等形式。

指示装置有电子式与计算机式之分。电子式的指示装置多配以指针式仪表,这种仪表有一轴单针式和一轴双针式两种型式,单针式只指示一个车轮的制动力,左右车轮需分别设置,双针式可同时指示左右轮制动力。计算机式指示装置多配以数字式显示器。控制装置有手动式和计算机自动式两种。

制动试验台的检测原理,将被检车左右车轮置于每对滚筒之间,用电动机通过减速器、链传动使主、从动滚筒带动车轮旋转,然后用力踩下制动踏板,车轮给滚筒一个与其转动方向相反的摩擦力矩,该力矩大小与滚筒对车轮的制动力矩相

等,并驱动浮动的减速器壳体偏转,迫使连接在减速器壳体上的测力杠杆产生位移,通过测力传感器转换成反映制动力大小的电信号,由计算机采集、处理后,指令电动机停转,并由指示装置显示。

制动力的诊断参数标准是以轴制动力占轴荷的百分比为依据的,因此必须在测得轴荷及轴制动力后才能评价轴制动性能,所以,反力式滚筒制动试验台需要配备轴重计或轮重仪,有些制动试验台本身带有内置式轴重测量装置。另外,有些试验台在两滚筒之间装有直径较小的第三滚筒,其上带有转速传感器,其作用是一旦检测时车轮制动抱死,其上的转速传感器送出的电信号可使滚筒立即停转,防止轮胎剥伤。

4.1.2 汽车制动性能的台式检测方法

不同型式的汽车制动试验台的使用方法不尽相同,使用前应详细阅读使用说明书,并严格按照说明书的要求进行操作。现以反力式滚筒制动试验台为例介绍使用方法。

汽车制动性能的台式检测方法

打开电源,按使用说明书的要求预热设备。如果指示装置为指针式仪表,检查指针是否在零位,否则应调零。

检查并清洁制动试验台滚筒。核实汽车各轴轴荷,不得超过制动试验台允许载荷。

检查并清除汽车轮胎杂物,检查汽车轮胎气压应充气至规定值。

升起制动试验台举升器。

汽车被测车轴在轴重计或轮重仪上检测完轴荷后,应尽可能沿垂直于滚筒的方向驶入制动试验台,使车轮处于两滚筒之间。

汽车停稳后变速杆置于空挡位置,行车制动器和驻车制动器处于完全放松状态,能测制动时间的试验台还应把脚踏开关套在制动踏板上。

降下举升器,至举升器平板与轮胎完全脱离为止。

如制动试验台带有内置式轴重测量装置,则应在此时测量轴荷。

起动电动机,使滚筒带动车轮转动,先测出车轮阻滞力。

用力踩下制动踏板,检测轴制动力。一般在 1.5 ~ 3.0s 后或第三滚筒(如有)发出信号后,制动试验台滚筒自动停转。

当与驻车制动器相关的车轴在制动试验台上时,检测完行车制动性能后应重新起动电动机,在行车制动器完全放松的情况下,用力拉紧驻车制动器操纵杆,检测驻车制动性能。

读取并打印检测结果。

升起举升器，驶出已测车轴，驶入下一车轴，按上述同样方法检测轴荷和制动力。

4.2 对汽车制动系的要求和检测标准

4.2.1 对汽车制动系的要求

国标对汽车制动系的要求

汽车制动系统技术状况的变化直接影响汽车行驶的安全性。GB 7258—2004《机动车运行安全技术条件》对汽车的制动性能提出了严格的要求，部分内容如下：

①机动车必须设置行车制动、应急制动和驻车制动装置，应能保证汽车行车制动、应急制动和驻车制动的其中一个或两个系统的操纵机构的任何部件失效时，仍具有应急制动功能。

②行车制动在产生最大制动作用时的踏板力，对于座位数小于或等于 9 的载客汽车应不大于 500N，对于其他车辆不大于 700N。驻车制动器用手操纵时，座位数小于或等于 9 的载客汽车应不大于 400N，其他车辆不大于 600N。驻车制动器用脚操纵时座位数小于或等于 9 的载客汽车应不大于 500N，其他车辆不大于 700N。

③液压行车制动在达到规定的制动效能时，踏板行程不得超过踏板全行程的 3/4，制动器装有自动调整间隙装置的车辆的踏板行程不得超过全行程的 4/5。驻车制动的操纵装置一般应在操纵装置全行程的 2/3 以内产生规定的制动效能，驻车制动机构装有自动调节装置时允许在全行程的 3/4 以内达到规定的制动效能。

④采用气压制动的机动车当气压升至 600kPa 且不使用制动的情况下，停止空气压缩机 3min 后，其气压的降低值应不大于 10kPa。在气压为 600kPa 的情况下，将制动踏板踩到底，待气压稳定后观察 3min，单车气压降低值不得超过 20kPa，列车气压降低值不得超过 30kPa。

⑤采用液压制动的机动车在保持踏板力为 700N 达到 1min 时，踏板不得有缓慢向地板移动的现象。

⑥气压制动系统必须装有限压装置，确保储气筒内气压不超过允许的最高气压。

⑦采用气压制动系统的机动车，发动机在 75% 的标定功率转速下，4min（汽车列车为 6min，城市铰接公共汽车和无轨电车为 8min）内气压表的指示气压应从零开始升至起步气压（未标起步气压者，按 400kPa 计）。

⑧汽车和无轨电车行车制动必须采用双管路或多管路，当部分管路失效时，剩余制动效能仍能保持原规定值的30%以上。

⑨机动车在运行过程中，不应有自行制动现象。当挂车与牵引车意外脱离后，挂车应能自行制动，牵引车的制动仍然有效。

为了保证汽车具有良好的制动性能，制动系统一般应达到：制动距离、制动力、制动减速度和制动协调时间应符合要求。制动不跑偏，不侧滑。左右轮制动力差符合规定的标准。制动系统的零部件必须十分可靠，并保证在遇到特殊情况时能够有足够的应急制动性能。

4.2.2 汽车制动性能检测标准

汽车制动性能检测标准

国家标准GB 7258—2004《机动车运行安全技术条件》在检验制动性能参数标准中有以下规定。

(1)台式检测制动性能的标准：

①行车制动性能检测。制动力要求，汽车、汽车列车在制动试验台上测出的制动力应符合表4-3的要求，对空载检测制动力有质疑时，可用表中规定的满载检验制动力要求进行检测。

台式检测制动力要求 表4-3

机动车类型	制动力总和与整车重量的百分比		轴制动力与轴荷[①]的百分比	
	空载(%)	满载(%)	前轴(%)	后轴(%)
乘用车、总质量不大于3500kg的货车	≥60	≥50	≥60[②]	≥20[②]
其他汽车、汽车列车	≥60	≥50	≥60[②]	—

表注：①用平板制动检验台检验乘用车时应按动态轴荷计算。
②空载和满载状态下测试均应满足此要求。

制动力平衡要求，在制动力增长全过程中同时测得的左右轮制动力差的最大值，与全过程中测得的该轴左右轮最大制动力大者之比，对前轴不应大于20%，对后轴(及其他轴)在轴制动力不小于该轴轴荷的60%时不应大于24%；对后轴(及其他轴)制动力小于该轴轴荷的60%时，在制动力增长全过程中同时测得的左右轮制动力差的最大值不应大于该轴轴荷的8%。

汽车的制动协调时间，对液压制动的汽车不应大于0.35s，对气压制动的汽车不应大于0.60s；汽车列车和铰接客车、铰接式无轨电车的制动协调时间不应大于0.80s。

汽车车轮阻滞力要求,车轮阻滞力是指行车和驻车制动装置处于完全释放状态,变速器置空挡位置时,试验台驱动车轮所需的作用力。汽车各车轮的阻滞力不得大于该轴轴荷的5%。

②驻车制动性能检测。当采用制动试验台检查车辆驻车制动力时,车辆空载,乘坐一名驾驶员,使用驻车制动装置,驻车制动力的总和不应小于该车在测试状态下整车重量的20%;对总质量为整备质量1.2倍以下的机动车为不小于15%。

(2)路试检测制动性能的标准。机动车行车制动性能和应急制动性能的路试检测应在平坦、硬实、清洁、干燥且轮胎与地面间的附着系数不小于0.7的混凝土或沥青路面上进行。检验时发动机应脱开。

道路试验检测汽车制动性能的标准

①行车制动性能检测。用制动距离检验行车制动性能,车辆在规定的初速度下的制动距离和制动稳定性要求应符合表4-4的规定。对空载检测的制动距离有质疑时,可用表中规定的满载检测检验制动距离要求进行。

制动距离和制动稳定性要求 表4-4

机动车类型	制动初速度(km/h)	满载检验的制动距离(m)	空载检验制动距离(m)	试验车道宽度(m)
乘用车	50	≤20.0	≤19.0	2.5
总质量不大于3500kg的低速货车	30	≤9.0	≤8.0	2.5
其他总质量不大于3500kg的汽车	50	≤22.0	≤21.0	2.5
其他汽车、汽车列车	30	≤10.0	≤9.0	3.0

用充分发出的平均减速度检验行车制动性能,汽车、汽车列车在规定的初速度下急踩制动时充分发出的平均减速度及制动稳定性要求应符合表4-5的规定,且制动协调时间对液压制动的汽车不应大于0.35s,对气压制动的汽车不应大于0.60s,对汽车列车、铰接客车和铰接式无轨电车不应大于0.80s。对空载检验时充分发出的平均减速度有质疑时,可用表中规定的满载检验平均减速度进行检测。

制动协调时间,制动协调时间是指在急踩制动踏板时,从脚接触制动踏板时至车辆减速度达到表4-5所规定的车辆充分发出的平均减速度的75%时所需的时间。

制动减速度和制动稳定性要求　　表 4-5

机动车类型	制动初速度 (km/h)	满载检验充分发出的平均减速度 (m/s^2)	空载检验充分发出的平均减速度 (m/s^2)	试验道路宽度 (m)
乘用车	50	≥5.9	≥6.2	2.5
总质量不大于3500kg 的低速货车	30	≥5.2	≥5.6	2.5
其他总质量不大于 3500kg 的汽车	50	≥5.4	≥5.8	2.5
其他汽车、汽车列车	30	≥5.0	≥5.4	3.0

道路试验检测汽车制动性能的标准

②驻车制动性能检验。在空载状态下，驻车制动装置应能保证车辆在坡度为 20%（对总质量为整备质量的 1.2 倍以下的车辆为 15%）、轮胎与路面间的附着系数不小于 0.7 的坡道上正、反两个方向保持固定不动的时间不应小于 5min。对于允许挂接挂车的汽车，其驻车制动装置必须能使汽车列车在满载状态下时能停在坡度为 12% 的坡道(坡道上轮胎与地面间的附着系数不应小于 0.7)上。

③应急制动性能检验。汽车在空载和满载状态下，按表 4-6 所列初速度进行应急制动性能检验，应急制动性能应保证在行车制动只有一处管路失效的情况下符合表 4-6 的要求。

(3)制动力完全释放时间。汽车制动完全释放时间(从松开制动踏板到制动消除所需要的时间)不应大于 0.8s。

应急制动性能要求　　表 4-6

机动车类型	制动初速度 (km/h)	制动距离 (m)	充分发出的平均减速度 (m/s^2)	允许操纵力不应大于 (N)	
				手操纵	脚操纵
乘用车	50	≤38.0	≥2.9	400	500
客车	30	≤18.0	≥2.5	600	700
其他汽车	30	≤20.0	≥2.2	600	700

5　汽车侧滑的检测

汽车前轮定位参数是影响汽车操纵性和稳定性的重要因素。汽车如果没有正确的前轮定位，将引起转向沉重、操纵困难、增加驾驶员的劳动强度，同时，转向车轮在向前滚动时将会产生横向滑移现象,即产生车轮侧滑。

检测前轮侧滑量的主要目的是为了确知前轮前束值与前轮外倾角的配合是否恰当,当二者配合恰当时,汽车前轮保持稳定的直线行驶状态。

汽车前轮定位参数的检测,有静态检测法和动态检测法两种。静态检测法是在汽车静止的状态下,用车轮定位仪对前轮定位值进行检测,已在单元三中讲述过。

汽车侧滑量的检测

动态检测法使汽车以一定的行驶速度通过侧滑试验台,从而测量转向轮的横向侧滑量。侧滑量是指汽车直线行驶位移量为 1km 时,转向轮的横向位移量。侧滑量的单位是:m/km。

汽车前轮的侧滑量主要受转向轮外倾角和转向轮前束值的影响,汽车侧滑试验台就是为检测汽车转向轮外倾角和前束值这两个参数配合是否恰当而设计的一种专门的检测设备。

5.1 汽车侧滑试验台的结构与工作原理

5.1.1 转向轮定位值引起的侧滑

经分析汽车转向轮的前束值与外倾角对其侧滑的影响比较大。

(1)转向轮前束引起的侧滑。转向轮有了前束后,在滚动过程中力图向内收拢,只是由于转向桥不可能缩短,因此,在实际滚动过程中才不至于真正向内滚拢。但由此而形成的这种内向力势必成为加剧轮胎磨损的隐患。

假设让两个只有前束而没有外倾角的转向轮向前驶过如图 4-12 所示的滑动板,可以看到左右转向轮下的滑动板在转向轮作用力的推动下,出现图 4-12 中虚线所示的分别向外侧滑移的现象。其单边转向轮的外侧滑量 S_t 为:

$$S_t = \frac{L' - L}{2}$$

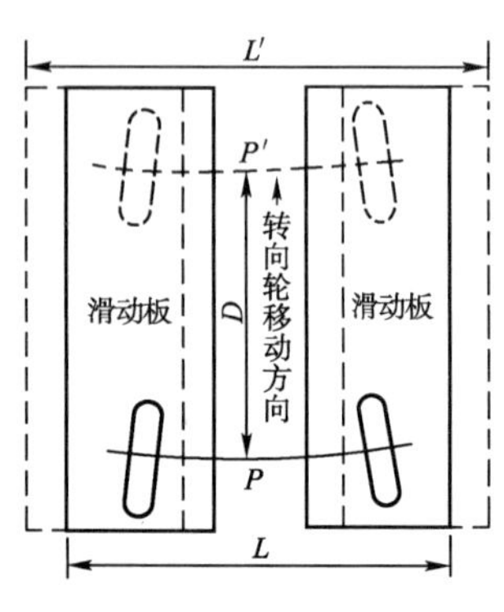

图 4-12 由车轮前束引起滑动板的侧滑

(2)转向轮外倾角引起的侧滑。转向轮外倾角的存在,在滚动过程中车轮将力图向外张开,只是由于转向桥不可能伸长,因此,在实际滚动过程中才不至于真正向外滚开。但由此而形成的这种外张力势必成为加剧轮胎磨损的隐患。

假设让两个只有外倾角而没有前束的转向轮同时向前驶过两块相对于地面可以左右滑动的滑动板,就可以看到左右

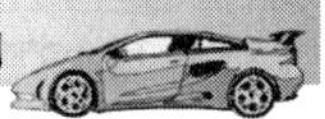

转向轮下的滑动板在转向轮外张力的作用力，出现如图 4-13 中虚线所示，将分别向内侧滑移。其单边转向轮的内侧滑量 S_c 为：

$$S_c = \frac{L' - L}{2}$$

侧滑试验台就是应用上述滑板原理来检测出转向轮的侧滑量。

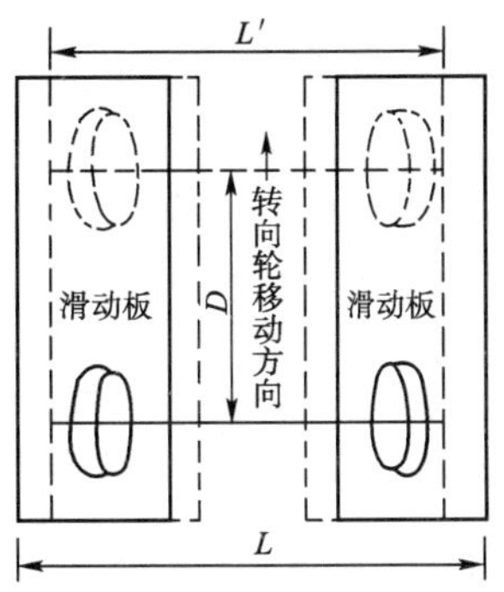

图 4-13　由车轮外倾角引起滑板的侧滑

5.1.2　滑板式侧滑试验台的结构与工作原理

汽车侧滑检验设备按其测量参数可以分为两类：一类是测量车轮侧滑量的滑板式侧滑试验台，另一类是测量车轮侧向力的滚筒式侧滑试验台。上述两种试验台都属于动态侧滑试验台。

滑板式侧滑试验台，按其结构又可分为单板式侧滑试验台和双板式侧滑试验台两种形式。前者只有一块侧滑板，检验时汽车只有一侧车轮从试验台上通过，后者有左右两块侧滑板，检验时汽车左、右车轮同时从侧滑板上通过。它们一般均由测量装置、指示装置和报警装置等组成，下面主要介绍双板式侧滑试验台。

滑板式侧滑试验台的结构与工作原理

(1)测量装置。测量装置由框架、左右两块滑动板、杠杆机构、回位装置、滚轮装置、导向装置、锁止装置、位移传感器及信号传递装置等组成。该装置能把前轮侧滑量测出并传递给指示装置。

滑动板的下部装有滚轮装置和导向装置，两滑动板之间连接有曲柄机构、回位装置和锁止装置。在侧向力作用下，两滑动板只能在左右方向上作等量同向位移，在前后方向上不能位移。

按滑动板位移量传递给指示装置方式的不同，测量装置可分为机械式和电测式两种。机械式侧滑试验台，不便于远距离传输，近年来已很少使用。电测式测量装置是把滑动板的位移量通过位移传感器变成电信号，再经过放大与处理而传输给指示装置的一种结构形式，可以借助于导线，将测量结果长距离传输，或与计算机接通，处理十分方便。

(2)指示装置。指示装置有指针式和数字式。指针式指示装置如图 4-14 所示，指示装置能把测量装置传递来的滑动板侧滑量，按汽车每行驶 1km 侧滑 1m 定为一格刻度，所以每一格代表汽车每行驶 1km 侧滑 1m。根据指针偏向 IN 或 OUT 的方向确定出侧滑方向。IN 表示向内侧滑(正前束)，OUT 表示向外侧滑(负前束)。

近年来国内各厂家生产的侧滑试验台采用数字式指示装置,多以单片机进行数据采集和处理,因而具有操作方便、运

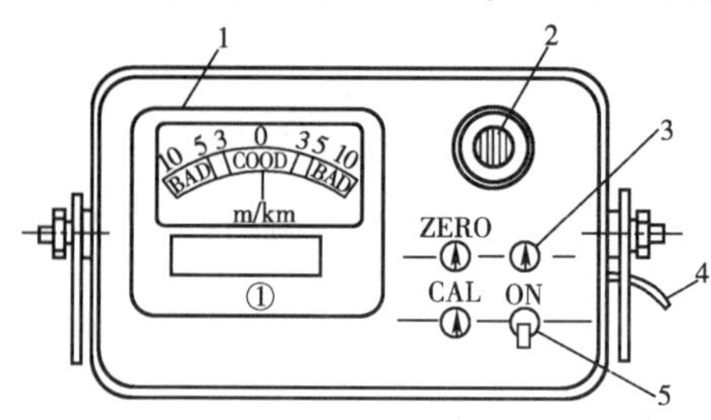

图 4-14 指针式指示装置

1-指针式表头;2-报警用蜂鸣器或信号灯;3-电源指示灯;4-导线;5-电源开关

侧滑试验台指示装置

行可靠、抗干扰性强等优点,同时还能对检测结果进行分析、判断、存储、打印和数字显示等功能。当滑动板侧滑时通过位移传感器转变成电信号,经过放大与信号处理后成为 0 ~ 5V 的模拟量,再经 A/D 转变成数字量,输入计算机运算处理,然后显示或打印出检测结果。数字式指示装置如图 4-15 所示。

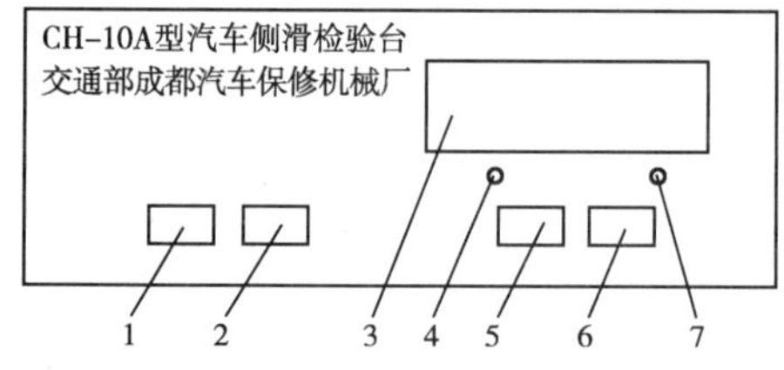

图 4-15 数字式指示装置

1-电源接通键;2-电源断开键;3-数码显示器;4-电源指示灯;5-打印键;6-复位键;7-报警灯

5.2 汽车侧滑的检测方法

侧滑试验台的型号不同,其使用方法也有所区别。在使用前一定要认真阅读使用说明书,以掌握正确的使用方法。侧滑试验台的一般使用方法如下。

汽车侧滑试验前的准备工作

(1)汽车侧滑检测前的准备工作有试验台的准备和被检汽车的准备。

①试验台的准备,打开电源开关,查看指针式仪表的指针是否在机械零点上,或查看数码管是否亮度正常并都在零位上,发现故障,及时清除;打开侧滑试验台的锁止装置,检查滑动板能否在外力作用下左右滑动自如,外力消失后回到原始位置,且指示装置指在零点。检查报警装置,并视需要进行调

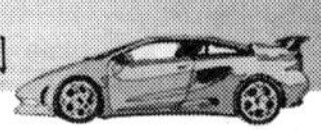

整或修理。

②被检汽车的准备，轮胎气压应符合规定；清洁轮胎上的污物；轮胎花纹深度必须符合有关规定。

(2)汽车侧滑的检测方法。拔掉滑动板的锁止销钉，检查电源；汽车以 3 ~ 5km/h 的速度垂直侧滑板驶向侧滑试验台，使前轮平稳通过滑动板；当前轮完全通过滑动板后，从指示装置上观察侧滑方向并读取最大侧滑量；检测结束后，切断电源并锁止滑动板。

汽车侧滑的检测方法

对于后轮有定位的汽车，仍可按上述方法检测后轴的侧滑量，从而诊断后轴的定位值是否失准。

国家标准 GB 7258—2004《机动车运行安全技术条件》和 CB 18565—2001《营运车辆综合性能要求和检验方法》，对汽车有关转向轮定位参数的检测作出如下一些规定：

①机动车转向轮转向后应能自动回正，以使机动车具有稳定的直线行驶能力。

②机动车前轮定位值应符合该车有关技术条件。

③机动车转向轮的横向侧滑量，用侧滑台检测时，其值应在 ±5m/km 之间。

6 汽车悬架的检测

悬架装置是汽车底盘的一个重要装置，通常由弹性元件、导向装置和减振器三部分组成。汽车悬架系统的故障将直接影响汽车的行驶平顺性、操纵稳定性和行驶安全性，悬架装置的技术状况和工作性能，对汽车整体性能有着重要影响。

汽车悬架装置工作性能的检测方法有经验法、按压车体法和试验台检测法三种类型。

汽车悬架的检测

经验法是通过人工外观检视的方法，主要从外部检查悬架装置的弹簧是否有裂纹，弹簧和导向装置的连接螺栓是否松动，减振器是否漏油、缺油和损坏等项目。

按压车体法既可以人工按压车体，也可以用试验台的动力按压车体。按压使车体上下运动，观察悬架装置、减振器和各部件的工作情况，凭经验判断其技术状况。

检测台能快速检测、诊断悬架装置工作性能，并能进行定量分析。根据激振方式不同，悬架装置检测台可分为跌落式和共振式两种类型。其中，共振式悬架装置检测台根据检测参数的不同，又可分为测力式和测位移式两种类型。

6.1 悬架检测台的工作原理与基本结构

6.1.1 悬架装置检测台的工作原理

(1)跌落式悬架装置检测台的工作原理。测试中,先通过举升装置将汽车升起一定高度,然后突然松开支撑机构,车辆落下产生自由振动。用测量装置测量车体振幅或者用压力传感器测量车轮对台面的冲击压力,对振幅或压力分析处理后,评价汽车悬架装置的工作性能。

悬架装置检测台的工作原理

(2)共振式悬架装置检测台的工作原理。如图4-16所示,通过试验台的电动机、偏心轮、蓄能飞轮和弹簧组成的激振器,迫使试验台台面及其上被检汽车悬架装置产生振动。在开机数秒后断开电机电源,从而由蓄能飞轮产生扫频激振。由于电机的频率比车轮固有频率高,因此蓄能飞轮逐渐降速的扫频激振过程总可以扫到车轮固有振动频率处,从而使台面—汽车系统产生共振。通过检测激振后振动衰减过程中力或位移的振动曲线,求出频率和衰减特性,便可判断悬架装置减振器的工作性能。

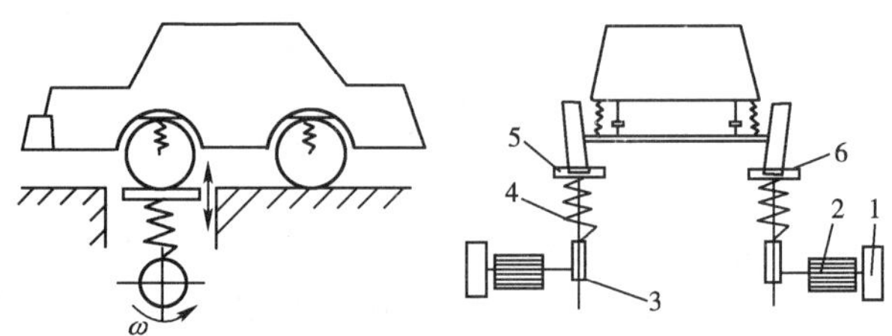

图4-16 共振式悬架检测台

1-蓄能飞轮;2-电动机;3-偏心轮;4-激振弹簧;5-台面;6-测量装置

测力式悬架装置检测台和测位移式悬架装置检测台,一个是测振动衰减过程中的力,另一个是测振动衰减过程中的位移量,它们的结构如图4-17所示。由于共振式悬架装置检测台性能稳定、数据可靠,因此应用广泛。

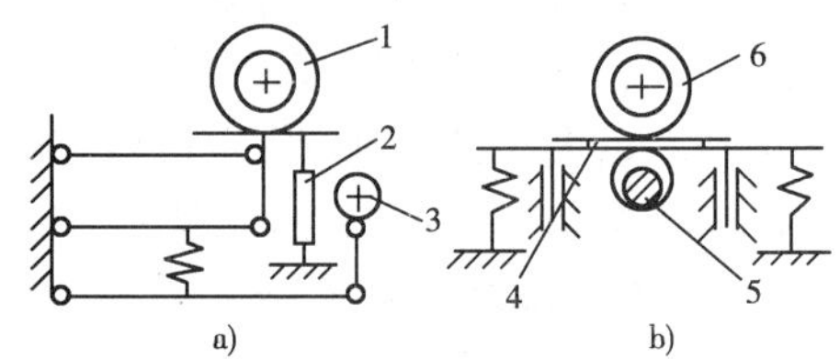

图4-17 测力式和测位移式悬架检测台结构

a)测位移式;b)测力式

1、6-车轮;2-位移传感器;3-偏心轮;4-力传感器;5-偏心轴

6.1.2 共振式悬架装置检测台的基本结构

共振式悬架装置检测台一般由机械部分和电子电器控制部分组成。

共振式悬架装置检测台的机械部分,由箱体和左右两套相同的振动系统构成,结构如图4-18所示。每套振动系统由上摆臂、中摆臂、下摆臂、支承台面、激振弹簧、驱动电机、蓄能飞轮和传感器等构成。传感器一端固定在箱体上,另一端固定在台面上。

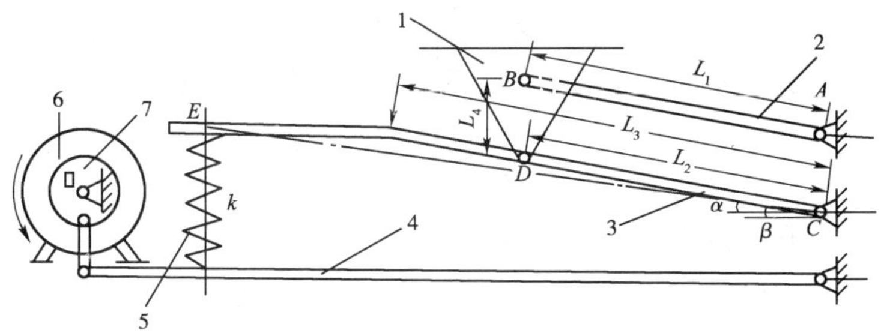

图4-18 共振式悬架检测台单轮支承结构简图

1-支承台面;2-上摆臂;3-中摆臂;4-下摆臂;5-激振弹簧;6-驱动电机;7-偏心惯性结构

共振式悬架装置检测台电子电器控制部分,主要由计算机、传感器、A/D转换器、电磁继电器及控制软件等组成。控制软件是悬架装置试验台电子电器控制部分与机械部分联系的桥梁。软件不仅实现对悬架装置试验台测试过程的控制,同时也对悬架装置试验台所采集的数据进行分析和处理,并最终将检测结果显示和打印出来。

共振式悬架装置检测台的基本结构及检测方法

6.1.3 用检测台检测悬架特性的方法

检测汽车悬架时,汽车轮胎规格、气压应符合规定值,车辆空载,不乘人。将车辆驶上悬架检测台,使轮胎位于台面的中央位置,驾驶员离车。启动检测台,使激振器迫使汽车悬挂产生振动,使振动频率增加至超过振荡的共振频率。在共振点过后,将激振源关断,振动频率减少,并将通过共振点。记录衰减振动曲线,纵坐标为动态轮荷,横坐标为时间,测量共振时动态轮荷。计算并显示动态轮荷与静态轮荷的百分比及其同轴左右轮百分比的差值。

6.2 悬架装置工作性能的诊断标准

汽车悬架装置的工作性能可以用车轮接地性指数表征,车轮接地性指数表明了悬架装置在汽车行驶中确保车轮与路面相接触的最小能力。汽车行驶中,所有车轮的接地性指数是不一样的，这是因为各轮悬架装置工作性能不一，各轮承受载荷不一，各轮气压不一等原因造成的。如果在检测台上，人为使各轮承受的载荷和轮胎气压一致，那么，车轮接地性指数就主要决定于悬架装置的工作性能。因此，完全可以用车轮接地性指数评价悬架装置的工作性能。

悬架装置工作性能的诊断标准

GB 18565—2001《营运车辆综合性能要求和检验方法》中规定：对于最大设计车速≥100km/h、轴载质量≤1500kg 的载客汽车，应用悬架检测台按规定的方法进行检测悬架特性，受检车辆的车轮在受外界激励振动下测得的吸收率，即被测汽车共振时的最小动态车轮垂直载荷与静态车轮垂直载荷的百分比值（又称车轮接地性指数），应不小于 40%，同轴左右轮吸收率之差不得大于 15%。

在欧美一些国家，悬架装置检测台已被广泛应用。在检测中，悬架检测台台板连同其上的被检汽车按正弦规律作垂直振动，激振振幅固定而频率变化。力传感器感应到车轮作用到台板上的垂直作用力，并将力信号存入存储器。当对全车所有车轮悬架装置检测完后，计算机将力信号进行分析和处理，便可获得车轮的接地性指数。

欧洲减振器制造协会（EUSAMA）推荐的评价车轮接地性指数的参考标准如表 4-7 所列，可供我国检测悬架装置工作性能时参考。

车轮接地性指数参考标准　　表 4-7

车轮接地性指数(%)	车轮接地状态	车轮接地性指数(%)	车轮接地状态
60 ~ 100	优	20 ~ 30	差
45 ~ 60	良	1 ~ 20	很差
30 ~ 45	一般	0	车轮与路面脱离

7　汽车排气的检测

随着汽车保有量增加，汽车排放的污染物是一致公认的城市大气主要污染源之一，已成为严重的社会问题。因此，检测并控制汽车排气污染物的浓度，已成为汽车检测中重要的项目。

7.1　汽车排气污染物的主要成分及其危害

7.1.1　汽车排气污染物的主要成分

汽车排气的污染物，主要是一氧化碳（CO）、碳氢化合物

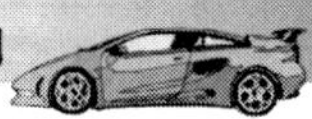

(HC)、氮氧化合物(NO_x)、硫化物(主要是 SO_2)、碳烟及其他一些有害物质。如果燃用含铅汽油,排气中的污染物还包含铅化合物。汽车排气污染物中,CO、HC、NO_x 和碳烟主要来源于汽车尾气的排放,少部分来自曲轴箱窜气,其中,部分 HC 还来自于油箱和整个供油系的蒸发与滴漏。

7.1.2 汽车排气污染物的危害

汽车排出的各种物质中,对人类形成危害的有 CO、HC、NO_x、碳烟和硫化物等。

CO 是燃料不完全燃烧的产物,是汽车尾气中最大的有害成分,是一种无色无味的有毒气体,它进入人体后极易与血液中担负输送氧气的血红蛋白结合,妨碍血红蛋白的输氧能力,造成人体各部分缺氧,引起头痛、头晕、呕吐等中毒症状,严重时甚至造成人员死亡。

汽车排气污染物的主要成分及其危害

HC 是发动机未燃尽的燃料分解出来的产物。当 HC 浓度较高时,使人出现头晕、恶心等中毒症状。而且,HC 和 NO_x 在强烈的太阳光作用下,能反应生成一种有害的光化学烟雾,这种光化学烟雾滞留在大气中,造成大气严重污染,对人的眼睛、呼吸道及皮肤均有强烈的刺激性。

NO_x 是发动机大负荷工作时,进气中的 N_2 与 O_2 在高温高压条件下反应而生成的。NO_x 主要是 NO 和 NO_2。NO 与血液中血红蛋白的亲合力比 CO 还强,通过呼吸道及肺部进入血液,使血红蛋白失去输氧能力,产生与 CO 相似的中毒后果。NO_2 侵入肺部深处的肺毛细血管,引起肺水肿,同时还能刺激眼、鼻粘膜,麻痹嗅觉等。

碳烟是柴油机燃烧不完全的产物,其内含有大量的黑色碳颗粒。碳烟能影响道路的能见度,并因含有少量的带有特殊臭味的乙醛,往往引起人们恶心和头晕。

硫化物主要为 SO_2,燃料中含有的硫与氧反应而生成。SO_2 有强烈的气味,可刺激人的咽喉与眼睛,甚至会使人中毒。若大气中含 SO_2 过多,还会形成“酸雨”,使土壤与水源酸化,影响自然界的生态平衡。

7.2 汽车排气污染物的限值及测试方法的规定

世界各国对机动车的排放控制越来越严格。我国参照世界各国标准(主要参照欧、美标准)结合我国实际情况,先后制定了多部有关汽车排气污染物限值的国家标准,对汽车排放物的控制越来越严格。目前我国制定机动车排放的法规标准主要是从两大方面考虑,一是针对汽车制造厂新车定型的型式认证和生产的一致性检查；另一是针对在用（营运）车辆。在针对在用（营运）车辆方面，2000 年 12 月 28 日国家质量技术监督局发布了 GB 18285—2000《在用汽车排气污染物限值及测试方法》，该标准 2001 年 7 月 1 日开始实施；2001 年 12 月 13 日国家质量监督检验检疫总局发布了 GB 18565—2001《营运车辆综合性能要求和检验方法》，该标准 2002 年 8 月 1 日起实施。

GB 18285—2000《在用汽车排气污染物限值及测试方法》对在用汽车排气的试验（测试）分类、试验（测试）方法和排气污染物限值作了明确的规定。

7.2.1　排气污染物试验分类及试验方法

汽车排气污染物试验分类和试验方法

（1）车辆分类和使用标准：

①车辆分类。GB 18285 引用 GB/T 15089—1994《机动车辆分类》，将机动车分为 M、N、M_1 和 N_1 等类型。M 类是指载客车辆；N 类是指载货车辆；M_1 类是指车辆设计乘员数（含驾驶员）不超过 6 人，且车辆的最大总质量不超过 2500kg 的车辆；N_1 类是指载货车辆，且还包括设计乘员数（含驾驶员）超过 6 人，或车辆的最大总质量超过 2500kg 但不超过 3500kg 的 M 类车辆。

②试验使用标准。GB 18285 根据发动机的着火形式将试验分为：装配点燃式发动机的车辆试验和装配压燃式发动机的车辆试验。

装配点燃式发动机的车辆试验，按 GB 14761—1999《汽车排放污染物限值及测试方法》通过 B 类论证的 M_1 类车辆和 N_1 类车辆进行双怠速试验或加速模拟工况（ASM）试验；其他 M、N 类车辆进行怠速试验（B 类论证是对新车定型的一种论证，详细内容请查阅 GB 14761—1999）。

装配压燃式发动机的车辆试验，按 GB 14761—1999《汽车排放污染物限值及测试方法》通过 C 类论证的车辆进行自由加速排气可见污染物试验；其他车辆进行自由加速烟度试验（C 类论证也是一种对新车型的论证，详细内容请查阅 GB 14761—1999）。

（2）汽车排气污染物的试验方法：

①怠速试验方法（引用 GB/T 3845—1993《汽油车排气污染物的测量 怠速法》）的测量仪器采用不分光红外线吸收型（NDIR）监测仪，取样软管长 0.5m，取样探头长度不小于 600mm。

发动机从怠速加速至 0.7 额定转速，维持运转 60s 后，降

至怠速状态。将取样探头插入排气管中，深度为400mm，并固定在排气管上。怠速运转15s后开始读数，读取30s内的最高值和最低值，其平均值即为测量结果。若为多排气管时，取各排气管测量结果的算术平均值。

②双怠速试验方法（引用GB/T 3845—1993附录C）如下：

发动机从怠速加速至0.7额定转速，维持运转60s后，降至高怠速（0.5额定转速），将尾气分析仪的取样探头插入排气管中，深度为400mm，并固定在排气管上。发动机在高怠速状态维持15s后开始读数，读取30s内的最高值和最低值，平均值即为其高怠速排放的结果。

汽车排气污染物的试验方法

紧接着，将发动机从高怠速降至怠速，在怠速状态维持15s后开始读数，读取30s内的最高值和最低值，平均值即为其怠速排放的结果。

若发动机有多个排气管，分别取各排气管高怠速和怠速排放测量结果的平均值。

③加速模拟工况（ASM）试验方法（GB 18285—2000附录A）试验由ASM5025和ASM2540两个工况试验组成。

车辆驱动轮位于测功机滚筒上，将分析仪取样探头插入排气管中，深度为400mm，并固定于排气管上。对独立工作的多排气管应同时取样。

ASM5025工况试验：车辆经预热后，加速至25km/h，测功机以车辆速度为25km/h，加速度为1.475m/s^{2}时的输出功率的50%作为设定功率对车辆加载。车辆保持25km/h等速，维持10s后开始记时，25s后分析仪开始测量，每秒测量一次，并根据稀释修正系数及湿度修正系数计算10s内的排放平均值。运行90s该试验工况结束。

在25s至90s的测量过程中，任意10s内第一秒至第十秒的车速变化相对于第一秒小于±0.5km/h，测试结果有效。任意10s内的十次排放平均值经修正后如果满足限值的要求，则试验结束；否则应进行下一工况（ASM2540）试验。

ASM2540工况试验：ASM5025工况试验结束后，车辆立即从25km/h加速至40km/h，测功机以车辆速度为40km/h，加速度为1.475m/s^{2}时的输出功率的25%作为设定功率对车辆加载。车辆保持40km/h等速，维持10s后开始记时，25s后分析仪开始测量，每秒测量一次，并根据稀释修正系数及湿度修正系数计算10s内的排放平均值。运行90s该试验工况结束。

在25s至90s的测量过程中，任意10s内第一秒至第十秒的车速变化相对于第一秒小于±0.5km/h，测试结果有效。任意10s内的十次排放平均值经修正后如果满足限值的要求，则试验结束；否则应进行复检试验。

复检试验：第一次试验如不合格，可进行复检试验。按照试验程序及试验结果判定方法连续进行ASM5025和ASM2540工况试验，工况时间延长至145s，总试验时间为290s。复检试验后，如两个工况测试结果经修正后均满足要求，则测试结果合格；否则测试结果不合格。

④自由加速烟度试验方法（引用GB/T 3846—1993《柴油车自由加速烟度的测量 滤纸烟度法》）规定了道路用柴油车在自由加速工况下，排气中烟度的测量。自由加速工况是指柴油机处于怠速工况，将加速踏板迅速踩到底，维持4s后松开。

汽车自由加速烟度和排气可见污染物试验

在自由加速工况下，从发动机排气管抽取规定长度的排气柱所含的碳烟，使规定面积的清洁滤纸染黑的程度，称为自由加速滤纸式烟度，以符号 S_F 表示，单位为FSN（Filter Smoke Number）。

自由加速烟度试验采用滤纸式烟度计进行测量，其技术参数和要求应符合HJ/T4—1993的规定。

自由加速烟度测量步骤如下：

a. 安装取样探头，用压力为300～400kPa的压缩空气清洗取样管路，将取样探头固定于排气管内，插入300mm，其中心线与排气管轴线平行。

b. 将抽气泵置于待抽气位置，将洁白滤纸放入取样泵夹紧。

c. 抽气泵开关置于加速踏板上，使抽气动作和自由加速同步进行。

d. 每次抽气完毕，把烟样送至试样台，由指示器读出烟度值。

e. 应于20s内完成上述b～d所规定的步骤。

f. 测量规程按图4-19进行，共测量4次，取后3次烟度值的算术平均值为所测烟度值，当黑烟冒出的时间和抽气泵开始抽气的时间不同步时，应取后3次测量的最大值。

⑤自由加速排气可见污染物试验（GB 18285—2000附录B）。使用取样式不透光度仪进行测量（取样式不透光度仪的技术要求和使用方法，请参阅GB 3847—1999《压燃式发动机和装用压燃式发动机的车辆排气可见污染物限值及测试方

法》和有关说明书）。

其测量程序如下：

a. 车辆在发动机怠速下，按要求插入不透光度仪取样探头。

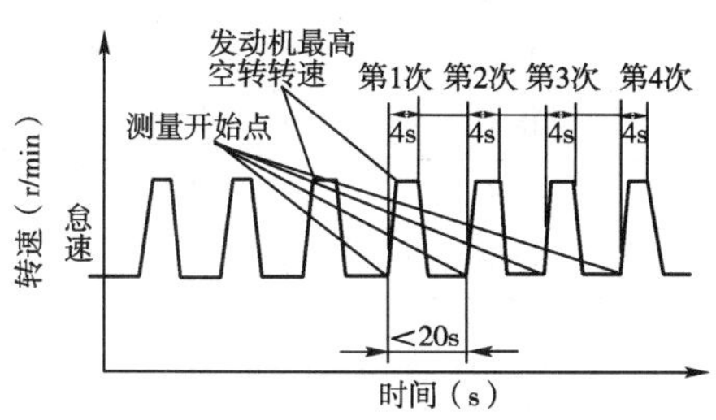

图 4-19 自由加速烟度测量规程

汽车自由加速排气可见污染物试验

b. 迅速但不猛烈地踏下加速踏板，使喷油泵供给最大油量。在发动机达到调速器允许的最大转速前，保持此位置。一旦达到最大转速，立即松开加速踏板，使发动机恢复至怠速，不透光度仪恢复到相应状态。

c. 重复 b 操作过程至少 6 次，记录不透光度仪的最大读数值。如果读数值连续 4 次均在 $0.25m^{-1}$ 的带宽内，并且没有连续下降趋势，则记录值有效。

d. 计算 4 次测量结果的算术平均值。

7.2.2 汽车排气污染物的限值

（1）装配点燃式发动机的车辆进行双怠速试验排气污染物限值如表 4-8 所示。

装配点燃式发动机的车辆双怠速试验排气污染物限值 表 4-8

车辆类型	怠速		高怠速	
	CO(%)	HC(10^{-6})①	CO(%)	HC(10^{-6})①
2001 年 1 月 1 日以后上牌照的 $M_1$②类车辆	0.8	150	0.3	100
2002 年 1 月 1 日以后上牌照的 $N_1$③类车辆	1.0	200	0.5	150

双怠速试验排气污染物限值

表注：①HC 容积浓度值按正己烷当量。

②M_1 指车辆设计乘员数（含驾驶员）不超过 6 人，且车辆的最大总质量不超过 2500kg。

③N_1 还包括设计上乘员数（含驾驶员）超过 6 人，或车辆的最大总质量超过 2500kg 但不超过 3500kg 的 M 类车辆。

（2）装配点燃式发动机的车辆进行加速模拟工况试验排气污染物限值如表 4-9 所示。

装配点燃式发动机的车辆加速模拟工况试验排气污染物限值　　表 4-9

车辆类型	基准质量 RM (kg)	ASM5025			ASM2540		
		HC(10^{-6})①	CO(%)	NO(10^{-6})	HC(10^{-6})①	CO(%)	NO(10^{-6})
2001 年 1 月 1 日以后上牌照的 $M_1$② 类车辆	<1050	260	2.2	2500	260	2.4	2300
	<1250	230	1.8	2200	230	2.2	2050
	<1470	190	1.5	1800	190	1.8	1650
	<1700	170	1.3	1550	170	1.5	1400
	<1930	150	1.1	1350	150	1.3	1250
	<2150	130	1.0	1200	130	1.2	1100
	<2500	120	0.9	1050	120	1.1	1000
2002 年 1 月 1 日以后上牌照的 $N_1$③ 类车辆	<1050	260	2.2	2500	260	2.4	2300
	<1250	230	1.8	2200	230	2.2	2050
	<1470	250	2.3	2700	250	3.2	2600
	<1700	190	2.0	2350	190	2.7	2200
	<1930	220	2.1	2800	220	2.9	2600
	<2150	200	1.9	2500	200	2.6	2300
	<2500	180	1.7	2250	180	2.4	2050
	<3500	160	1.5	2000	160	2.1	1800

表注:①HC 容积浓度值按正己烷当量。

②M_1 指车辆设计乘员数(含驾驶员)不超过 6 人,且车辆的最大总质量不超过 2500kg。

③N_1 还包括设计上乘员数(含驾驶员)超过 6 人,或车辆的最大总质量超过 2500kg 但不超过 3500kg 的 M 类车辆。

(3)装配点燃式发动机的车辆进行怠速试验排气污染物限值如表 4-10 所示。

装配点燃式发动机的车辆怠速试验排气污染物限值　表 4-10

车辆类型	轻型车		重型车	
	CO(%)	HC(10^{-6})①	CO(%)	HC(10^{-6})①
1995 年 7 月 1 日以前生产的在用汽车	4.5	1200	5.0	2000
1995 年 7 月 1 日起生产的在用汽车	4.5	900	4.5	1200

表注:①HC 容积浓度值按正己烷当量。

(4)装配压燃式发动机的车辆进行自由加速试验排气可见污染物限值如表 4-11 所示。

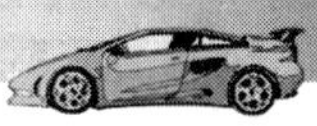

装配压燃式发动机的车辆自由加速试验排气可见污染物限值　　表 4-11

车辆类型	光吸收系数(m^{-1})
2001 年 1 月 1 日以后上牌照的在用车	2.5
2001 年 1 月 1 日以后上牌照的装配废气涡轮增压器的在用车	3.0

(5)装配压燃式发动机的车辆进行自由加速试验烟度排放限值如表 4-12 所示。

装配压燃式发动机的车辆自由加速试验烟度排放限值　　表 4-12

车辆类型	烟度值(Rb)
1995 年 7 月 1 日以前生产的在用车	4.7
1995 年 7 月 1 日起生产的在用车	4.0

7.3 汽车排气污染物的检测

7.3.1 汽油车排气污染物的检测

GB/T 3845—1993《汽油车排气污染物的测量 怠速法》规定汽油车排气污染物检测时，应采用不分光红外线分析仪(NDIR)，并对检测工况和检测程序进行了具体规定。

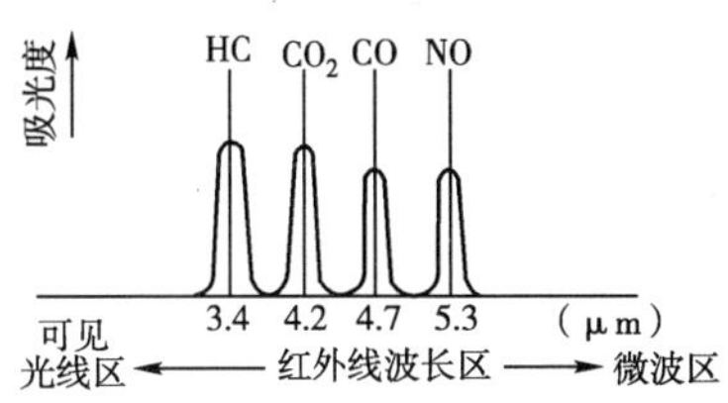

图 4-20 四种气体吸收红外线的情况

(1)基本检测原理。汽车排气中的 CO、HC、NO 和 CO_2 等气体，对红外线分别具有吸收一定波长的性质，而且红外线被吸收的程度与废气浓度之间有一定的关系，如图 4-20 所示。不分光红外线分析法就是根据这一原理，即废气吸收一定波长红外线能量的变化，来检测废气中各种污染物的含量。在各种气体混在一起的情况下，这种检测方法具有测量值不受影响的特点。

利用不分光红外线分析法制成的分析仪，既可以制成单独检测 CO 或 HC 含量的单项分析仪，也可以制成能测量这两种气体含量的综合分析仪。排气中 CO 的浓度是直接测量的，而排气中 HC 的成分非常复杂，因此要把各种 HC 成分的浓度换算成正己烷($n-C_6H_{14}$)的浓度后再作为 HC 浓度的测量值。

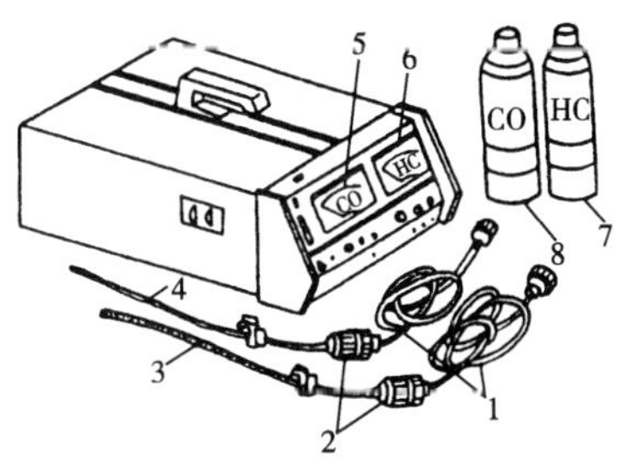

图 4-21 不分光红外线气体分析仪

1-导管;2-滤清器;3-低浓度取样探头;4-高浓度取样探头;5-CO 指示仪表;6-HC 指示仪表;7-标准 HC 气样瓶;8-标准 CO 气样瓶

(2)不分光红外线气体分析仪的结构与工作原理。不分光红外线气体分析仪，是一种能够从汽车排气管中采集气样，并对其中所含 CO 和 HC 的浓度进行连续测量的仪器。图 4-21 为分析仪的外形图。它由废气取样装置、废气分析装置、废气浓度指示装置和校准装置等组成。

废气取样装置由取样探头、滤清器、导管、水分离器和泵等组成。它通过取样探头、导管和泵从车辆排气管里采集废气，再用滤清器和水分离器把废气中的碳渣、灰尘和水分等除掉，只把废气送入分析装置。

按传感器形式不同，废气分析装置可分为电容微音器式和半导体式等不同形式。废气分析装置由红外线光源、气样室、旋转扇轮（截光器）、测量室和传感器等组成。该装置按照不分光红外线分析法，从来自取样装置的混有多种成分的废气中，测量出 CO 和 HC 的浓度，并以电信号形式输送给废气浓度指示装置。

不分光红外线气体分析仪的结构与工作原理

综合式气体分析仪的浓度指示装置，主要由 CO 指示装置和 HC 指示装置组成，有指针式仪表和数字式显示器两种类型。从废气分析装置送来的电信号，在 CO 指示仪表上 CO 的浓度以体积百分数（%）表示；在 HC 指示仪表上 HC 浓度以正己烷当量体积的百万分数（10^{-6}）表示。

指针式气体分析仪如图 4-22，可利用零点调整旋钮、标准调整旋钮和读数挡位转换开关等进行控制。此外，还可以通过气流通道一端设计的流量计，得知废气通道滤清器是否脏污等异常情况。

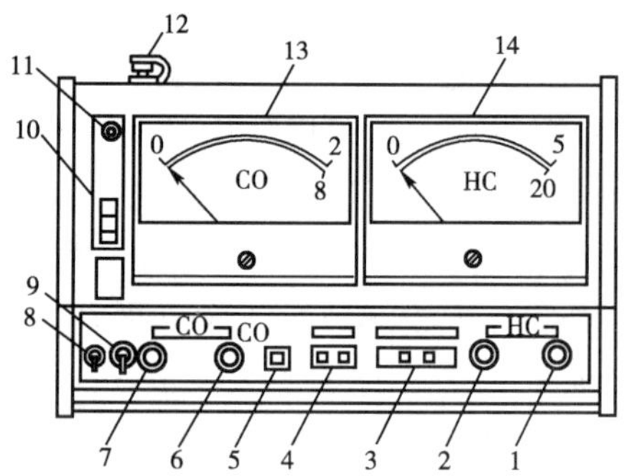

图 4-22 不分光红外线气体分析仪面板图

1-HC 标准调整旋钮；2-HC 零点调整旋钮；3-HC 读数转换开关；4-CO 读数转换开关；5-简易校准开关；6-CO 标准调整开关；7-CO 零点调整开关；8-电源开关；9-泵开关；10-流量计；11-电源指示灯；12-标准气样注入口；13-CO 指示仪表；14-HC 指示仪表

校准装置是一种为了保持分析仪的指示精度，使之能准确指示测量值的装置。在此装置中，往往既设有用加入标准气样进行校准的装置，也设有用机械方式简易校准的装置。

标准气样校准装置是把分析仪生产厂附带来的供校准用的标准气样（CO 和 HC），从分析仪上专设的标准气样注入口直接送到废气分析装置，再通过比较标准气样浓度值和仪表指示值的方法来进行校准的一种装置。

简易校准装置通常是用遮光板把废气分析装置中通过测量气样室的红外线遮挡住一部分，用减少一定量红外线能量的方法进行简单校准的装置。

(3)汽油车排气污染物的检测方法。按照 GB/T 3845—1993《汽油车排气污染物的测量 怠速法》的规定，汽油车怠速污染物的检测应在怠速工况下，采用不分光红外线气体分析仪，按规定程序检测 CO 和 HC 的浓度值。双怠速试验按 GB/T 3845—1993《汽油车排气污染物的测量 怠速法》附录 C 的规定进行。

怠速工况是指发动机运转；离合器处于接合位置；加速踏板与手控供油杆处于松开位置；变速器处于空挡位置；采用化油器的供油系统，其阻风门处于全开位置。

汽油车排气污染物的检测方法

①检测仪器的准备工作，按仪器使用说明书的要求做好各项检查工作。接通电源，对气体分析仪预热 30min 以上。用标准气样校准仪器，先让气体分析仪吸入清洁空气，用零点调整旋钮把仪表指针调整到零点，然后把标准气样从标准气样注入口注入，再用标准调整旋钮把仪表指针调到标准指示值。注意：在灌注标准气样时，要关掉气体分析仪上的泵开关。

CO 校准的标准值就是标准气样瓶上标明的 CO 浓度值；HC 校准的标准值，由于是用丙烷作为标准气样，因而要按下式求出正己烷的换算值作为校准的标准值：

校准的标准值(即正己烷换算值) = 标准气样(丙烷)浓度 × 换算系数

式中：标准气样(丙烷)浓度——标准气样瓶上标明的浓度值；

换算系数——气体分析仪的给出值，一般为 0.472 ~ 0.578。

用简易装置校准仪器，先接通简易校准开关，对于有校准位置刻度线的仪器，可用标准调整旋钮将仪表指针调整到正对标准刻度线位置。对于没有标准刻度线的仪器，要在标准气样校准后立即进行简易校准，使仪表指针与标准气样校准后的指示值重合。

把取样探头和取样导管安装到气体分析仪上，此时如果仪表指针超过零点，则表明导管内壁吸附有较多的 HC，需要用压缩空气或布条等清洁取样探头和导管。

②受检车辆或发动机的准备工作，进气系统应装有空气滤清器，排气系统应装有排气消声器，并不得有泄漏。汽油应符合国家标准的规定。测量时发动机冷却水和润滑油温度应达到汽车使用说明书所规定的热状态。

③怠速测量程序如下:必要时在发动机上安装转速计、点火定时仪、冷却水和润滑油测温计等测试仪器。

发动机由怠速工况加速至 0.7 额定转速,维持 60s 后降至怠速状态。

发动机降至怠速状态后,将取样探头插入排气管中,深度等于 400mm,并固定于排气管上。

先把指示仪表的读数转换开关打到最高量程挡位,再一边观看指示仪表,一边用读数转换开关选择适于排气含量的量程挡位。发动机在怠速状态维持 15s 后开始读数,读取 30s 内的最高值和最低值,其平均值即为测量结果。

若为多排气管时,取各排气管测量结果的算术平均值。

测量工作结束后,把取样探头从排气管里抽出来,让它吸入新鲜空气 5min,待仪器指针回到零点后再关闭电源。

汽油车排气污染物的检测方法

④双怠速测量程序如下:必要时在发动机上安装转速计、点火定时仪、冷却水和润滑油测温计等测试仪器。

发动机由怠速工况加速至 0.7 额定转速,维持 60s 后降至高怠速(即 0.5 额定转速)。

发动机降至高怠速状态后,将取样探头插入排气管中,深度等于 400mm,并固定于排气管上。

先把指示仪表的读数转换开关打到最高量程挡位,再一边观看指示仪表,一边用读数转换开关选择适于排气含量的量程挡位。发动机在高怠速状态维持 15s 后开始读数,读取 30s 内的最高值和最低值,取平均值即为高怠速排放测量结果。

发动机从高怠速状态降至怠速状态,在怠速状态维持 15s 后开始读数,读取 30s 内的最高值和最低值,其平均值即为怠速排放测量结果。

若为多排气管时,分别取各排气管高怠速排放测量结果的算术平均值和怠速排放测量结果的算术平均值。

测量工作结束后,把取样探头从排气管里抽出来,让它吸入新鲜空气 5min,待仪器指针回到零点后再关闭电源。

7.3.2 柴油车排气污染物的检测

GB/T 3846—1993《柴油车自由加速烟度的测量 滤纸烟度法》规定柴油车排气烟度检测时,应采用滤纸式烟度计,并对检测工况和测量程序进行了具体规定。

(1)柴油车排气污染物检测的基本原理。滤纸式烟度计的测量原理是,用一个活塞式抽气泵,从柴油机排气管中抽取一定容积的废气,使它通过一张一定面积的白色滤纸,废气中

的碳烟存留在滤纸上，使其染黑。用检测装置测定滤纸的染黑度，再由指示装置指示出来。该染黑度即代表柴油车的排气烟度。

(2)滤纸式烟度计的结构与工作原理。滤纸式烟度计是应用最广的烟度计之一，有手动、半自动和全自动三种形式。其结构都是由废气取样装置、染黑度检测与指示装置和控制装置等组成，如图4-23所示。

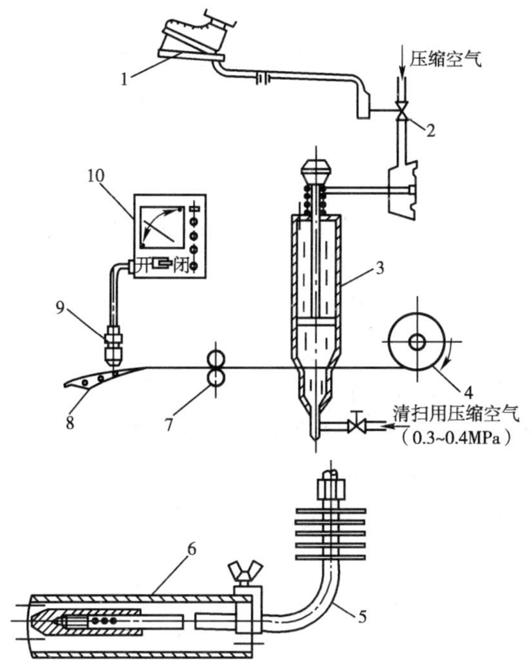

图4-23 滤纸式烟度计结构简图

1-脚踏开关；2-电磁阀；3-抽气泵；4-滤纸卷；5-取样探头；6-排气管；7-滤纸进给机构；8-染黑的滤纸；9-光电传感器；10-指示仪表

柴油车排气污染物的检测

废气取样装置由取样探头、活塞式抽气泵和取样软管等组成。

取样探头分台架试验用和整车试验用两种形式。整车试验用取样探头带有散热片，其上装有夹具以便固定在排气管上。取样探头在活塞式抽气泵的作用下抽取废气，其结构形状应能保证在取样时不受排气动压的影响。

活塞式抽气泵由活塞泵、手柄、回位弹簧、锁止装置、电磁阀和滤纸夹持机构等组成。取样前，手动或自动压下抽气泵手柄，直至克服复位弹簧的张力使活塞到达最下端，并由锁止机构锁紧。当需要取样时，踩下脚踏开关或按下“手动抽气”按钮，可操纵电磁阀使压缩空气解除锁止机构对活塞的锁紧作用，活塞在复位弹簧张力作用下上升到顶端，完成取样过程。

滤纸夹持机构在取样时实现对滤纸的夹紧和密封，使取样过程中的排气经滤纸进入泵筒内，碳烟存留在滤纸上并将其染黑，并能保证滤纸的有效工作面直径为 ϕ32mm。取样完成后，滤纸夹持机构松开，染黑的滤纸由滤纸进给机构送至染黑度检测装置。

取样软管把取样探头和活塞式抽气泵连接在一起，由于泵的抽气量与软管的容积有关，国标规定，取样软管长度为5.0m，内径为 $\phi5_{-0.2}$mm，取样系统局部内径不得小于 ϕ4mm。

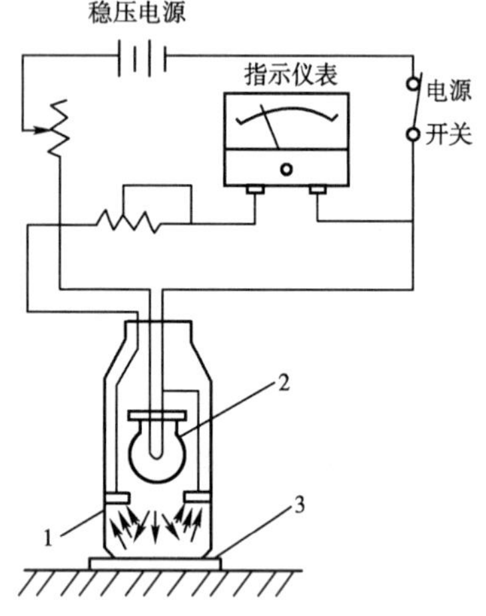

图 4-24　污染度指示装置原理图
1-光电元件；2-电灯泡；3-滤纸

染黑度检测与指示装置由光电传感器、指示仪表或数字式显示器、滤纸和标准烟样等组成。光电传感器由光源（白炽灯泡）、光电元件（环形硒光电池）等组成。其工作原理如图 4-24 所示。电源接通后白炽灯泡发亮，其光亮通过带有中心孔的环形硒光电池照射到滤纸上，当滤纸的染黑度不同时，反射给环形硒光电池感光面的光线强度也不同，因而环形硒光电池产生的光电流强度也就不同。

指示电表是一块微安表，是滤纸染黑度亦即排气烟度的指示装置。当环形硒光电池送来的光电流强度不同时，指示仪表指针的位置也不同。指示表头以 $R_b0 \sim R_b10$ 表示。其中，0 是全白滤纸的 R_b 单位，10 是全黑滤纸的 R_b 单位，从0 ~ 10 均匀分布。

检测装置一般都备有供标定或校准用的标准烟样和符合规定的滤纸。标准烟样也称为烟度卡，应在烟度计上标定，精确度为0.5%。当标准烟样用于标定烟度计时，按量程均匀分布不得少于 6 张；当用于校准烟度计时，每台烟度计 3 张，标定值选在 R_b5 左右。当烟度计指示仪表需要校准时，只要把标准烟样放在光电传感器下，用调节旋钮把指示电表的指针调整到标准烟样所代表的染黑度数值即可达到目的。这可使指示仪表保持指示精度，以得出准确的测量结果。烟度计必须定期标定，在有效期内方可使用。

滤纸有带状和圆片状两种。带状滤纸在进给机构的作用下能实现连续传送，适用于半自动式和全自动式烟度计。圆片状滤纸，仅适用于手动式烟度计。

控制装置包括用脚操纵的抽气泵电磁脚踏开关、滤纸进给机构和压缩空气清洗机构等。压缩空气清洗机构能在废气取样前，用压缩空气清洗取样探头和取样软管内的残留废气碳粒。

（3）柴油车自由加速烟度的检测方法如下：按 GB/T

3846—1993《柴油车自由加速烟度的测量 滤纸烟度法》规定，柴油车自由加速烟度的检测应在自由加速工况下，采用滤纸式烟度计，按测量规程进行。

自由加速工况是指，柴油发动机于怠速工况（发动机运转，离合器处于接合位置，加速踏板与手控供油杆处于松开位置，变速器处于空挡位置，具有排气制动装置的发动机，蝶形阀处于全开位置），将加速踏板迅速踏到底，维持4s后松开。

柴油车自由加速烟度的检测

①检测的仪器准备工作，通电前，检查指示仪表指针是否在机械零点上，否则用零点调整螺钉使指针与“0”的刻度重合。接通电源，仪器进行预热。打开测量开关，在检测装置上垫10张全白滤纸，调节粗调及微调电位器，使表头指针与“0”的刻度重合。在10张全白滤纸上放上标准烟样，并对准检测装置，仪表指针应指在标准烟样的染黑度数值上，否则应进行调节。检查取样装置和控制装置中各部机件的工作情况，特别要检查脚踏开关与活塞抽气泵动作是否同步。检查控制用压缩空气和清洗用压缩空气的压力是否符合要求。检查滤纸进给机构的工作情况是否正常。检查滤纸是否合格，应洁白无污。

②检测的受检车辆准备工作，进气系统应装有空气滤清器，排气系统应装有消声器并且不得有泄漏。柴油应符合国家规定，不得使用燃油添加剂。测量时发动机的冷却水和润滑油温度应达到汽车使用说明书所规定的热状态。

③柴油车自由加速烟度测量程序：用压力为0.3～0.4MPa的压缩空气清洗取样管路。

把抽气泵置于待抽气位置，将洁白的滤纸置于待取样位置，将滤纸夹紧。

将取样探头固定于排气管内，插入深度等于300mm，并使其轴线与排气管轴线平行。

将脚踏开关引入汽车驾驶室内，但暂不固定在加速踏板上。

按照自由加速工况的规定加速3次，以清除排气系统中的积存物。然后，把脚踏开关固定在加速踏板上，进行实测。

测量取样，按照自由加速工况的规定和图4-19所示自由加速烟度测量规程，将加速踏板与脚踏开关一并迅速踩到底，持续4s后立刻松开，维持怠速运转，循环测量4次，取后3个循环烟度读数的算术平均值作为所测烟度值。

当汽车发动机出现黑烟冒出排气管的时间与抽气泵开始抽气的时间不同步现象时，应取最大烟度值作为所测烟度值。

在被染黑的滤纸上记下试验序号、试验工况和试验日期等，以便保存。

检测结束，及时关闭电源和气源。

7.3.3 欧洲排放标准

(1)概述。欧洲排放标准是由欧洲经济委员会(ECE)的排放法规和欧共体(EEC)的排放指令共同加以实现的，欧共体(EEC)即是现在的欧盟(EU)。排放法规由ECE参与国自愿认可，排放指令是EEC或EU参与国强制实施的。汽车排放的欧洲法规(指令)标准1992年前已实施若干阶段，欧洲从1992年起开始实施欧I(欧I型式认证排放限值)，1996年起开始实施欧II(欧II型式认证和生产一致性排放限值)，2000年起开始实施欧III(欧III型式认证和生产一致性排放限值)，2005年起开始实施欧IV(欧IV型式认证和生产一致性排放限值)。

欧洲汽车排放标准

欧洲标准是我国借鉴的汽车排放标准，目前国产新车都会标明发动机废气排放达到的欧洲标准。我国新车常用的欧II和欧III标准等术语，是指当年EEC颁发的排放指令。例如适用于重型柴油车(质量大于3.5t)的指令"EEC88/77"分为两个阶段实施，阶段A(即欧I)适用于1993年10月以后注册的车辆；阶段B(即欧II)适用于1995年10月以后注册的车辆。

汽车排放的欧洲法规(指令)标准的内容包括新开发车的型式认证试验和现生产车的生产一致性检查试验，从欧III开始又增加了在用车的生产一致性检查。

汽车排放的欧洲法规(指令)标准的计量是以汽车发动机单位行驶距离的排污量(g/km)计算，因为这对研究汽车对环境的污染程度比较合理。同时，欧洲排放标准将汽车分为总质量不超过3500kg(轻型车)和总质量超过3500kg(重型车)两类。轻型车不管是汽油机或柴油机车，整车均在底盘测功机上进行试验。重型机由于车重，则用所装发动机在发动机台架上进行试验。

2000年执行的欧III排放法规，对HC和NO_x分别给出限值，在欧II基础上将其限值再降低1/2，排气测量方法改为发动机起动后立即采样，同时更加严格对HC、CO的限制。以前的方法都是在发动机起动后40s才开始采样，而70%的HC都是在起动后125s内生成的，原来起动后40s内不采样，使冷起动时约有30%的排放污染物未被测到；还新增如低温冷起动排放试验、LPG/NG汽车排放试验、8万km内的在用

车工况法排放一致性检查、替代用催化器的认证试验等项目，确保在用车排放量的持续达标要求。

（2）欧洲汽车排放标准限值。欧洲汽车排放标准的欧 I、欧 II 和欧 III 限值见表 4-13、表 4-14、表 4-15 所示。

欧洲汽车排放标准限值

欧 I 型式认证排放限值　　表 4-13

车辆类别		基准质量 RM（kg）	限值（g/km）		
			CO	HC + NO_X	PM
第一类车		全部	2.72	0.97（1.36）	0.14（0.20）
第二类车	1 级	RM≤1250	2.72	0.97（1.36）	0.14（0.20）
	2 级	1250 < RM≤1700	5.17	1.40（1.96）	0.19（0.27）
	3 级	RM > 1700	6.90	1.70（2.38）	0.25（0.35）

欧 II 型式认证和生产一致性排放限值　　表 4-14

车辆类别		基准质量 RM（kg）	限值（g/km）						
			CO		HC + NO_X			PM	
			汽油车	柴油车	汽油车	非直喷柴油车	直喷柴油车	非直喷柴油车	直喷柴油车
第一类车		全部	2.2	1.0	0.5	0.7	0.9	0.08	0.10
第二类车	1 级	RM≤1250	2.2	1.0	0.5	0.7	0.9	0.08	0.10
	2 级	1250 < RM ≤1700	4.0	1.25	0.6	1.0	1.3	0.12	0.14
	3 级	RM > 1700	5.0	1.5	0.7	1.2	1.6	0.17	0.20

欧 III 型式认证和生产一致性排放限值　　表 4-15

车辆类别		基准质量 RM（kg）	限值（g/km）						
			CO		HC	NO_X		HC + NO_X	PM
			汽油车	柴油车	汽油车	汽油车	柴油车	柴油车	柴油车
第一类车		全部	2.3	0.64	0.2	0.15	0.50	0.56	0.05
第二类车	1 级	RM≤1350	2.3	0.64	0.2	0.15	0.50	0.56	0.05
	2 级	1350 < RM ≤1760	4.17	0.80	0.25	0.18	0.65	0.72	0.07
	3 级	RM > 1760	5.22	0.95	0.29	0.21	0.78	0.86	0.10

8　汽车噪声的检测

噪声作为一种严重的公害已日益引起人们的关注，目前世界各国已纷纷制定了控制噪声的标准。噪声的一般定义是:频率和声强杂乱无章的声音组合,造成对人和环境的影响。更人性化的描述是,人们不喜欢的声音就是噪声。

随着汽车向快速和大功率方面的发展,汽车噪声已成为一些大城市的主要噪声源。汽车噪声主要包括:发动机的机械噪声、燃烧噪声、进排气噪声和风扇噪声;底盘的机械噪声、制动噪声和轮胎噪声;车厢振动噪声、货物撞击噪声;喇叭噪声和转向、倒车时的蜂鸣声等噪声。由于车辆噪声具有游动性,影响范围大,干扰时间长,因而危害比较大。

8.1 噪声的评价指标

(1)噪声的声压和声压级。噪声的主要物理参数有声压与声压级、声强与声强级和声功率与声功率级。其中声压与声压级是表示声音强弱的最基本的参数。

汽车噪声的评价指标

声压是指由于声波的存在引起在弹性介质中压力的变化值。声音的强弱取决于声压,声压越大听到的声音越强。人耳可以听到的声压范围是 2×10^{-5}(听阈声压)~20Pa(痛阈声压),相差 100 万倍,因此用声压的绝对值表示声音的强弱会感到很不方便,所以人们常用声压级来表示声音的强弱。

声压级是指某点的声压 P 与基准声压(听阈声压)P_0 的比值取常用对数再乘以 20 的值$\left(L_P=20\lg\frac{P}{P_0}\right)$,单位为分贝(dB)。可闻声声压级范围为 0~120dB。

(2)噪声的频谱。人耳对声音的感觉不仅与声压有关,而且还与声音的频率有关。人耳可闻声音的频率范围为 20~20000Hz。一般的声源,并不是仅发出单一频率的声音,而是发出具有很多频率成分的复杂声音。声音听起来之所以会有很大的差别,就是因为它们的组成成分不同造成的。因此,为全面了解一个声源的特性,仅知道它在某一频率下的声压级和声功率级是不够的,还必须知道它的各种频率成分和相应的声音强度,这就是频谱分析。

以声音频率(Hz)为横坐标、以声音强度(如声压级 dB)为纵坐标绘制的噪声测量图形,称为频谱图。

人耳可闻声音的频率有 1000 多倍的变化范围,在实际频谱分析中不可能逐个频率分析。在声音测量中,让噪声通过滤波器把可闻声音的频率范围分割成若干个小的频段,称为频程或频带。频带的上限频率 f_h(或称上截止频率)与下限频率 f_L(或称下截止频率)具有 $f_h/f_L=2^n$ 的关系,频带的中心

频率$f_m = \sqrt{f_h \cdot f_L}$,当$n = 1$时称为倍频程或倍频带。可闻声音频率范围用10段倍频程表示,如表4-16所示。

倍频程中心频率及频率范围(Hz)　　表4-16

中心频率	31.5	63	125	250	500
频率范围	22~45	45~90	90~180	180~355	355~710
中心频率	1000	2000	4000	8000	16000
频率范围	710~1400	1400~2800	2800~5600	5600~11200	11200~22400

如果需要更详细地分析噪声,可采用1/3倍频程,即可以把每个倍频程分成3份($n = 1/3$)。

(3)噪声级。声压级相同的声音,但由于频率不同,听起来并不一样响,相反,不同频率的声音,虽然声压级也不同,但有时听起来却一样响,用声压级测定的声音强弱与人们的生理感觉往往不一样。因而,对噪声的评价常采用与人耳生理感觉相适应的指标。

为了模拟人耳在不同频率有不同的灵敏性,在声级计内设有一种能够模拟人耳的听觉特性,把电信号修正为与听觉近似值的网络,这种网络称作计权网络。通过计权网络测得的声压级,已不再是客观物理量的声压级,而是经过听感修正的声压级,称作计权声级或噪声级。

国际电工委员会(IEC)对声学仪器规定了A、B、C等几种国际标准频率计权网络,它们是参考国际标准等响曲线而设计的。由于A计权网络的特性曲线接近人耳的听感特性,故目前普遍采用A计权网络对噪声进行测量和评价,记作dB(A)。

汽车噪声的标准及其检测

8.2　汽车噪声的标准及其检测

8.2.1　声级计的结构与工作原理

在汽车噪声的测量方法中,国家标准规定使用的仪器是声级计。声级计是一种能把噪声以近似于人耳听觉特性测定其噪声级的仪器。可以用来检测机动车的行驶噪声、排气噪声和喇叭声音响度级。

根据测量精度不同,声级计可分为精密声级计和普通声级计两类,根据所用电源不同可分为交流式声级计和直流式声级计两类。后者也可以称为便携式声级计,具有体积小、重量轻和现场使用方便等特点。

声级计一般由传声器、放大器、衰减器、计权网络、检波器、指示表头和电源等组成。其工作原理是:被测的声波通过

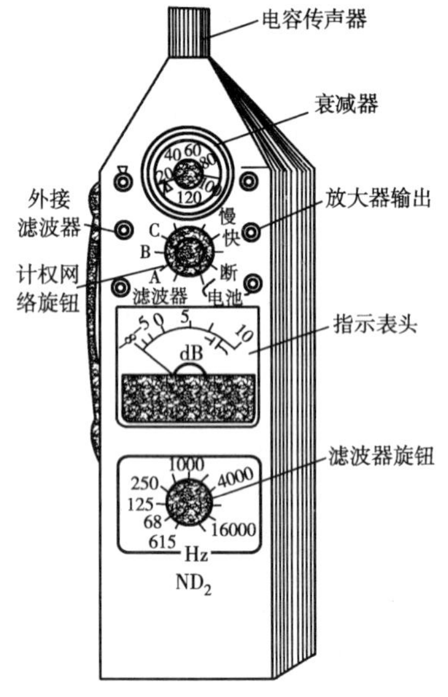

图 4-25 ND_2 型精密声级计

声级计的结构及工作原理

传声器被转换为电压信号，根据信号大小选择衰减器或放大，放大后的信号送入计权网络作处理，最后经过检波并在以 dB 标度的表头上指示出噪声数值。图 4-25 为我国生产的 ND_2 型精密声级计。

传声器是将声波的压力转换成电压信号的装置，也称话筒，是声级计的传感器。常见的传声器有动圈式和电容式等多种形式。电容式传声器具有动态范围大、频率响应平直、灵敏度高和稳定性好等优点，因而应用广泛。

在放大线路中采用两级放大器，即输入放大器和输出放大器，其作用是将微弱的电信号放大。输入衰减器和输出衰减器是用来改变输入信号的衰减量和输出信号的衰减量，以便使表头指针指在适当的位置上。衰减器每一挡的衰减量为 10dB。

计权网络一般有 A、B、C 三种。A 计权声级模拟人耳对 55dB 以下低强度噪声的频率特性，B 计权声级模拟 55 ~ 85dB 的中等强度噪声的频率特性，C 计权声级模拟高强度噪声的频率特性。三者的主要差别是对噪声低频成分的衰减程度不同，A 衰减最多，B 次之，C 衰减量最少。A 计权声级由于其特性曲线接近于人耳的听感特性，因此目前应用最广泛，B、C 计权声级已逐渐不被采用。

为了使经过放大的信号通过表头显示出来，声级计还需要有检波器，以便把迅速变化的电压信号转变成变化较慢的直流电压信号。这个直流电压的大小要正比于输入信号的大小。根据测量的需要，检波器有峰值检波器、平均值检波器和均方根值检波器之分。峰值检波器能给出一定时间间隔中的最大值，平均值检波器能在一定时间间隔中测量其绝对平均值。

多数的噪声测量中均采用均方根值检波器。均方根值检波器能对交流信号进行平方、平均和开方，得出电压的均方根值，最后将均方根电压信号输送到指示表头。指示表头是一只电表，只要对其刻度进行标定，就可从表头上直接读出噪声级的 dB 值。

声级计表头阻尼一般都有“快”和“慢”两个挡。“快”挡的平均时间为 0. 27s，很接近于人耳听觉器官的生理平均时间。“慢”挡的平均时间为 1. 05s。当对稳态噪声进行测量或需要记录声级变化过程时，使用“快”挡比较合适；在被测噪声的波动比较大时，使用“慢”挡比较合适。

声级计面板上一般还备有一些插孔，这些插孔如果与便

携式倍频带滤波器相连,可组成小型现场使用的简易频谱分析系统;如果与录音机组合,则可把现场噪声录制在磁带上储存下来,待以后再进行更详细的研究;如果与示波器组合,则可观察到声压变化的波形,并可存储波形或用照相机把波形摄制下来;还可以把分析仪、记录仪等仪器与声级计组合、配套使用,这要根据测试条件和测试要求而定。

8.2.2 汽车噪声的检验标准

GB 7258—2004《机动车运行安全技术条件》对客车车内噪声级、汽车驾驶员耳旁噪声级和机动车喇叭声级作了规定,GB 1495—1979《机动车辆允许噪声》和 GB 1496—1979《机动车噪声测量方法》对车外最大噪声级及其测量方法作了规定。

汽车噪声的检验标准

①车外最大允许噪声级。汽车加速行驶时,车外最大允许噪声级应符合表 4-17 的规定。表中所列各类机动车辆的变型车或改装车(消防车除外)的加速行驶车外最大允许噪声级,应符合其基本型车辆的噪声规定。

②车内最大允许噪声级。客车以 50km/h 的速度匀速行驶时,客车车内噪声不应大于 79dB(A)。

车外最大允许噪声级 表 4-17

车辆类型		车外最大允许噪声级[dB(A)]	
		1985 年 1 月 1 日以前生产的汽车	1985 年 1 月 1 日起生产的汽车
载货汽车	8t≤载质量<15t	92	89
	3.5t≤载质量<8t	90	86
	载质量<3.5t	89	84
轻型越野车		89	84
公共汽车	4t≤载质量<11t	89	86
	载质量≤4t	88	83
轿车		84	82

③汽车驾驶员耳旁噪声声级不应大于 90dB(A)。

④机动车喇叭声级在距车前 2m、离地高 1.2m 处测量时,其值为 90~115dB(A)。

8.2.3 汽车噪声的测量方法

国家标准规定汽车噪声使用的测量仪器有精密声级计或普通声级计和发动机转速表,声级计误差不超过 ±2dB,并要求在测量前后,按规定进行校准。

(1)声级计的检查与校准方法。在未接通电源时,先检查并调整仪表指针的机械零点，可用零点调整螺钉使指针与零点重合。检查电池容量，把声级计功能开关对准“电池”，此时电表指针应达到额定红线。打开电源开关，预热仪器10min。

校准仪器。每次测量前或使用一段时间后，应对仪器的电路和传声器进行校准。根据声级计上配有的电路校准“参考”位置，校验放大器的工作是否正常。电路校准后，再用已知灵敏度的标准传声器对声级计上的传声器进行对比校准。

常用的标准传声器有声级校准器和活塞式发声器，它们的内部都有一个可发出恒定频率、恒定声级的机械装置，因而很容易对比出被检传声器的灵敏度。声级校准器产生的声压级为94dB，频率为1000Hz；活塞式发声器产生的声压级为124dB，频率为250Hz。

汽车噪声的测量方法

将声级计的功能开关对准“线性”、“快”挡。由于室内的环境噪声一般为40~60dB(A)，声级计上应有相应的示值。当变换衰减器刻度盘的挡位时，表头示值应相应变化10dB左右。

检查计权网络。按上述步骤，将“线性”位置依次转换为“C”、“B”、“A”。由于室内环境噪声多为低频成分，故经三挡计权网络后的噪声级示值将低于线性值，而且应依次递减。

检查“快”、“慢”挡。将衰减器刻度盘调到高分贝值处(例如90dB)，通过操作人员发声，来观察“快”挡时的指针能否跟上发音速度，“慢”挡时的指针摆动是否明显迟缓。

在使用时，若不知道被测噪声级多大，必须把衰减器刻度盘预先放在最大衰减位置(即120dB)，然后在实测中再逐步旋至被测声级所需要的衰减挡。

(2)车外噪声的测量方法：

①车外噪声的测量条件应满足，测量场地应平坦而空旷，在测试中心以25m为半径的范围内，不应有大的反射物，如建筑物、围墙等。测试场地跑道应有20m以上平直、干燥的沥青路面或混凝土路面，路面坡度不超过0.5%。本底噪声(包括风噪声)应比所测车辆噪声至少低10dB。并保证测量不被偶然的其他声源所干扰。本底噪声是指测量对象噪声不存在时，周围环境的噪声。为避免风噪声干扰，可采用防风罩，但应注意防风罩对声级计灵敏度的影响。声级计附近除测量者外，不应有其他人员，如不可缺少时，则必须在测量者背后。被测车辆不载重，测量时发动机应处于正常使用温度，车辆带有其他辅助设备亦是噪声源，测量时是否开动，应按正

常使用情况而定。

②汽车噪声的测量场地及测点位置的规定如图 4-26 所示，测试传声器位于 20m 跑道中心点 O 两侧，各距中线7.5m，距地面高度 1.2m，用三角架固定，传声器平行于路面，其轴线垂直于车辆行驶方向。

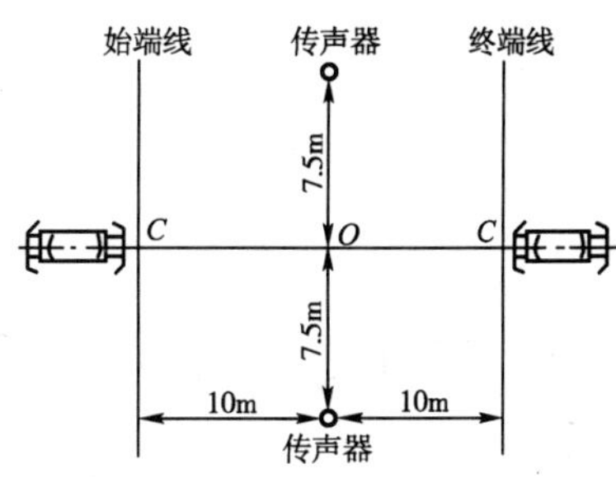

图 4-26 车外噪声测量场地及测量位置

③加速行驶车外噪声测量方法。汽车前进挡位为 4 挡以上的车辆用第 3 挡，前进挡位为 4 挡或 4 挡以下的用第 2 挡，发动机转速为其标定转速的 3/4。如果此时车速超过了 50km/h，那么车辆应以 50km/h 的车速稳定地到达始端线。对于装有自动变速器的车辆，使用在试验区间加速最快的挡位。辅助变速装置不应使用。在无转速表时，可以控制车速进入测量区，即以所定挡位相当于 3/4 标定转速的车速稳定的到达始端线。

从车辆前端到达始端线开始，立即将加速踏板踩到底或节气门全开，直线加速行驶，当车辆后端到达终端线时，立即停止加速。车辆后端不包括拖车以及和拖车连接的部分。

本测量要求被测车在后半区域发动机达到标定转速，如果车速达不到这个要求，可延长 OC 距离至 15m，如仍达不到这个要求，车辆使用挡位要降低一挡。如果车辆在后半区域超过标定转速，可适当降低到达始端线的转速。

声级计用“A”计权网络、“快”挡进行测量，读取车辆驶过时的声级计表头最大读数。

同样的测量往返各进行 1 次。车辆同侧两次测量结果之差，应不大于 2dB(A)，并把测量结果记入规定的表格中。取每侧 2 次声级平均值中最大值作为检测车的最大噪声级。若只用 1 只声级计测量，同样的测量应进行 4 次，即每侧测量 2 次。

车外噪声的测量方法

④匀速行驶车外噪声的测量方法。车辆用常用挡位，加速踏板保持稳定，以 50km/h 的车速匀速通过测量区域。

声级计用“A”计权网络、“快”挡进行测量，读取车辆驶过时声级计表头的最大读数。

同样的测量往返各进行 1 次，车辆同侧两次测量结果之差不应大于 2dB(A)，并把测量结果记入规定的表格中。若只用 1 个声级计测量，同样的测量应进行 4 次，即每侧测量 2 次。

(3) 车内噪声的测量方法：

①车内噪声的测量条件应满足，测量跑道应有足够长度，且平直、干燥的沥青路面或混凝土路面。测量时风速(指相对于地面)应不大于 3m/s。测量时车辆门窗应关闭。车内带

有其他辅助设备是噪声源,测量时是否开动,应按正常使用情况而定。车内本底噪声比所测车内噪声至少低10dB,并保证测量不被偶然的其他声源所干扰。车内除驾驶员和测量人员外,不应有其他人员。

②车内噪声测量的测点位置,车内噪声测量通常在人耳附近布置测点,传声器朝车辆前进方向。驾驶室内噪声测点的位置如图4-27所示。

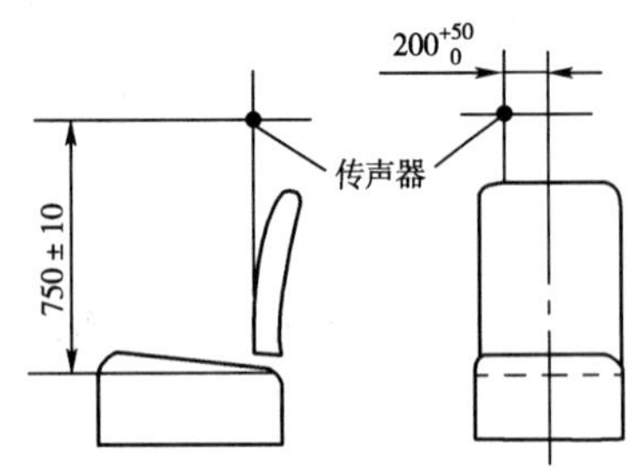

图4-27　驾驶室内噪声测点的位置(单位:mm)

载客车室内噪声测点可选在车厢中部及最后一排座的中间位置,传声器高度参考图4-27所示。

③车内噪声的测量方法。车辆以常用挡位,以50km/h以上的不同车速匀速行驶,分别进行测量。

用声级计"慢"挡测量"A"、"C"计权声级,分别读取表头指针最大读数的平均值,测量结果记入规定的表格中。

做车内噪声频谱分析时,应包括中心频率为31.5Hz、63Hz、125Hz、250Hz、500Hz、1000Hz、2000Hz、4000Hz、8000Hz的倍频带。

(4)驾驶员耳旁噪声的测量方法。车辆应处于静止状态且变速器置于空挡,发动机处于额定转速状态。测点位置如图4-27所示。声级计置于"A"计权、"快"挡。

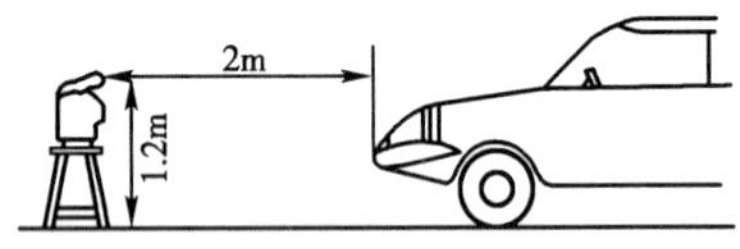

图4-28　汽车喇叭声的测点位置

(5)汽车喇叭声的测点位置如图4-28所示,测量时应注意不被偶然的其他声源峰值所干扰。测量次数宜在2次以上,并注意监听喇叭声是否悦耳。

9　汽车前照灯的检测

汽车前照灯检测是汽车安全性能检测的重要项目。前照灯诊断的主要参数是发光强度和光束照射位置。当发光强度不足或光束照射位置偏斜时,会造成夜间行车驾驶员视线不清,或使迎面来车的驾驶员眩目,将极大地影响行车安全。前照灯的技术状况,可用屏幕法和前照灯校正仪检测。

9.1　前照灯光束照射位置标准及屏幕检测法

9.1.1　前照灯光束照射位置的检验标准

根据GB 7258—2004《机动车运行安全技术条件》的规定,汽车前照灯的检验指标为光束照射位置的偏移值和发光强度(cd)。前照灯光束照射位置应符合以下要求:

①检验前照灯的近光光束照射位置时,在距离屏幕10m处,乘用车前照灯近光光束明暗截止线转角或中点的高度应

为 0.7 ~ 0.9H(H 为前照灯基准中心高度),其他机动车应为 0.6 ~ 0.8H;机动车前照灯近光光束水平方向位置向左偏不允许超过 170mm,向右偏不允许超过 350mm。

②检验前照灯远光光束及远光单光束灯照射位置时,在距离屏幕 10m 处,要求在屏幕上光束中心离地高度,对乘用车为 0.9 ~ 1.0H,其他机动车为 0.8 ~ 0.95H;机动车前照灯远光光束水平位置要求,左灯向左偏移不允许超过 170mm,向右偏移不允许超过 350mm;右灯向左或向右偏均不允许超过 350mm。

9.1.2 屏幕法检测前照灯光束照射位置的检测方法

(1)检测的准备工作。GB 7258—2004《机动车运行安全技术条件》附录 D《前照灯光束照射位置检验方法》中规定,用屏幕法检测前照灯光束照射位置时,场地应平整,屏幕与场地应垂直,被检验的车辆应在空载、轮胎气压正常、乘坐 1 名驾驶员。将车辆停置于屏幕前,并与屏幕垂直,使前照灯基准中心距屏幕 10m,在屏幕上确定与前照灯基准中心离地面距离 H 等高的水平基准线,及以车辆纵向中心平面在屏幕上的投影线为基准确定的左右前照灯基准中心位置线。分别测量左右远近光束的水平或垂直照射方位的偏移值,如图 4-29 所示。

前照灯光束照射位置的检测

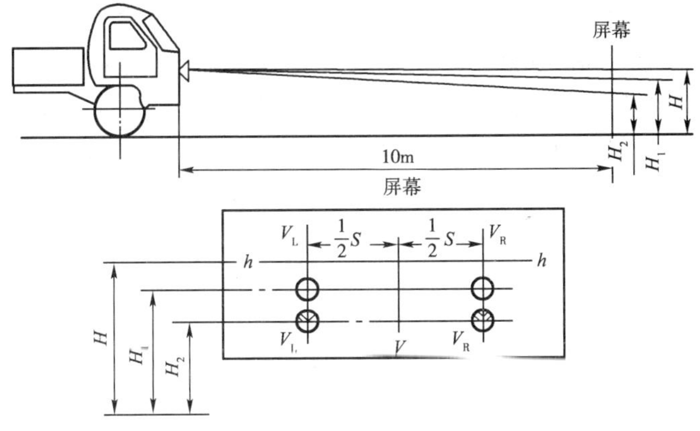

图 4-29 屏幕法检测前照灯光束照射位置

屏幕上画有三条垂直线和三条水平线:

中间垂直线 V—V 与被检车辆的纵向中心垂直面对齐。

两侧的垂直线 V_L—V_L 和 V_R—V_R 分别为被检车辆左右前照灯基准中心的垂直线。

水平线中的 h—h 线与被检车辆前照灯的基准中心等高,距地面高度为 H;H 为被检车辆前照灯基准中心距地面的高度,其值视被检车型而定。

中间水平线与被检车辆前照灯远光光束的中心等高,距地面高度为 H_1;下侧水平线与被检车辆前照灯近光光束的中心等高，距地面高度为 H_2。H_1 和 H_2 的值根据 GB 7258—2004 中的检验标准计算。

（2）检测时，先遮盖住一边的前照灯，然后打开前照灯的近光开关，未被遮盖的前照灯的近光明暗截止线转角或光束中心应落在图中下边水平线与 $V_L—V_L$ 或 $V_R—V_R$ 垂线的交点位置上，否则为光束照射位置偏斜。其偏斜方向和偏斜量可在屏幕上直接测量。用同样方法，检测另一边前照灯近光光束照射位置。

前照灯光束照射位置的检测

根据检测标准，检测调整前照灯光束的照射位置时，对远、近双光束灯应以检测调整近光光束为主。对于远光单光束前照灯，则要检测远光光束的照射位置。其光束中心应落在中间水平线与 $V_L—V_L$ 或 $V_R—V_R$ 垂线的交点位置上。

用屏幕法检测前照灯简单易行，但只能检测出光束的照射位置，不能检测发光强度。为适应不同车型的检测，需经常更换屏幕，检测效率低，同时，需要占用较大场地。因此目前广泛采用前照灯校正仪对汽车前照灯进行检测。

9.2 前照灯发光强度标准及仪器检测方法

9.2.1 前照灯发光强度的检验标准

GB 7258—2004《机动车运行安全技术条件》规定，机动车每只前照灯的远光光束发光强度应达到表 4-18 的要求。测试时，其电源系统应处于充电状态。

前照灯发光强度的检测

前照灯远光光束发光强度最小值要求

（单位为坎德拉 cd） 表 4-18

机动车类型	检查项目					
	新注册车			在用车		
	一灯制	两灯制	四灯制[①]	一灯制	两灯制	四灯制[①]
最高设计车速小于 70km/h 的汽车	—	10000	8000	—	8000	6000
其他汽车	—	18000	15000	—	15000	12000

表注：①四灯制是指前照灯具有四个远光光束；采用四灯制的机动车其中两只对称的灯达到两灯制的要求时视为合格。

9.2.2 前照灯校正仪检测发光强度和光轴偏斜量

前照灯校正仪是按一定测量距离放在被检车辆的对面，用来检测前照灯发光强度与光轴偏斜量的专用设备。光轴偏斜量表示光束照射位置。

（1）前照灯校正仪的检测原理。前照灯校正仪的类型很多，但基本检测原理类似，一般均采用能把吸收的光能变成电

流的光电池作为传感器,按照前照灯主光束照射光电池产生电流的大小和比例,来测量前照灯发光强度和光轴偏斜量。

①发光强度的检测原理。测量前照灯发光强度的电路由光度计、可变电阻和光电池等组成,如图4-30所示。按规定的距离使前照灯照射光电池,光电池便按受光强度的大小产生相应的光电流使光度计指针摆动,指示出前照灯的发光强度。

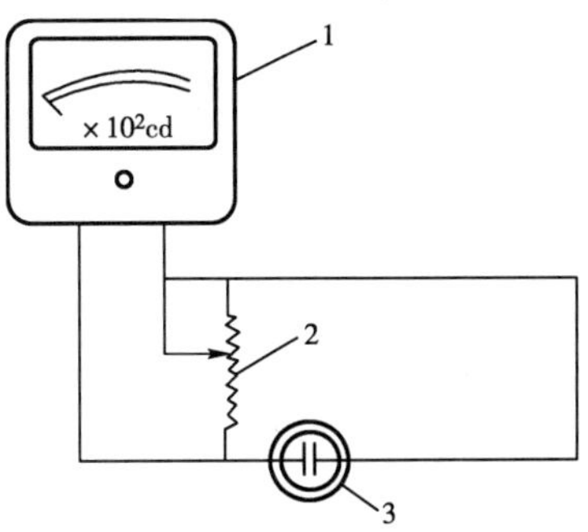

图4-30 发光强度的检测原理图
1-光度计;2-可变电阻;3-光电池

②光轴偏斜量的检测原理。测量前照灯光轴偏斜量的电路如图4-31所示,由两对光电池组成,左右一对光电池$S_{左}$、$S_{右}$上接有左右偏斜指示计,用于检测光束中心的左右偏斜量;上下一对光电池$S_{上}$、$S_{下}$上接有上下偏斜指示计,用于检测光束中心的上下偏斜量。当光电池受到前照灯光束照射时,如果光束照射方向偏斜,将分别使光电池的受光面不一致,因而产生的电流大小也不一致。光电池产生的电流差值分别使上下偏斜指示计及左右偏斜指示计的指针摆动,从而检测出光轴的偏斜方向和偏斜量。

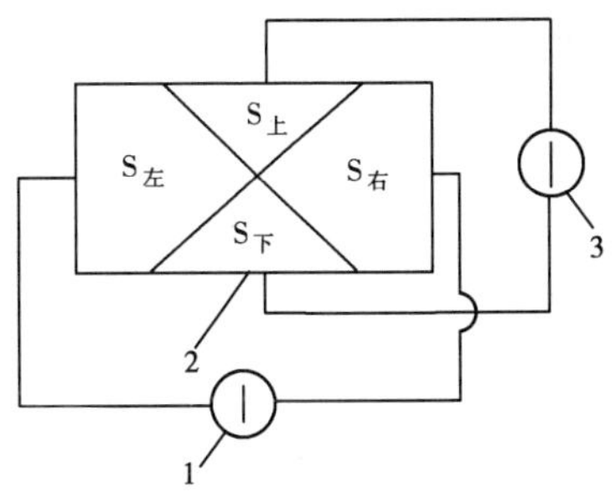

图4-31 光轴偏斜量检测原理图
1-左右偏斜指示计;2-光电池;3-上下偏斜指示计

图4-32所示为光轴无偏斜时的情况,这时上下偏斜指示计的指针和左右偏斜指示计的指针均垂直向下,即处于零位。图4-33所示为光轴有偏斜时的情况,这时上下偏斜指示计的指针向"下"方向偏斜,左右偏斜指示计的指针向"左"方向偏斜。

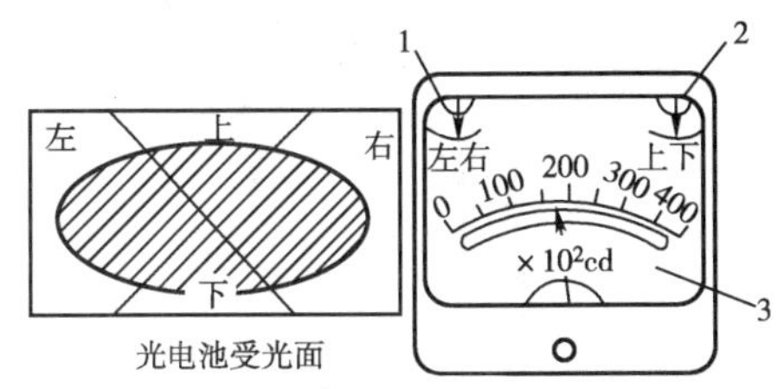

图4-32 光轴无偏斜时的情况
1-左右偏斜指示计;2-上下偏斜指示计;3-光度计

若通过适当的调节机构,调整光线照射光电池的位置,使$S_{左}$、$S_{右}$和$S_{上}$、$S_{下}$每对光电池受到的光照度相同,此时每对光电池输出的电流相等,两偏斜指示计的指针均指向零位,其调节量反映了光束中心的偏斜量。当偏斜指示计指针处于零位时,光电池受到的光照最强,四块光电池所输出电流之和表明了前照灯的发光强度。

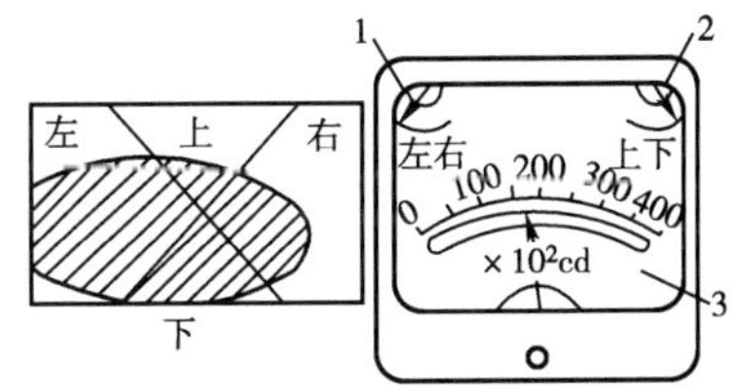

图4-33 光轴有偏斜时的情况
1-左右偏斜指示计;2-上下偏斜指示计;3-光度计

(2)前照灯校正仪的结构和工作原理。按照结构特征与测量方法不同,前照灯校正仪可分为聚光式、屏幕式、投影式和自动追踪光轴式四种类型。这些不同类型的前照灯校正仪均由接受前照灯光束的受光器、使受光器与汽车前照灯对正的照准装置、前照灯发光强度指示装置、光轴偏斜方向和偏斜量指示装置及支柱、底板、导轨、汽车摆正找准装置等组成。

聚光式前照灯检测仪利用受光器的聚光透镜把前照灯的散射光束聚合起来，并导引到光电池的光照面上，根据其对光电池的照射强度，来检测前照灯的发光强度和光轴偏斜量。检测时，检测仪放在距前照灯前方1m处。

屏幕式前照灯检测仪在固定屏幕上装有可以左右移动的活动屏幕，在活动屏幕上装有能上下移动的内部带有光电池的受光器。前照灯的光束照射到屏幕上，检测发光强度和光轴偏斜量。通常测试距离为3m。

前照灯校正仪的结构和工作原理

投影式前照灯检测仪采用把前照灯光束的影像映射到投影屏上，来检测发光强度和光轴偏斜量。检测时，测试距离一般为3m。其构造如图4-34所示。

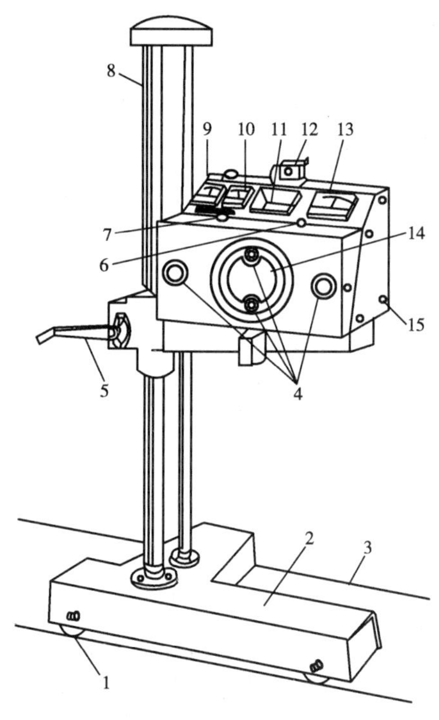

图4-34　投影式前照灯检测仪

1-车轮；2-底座；3-导轨；4-光电池；5-上下移动手柄；6-上下光轴刻度盘；7-左右光轴刻度盘；8-支柱；9-左右偏斜指示计；10-上下偏斜指示计；11-投影屏；12-汽车摆正找准器；13-光度计；14-聚光透镜；15-受光器

自动追踪光轴式前照灯检测仪采用受光器自动追踪光轴的方法检测前照灯发光强度和光轴偏斜量。一般检测距离为3m。其构造如图4-35所示。

采用自动追踪光轴式前照灯检测仪检测时，前照灯的光

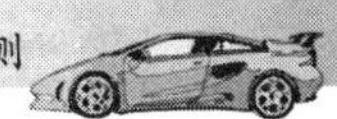

束照射到检测仪的受光器上。此时,若前照灯光束照射方向偏斜,则主、副受光器的上下光电池或左右光电池的受光量不

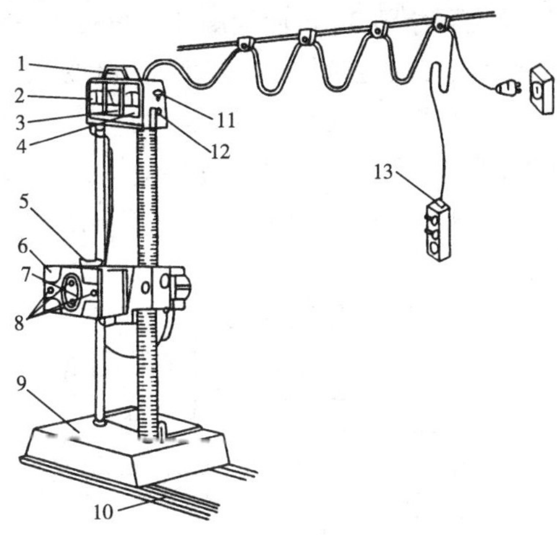

图4-35 自动追踪光轴式前照灯检测仪

1-在用显示器;2-左右偏斜指示计;3-光度计;4-上下偏斜指示计;5-车辆摆正找准器;6-受光器;7-聚光透镜;8-光电池;9-控制箱;10-导轨;11-电源开关;12-熔断丝;13-控制盒

等,由其电流的差值控制受光器上下移动的电动机运转,或使控制箱左右移动的电动机运转,并通过传动机构牵动受光器上下移动或驱动控制箱在轨道上左右移动,直至受光器上下、左右光电池受光量相等为止。在追踪光轴时,受光器的位移方向和位移量由光轴偏斜指示计指示,此即前照灯光束的偏斜方向和偏斜量,发光强度由光度计指示。

前照灯发光强度和光轴偏斜量的检测

(3)前照灯发光强度和光轴偏斜量的检测方法如下:

①检测前的准备工作。前照灯检测仪的准备工作,在不受光的情况下,调整光度计和光轴偏斜量指示计是否对准机械零点,若指针失准,可用零点调整螺钉调整。检查聚光透镜和反射镜的镜面上有无污物,可用柔软的布料或镜头纸擦拭干净。检查水准器的技术状况,若水准器无气泡,应进行修理或更换;若气泡不在红线框内时,可用水准器调节器或垫片进行调整。清除导轨上的杂物。

被检车辆的准备工作。清除前照灯上的污垢;检查轮胎气压应符合汽车制造厂的规定;前照灯开关和变光器应处于良好状态;汽车蓄电池和充电系统应处于良好状态。

②前照灯发光强度和光轴偏斜量的检测方法,前照灯检测仪型式不同,其检测发光强度和光轴偏斜量的具体方法也不尽相同。这里仅就投影式和自动追踪光轴式前照灯检测仪的检测方法作一介绍。

a. 投影式前照灯检测仪的检测方法。将被检汽车尽可能地与前照灯检测仪的轨道保持垂直方向驶近检测仪，使前照灯与检测仪受光器相距3m。使检测仪与被检汽车对正。

打开前照灯，移动检测仪，使光束照射到受光器上。

投影屏刻度检测法，要求先使光轴偏斜量指示计的指示为零，然后根据投影屏上前照灯影像中心所在的刻度值读取光轴偏斜量，再根据光度计的指示值读取发光强度值，如图4-36所示。

投影式前照灯检测仪的检测方法

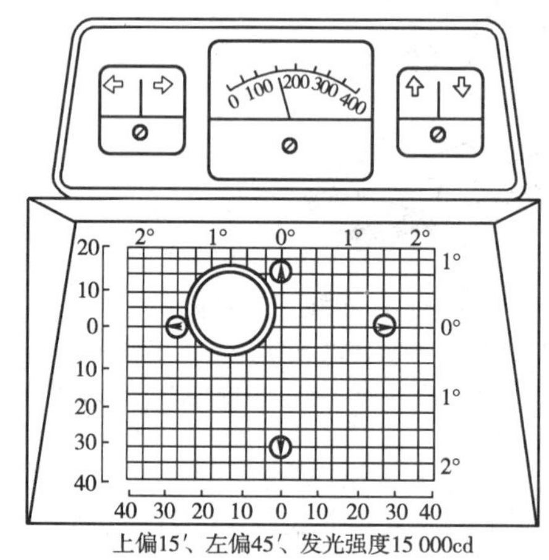

图4-36　投影屏刻度检测法检测结果示意图

光轴刻度盘检测法，要求转动光轴刻度盘，使投影屏上的坐标原点与前照灯影像中心重合，读取此时光轴刻度盘上的指示值即为光轴偏斜量，再根据光度计上的指示值读取发光强度值，如图4-37所示。

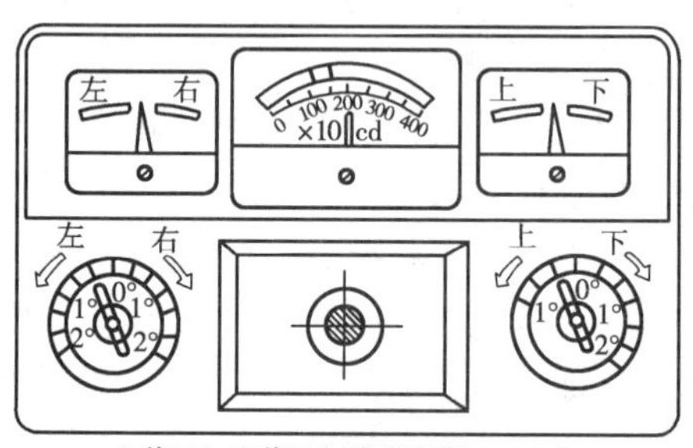

图4-37　光轴刻度盘检测法检测结果示意图

b. 自动追踪光轴式前照灯检测仪的检测方法。被检汽车与前照灯检测仪的轨道保持垂直方向驶近检测仪，使前照灯与检测仪受光器相距3m。使检测仪与被检汽车对正。

开亮前照灯，接通检测仪电源，用控制器上的上下、左右

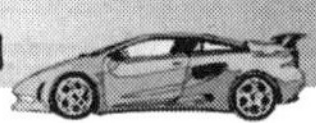

控制开关移动检测仪的位置，使前照灯光束照射到受光器上。

按下控制器上的测量开关，受光器随即追踪前照灯光轴，根据光轴偏斜指示计和光度计的指示值，即可得出光轴偏斜量和发光强度值。

检测完一只前照灯后用同样的方法检测另一只前照灯。检测结束，前照灯检测仪沿轨道或沿地面退回护栏内，汽车驶出。

自动追踪光轴式前照灯检测仪的检测方法

(4)检测结果分析。前照灯检验不合格有两种情况，一是前照灯发光强度偏低；二是前照灯照射位置偏斜。

左右前照灯发光强度均偏低时，应检查前照灯反光镜是否明亮，如昏暗或镀层剥落应予更换。检查灯泡是否老化，质量是否符合要求，否则应更换。检查蓄电池端电压是否符合要求。仅靠蓄电池供电，前照灯发光强度一般很难达到标准的规定，检测时发电机应供电。

左右前照灯发光强度不一致时，应检查发光强度偏低的前照灯的反射镜是否符合要求，有否线路接触不良的情况。

前照灯光束照射位置偏斜时，可能是由于前照灯安装位置不当或因强烈振动而错位所致，应予以调整。

根据检测标准，在检测调整光束照射位置时，对远、近双光束灯以检测调整近光光束为主。对于制造质量合格的灯泡，近光调整合格后，远光光束一般也能合格。若近光光束调整合格后，经复核远光光束照射位置不合格，则应更换灯泡。

10 车速表的检测

汽车行驶速度对交通安全有很大影响，尤其在限速路段，驾驶员必须按照车速表的指示值，准确地控制车速，为此，要求车速表本身一定要准确可靠。车速表经长期使用，由于驱动其工作的传动齿轮、软轴及车速表本身技术状况的变化以及因轮胎磨损使驱动车轮滚动半径的变化，车速表指示误差会愈来愈大。为确保车速表的指示精度，必须适时对车速表进行检测、校正。

车速表的检测

10.1 车速表试验台的结构与测量原理

10.1.1 车速表误差的测量原理

车速表误差的测量需采用滚筒式车速表试验台进行，将被测汽车车轮置于滚筒上旋转，模拟汽车在道路上的行驶状态。

测量时，由被测车轮驱动滚筒旋转或由滚筒驱动车轮旋转,滚筒端部装有速度传感器(测速发电机),测速发电机的转速随滚筒转速的增高而增加,而滚筒的转速与车速成正比,因此测速发电机发出的电压也与车速成正比。

滚筒的线速度、圆周长与转速之间的关系,可用下式表达:

$$V = nL \times 60 \times 10^{-6}$$

式中:V——滚筒的线速度,km/h;

L—滚筒的圆周长,mm;

n—滚筒的转速,r/min。

因车轮的线速度与滚筒的线速度相等,故上述的计算值即为汽车的实际车速值,由车速表试验台上的速度指示仪表显示,称为试验台指示值。

车轮在滚筒上转动的同时,汽车驾驶室内的车速表也在显示车速值,称为车速表指示值。将试验台指示值与车速表指示值相比较,即可得出车速表的指示误差。

$$车速表指示误差 = \frac{车速表指示值 - 试验台指示值}{试验台指示值} \times 100\%$$

车速表试验台的结构

10.1.2 车速表试验台的结构

车速表试验台有三种类型:无驱动装置的标准型,它依靠被测车轮带动滚筒旋转;有驱动装置的驱动型,它由电动机驱动滚筒旋转;把车速表试验台与制动试验台或底盘测功试验台组合在一起的综合型。

(1)标准型车速表试验台由速度测量装置、速度指示装置和速度报警装置等组成,如图 4-38 所示。

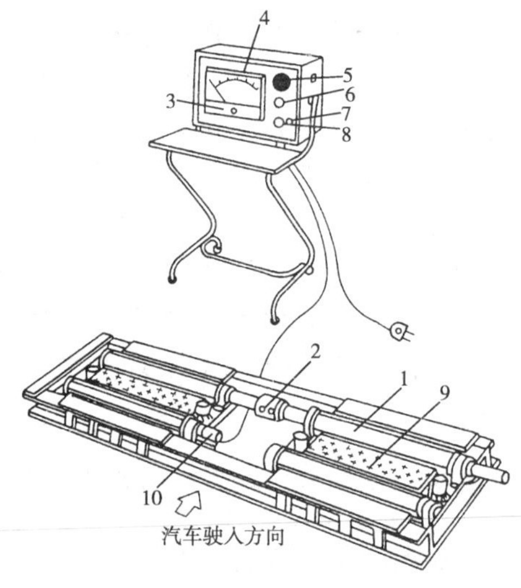

图 4-38 标准型车速表试验台

1-滚筒;2-联轴器;3-零点校正螺钉;4-速度指示仪表;5-蜂鸣器;6-报警灯;7-电源灯;8-电源开关;9-举升器;10-速度传感器

速度测量装置主要由框架、滚筒装置、速度传感器和举升器等组成。滚筒一般为 4 个，通过滚筒轴承安装在框架上。在前、后滚筒之间设有举升器，以便汽车进出试验台，举升器与滚筒制动装置联动，举升器升起时，滚筒不会转动。速度传感器一般采用测速发电机式、差动变压器式、磁电式和光电式等多种，安装在滚筒的一端，将对应于滚筒转速发出的电信号送至速度指示装置。

速度指示装置是根据速度传感器发出的电信号大小来工作的。能把以滚筒圆周长与滚筒转速算出的线速度，以 km/h 为单位在速度指示仪表上显示车速。

速度报警装置是为在测量时，便于判明车速表误差是否在合格范围之内而设置的。

(2)驱动型车速表试验台。汽车车速表的转速信号多数取自变速器或分动器的输出端，但对于后置发动机的汽车，如车速表软轴过长，会出现传动精度和寿命方面的问题，因此转速信号取自前轮。驱动型车速表试验台就是为适应后置发动机汽车的试验而制造的，其结构如图 4-39 所示。

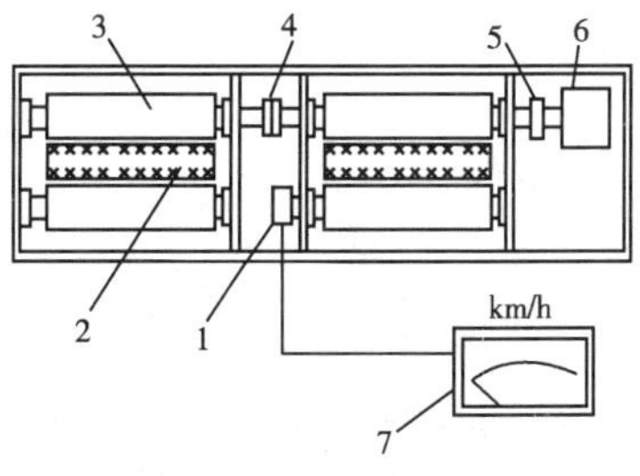

图 4-39　驱动型车速表试验台

1-测速发电机；2-举升器；3-滚筒；4-联轴器；5-离合器；6-电动机；7-速度指示仪表

这种试验台在滚筒的一端装有电动机，由它来驱动滚筒旋转。此外，这种试验台在滚筒与电动机之间装有离合器，若试验时将离合器分离，又可作为标准型试验台使用。

10.2　车速表的检测方法及检测标准

10.2.1　车速表的检测方法

车速表的检测方法因试验台的型式不同而检测方法各不同，应根据使用说明书进行操作。车速表试验台通用的检测方法如下：

在滚筒处于静止状态检查指示仪表是否在零点上，否则应调零。清除滚筒上杂物；检查举升器的工作应可靠；导线连接良好。

轮胎气压在标准值，并清除轮胎上的污物。

接通试验台电源，升起滚筒间的举升器。将被检车辆开上试验台，使输出车速信号的车轮与滚筒成垂直状态停放在试验台上。降下滚筒间的举升器，至轮胎与举升器托板完全脱离为止。用挡块抵住位于试验台滚筒之外的一对车轮，防止汽车在测试时滑出试验台。

使用标准型试验台时应做如下操作：待汽车的驱动轮在滚筒上稳定后，松开驻车制动器，把变速器操纵杆挂入最高挡，踩下加速踏板使驱动轮带动滚筒平稳地加速运转。当汽车车速表的指示值达到规定检测车速(40km/h)时,读出试验台速度指示仪表的指示值;或当试验台速度指示仪表的指示值达到检测车速时,读取车速表的指示值。

使用驱动型试验台时应作如下操作:接合试验台离合器,使滚筒与电动机接合在一起。将汽车的变速器挂入空挡,松开驻车制动器,起动电动机,使电动机驱动滚筒旋转。当汽车车速表的指示值达到检测车速时,读取试验台速度指示仪表的指示值;或当试验台速度指示仪表达到检测车速时,读取汽车车速表的指示值。

车速表的检测方法

测试结束后,轻轻踩下汽车制动踏板,使滚筒停止转动。对于驱动型试验台,必须先关断电动机电源,再踩制动踏板。升起举升器,去掉挡块,汽车驶离试验台。

10.2.2 车速表诊断参数标准

国家标准 GB 7258—2004《机动车运行安全技术条件》中规定:车速表指示车速 V_1(单位:km/h)与实际车速 V_2(单位:km/h)之间应符合下列关系式:

$$0 \leqslant V_1 - V_2 \leqslant (V_2/10) + 4$$

例如,某机动车在车速表试验台上检测,当该机动车车速表的指示值(V_1)为 40km/h 时,车速表试验台速度指示仪表的指示值(V_2)在 32.8 ~ 40km/h 范围内为合格。或者当车速表检验台速度指示仪表的指示值(V_2)为 40km/h 时,该机动车车速表的指示值(V_1)的读数在 40 ~ 48km/h 范围内时为合格。否则为不合格。

车速表产生误差的主要原因可能是车速表本身出现了故障,或轮胎气压不符合要求和磨损过大等。

11 汽车密封性的检测

汽车车身或驾驶室的密封是整车质量的一项重要指标,密封性不好,尘土和雨水将会进入车内,影响乘坐的舒适性。汽车的密封性主要受门窗缝隙的密封、管孔的密封、地板的密封等的影响。

汽车防尘密封性检测

汽车密封性的检测项目主要有汽车防尘密封性检测和汽车防雨密封性检测。

11.1 汽车防尘密封性检测

汽车防尘密封性检测主要是测定汽车防止尘土的密封度,这种检测适用于各类乘用车辆。其他具有封闭式车厢的

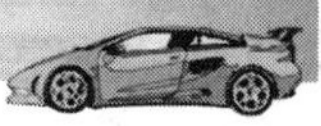

车辆及载货汽车驾驶室的防尘密封性检测可以参照执行。

检测时，被测车辆应处于良好的技术状态。检测前应将车辆内外用水冲洗干净并晾干，然后关闭门窗，保持车内清洁。在空载下进行测试。

扬尘车应选用与被测车辆同型号或车长接近的车辆。

测试道路应为干燥的多尘土路或砂石道路，道路长度不小于 10km。

测试应在无雨，风速小于 1.5m/s 的气候条件下进行。当风速大于 1.5m/s，但小于 3m/s 时，风向与行驶方向夹角不得大于 30°。

11.1.1　汽车防尘密封性检测的仪器及使用方法

汽车防尘密封性检测的仪器及使用方法

(1)检测仪器的基本组成。汽车防尘密封性检测的仪器主要有：粉尘取样仪、风向风速仪、温度计、湿度计、天平、秒表、干燥缸、滤纸等。

粉尘取样仪的型号不同，其结构和使用方法也不尽相同，现以 FC-2 型粉尘采样仪为例说明其结构和使用方法。

FC-2 型粉尘采样仪由主体、FC-2A 电源、三角架三部分组成。

仪器的主体部分由微电机驱动的薄膜泵、镉镍蓄电池、流量调节阀、流量计和采样头等组成。仪器的工作原理如图 4-40a)所示，仪器的电器原理如图 4-40b)所示。

FC-2A 电源的作用是，对采样器提供交流电；对蓄电池充电；当交流电停电时，自动切换直流电。充电时以 500mA 左右电流进行充电，采样时交流桥式电路电源与电池相串联起到稳速稳流作用。

三角架是采样时用来支撑主体用的，其高度可在 0.7 ~ 1.5m 范围内进行调节。

滤纸的阻挡效率应大于等于 99% 。每次测试需采用同

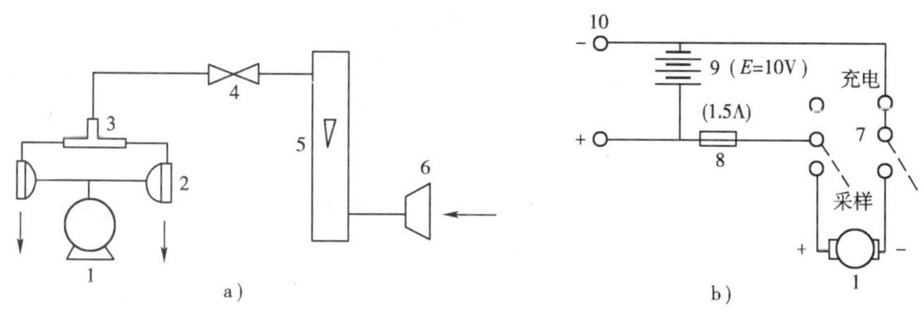

图 4-40　FC-2 型粉尘采样仪原理图

a)工作原理图；b)电器原理图

1-微电机；2-薄膜泵；3-三通管；4-调节阀；5-流量计；6-采样头；7-拨动开关；8-熔断器；9-镉镍电池；10-充电插座

一规格、同一厂家生产的滤纸。待用滤纸必须在干燥缸中干燥6h以上,将测试中所需的足够数量滤纸逐张称重,结果填入测试记录表上,再装入编了号的滤纸盒中备用。

天平的最小分度值为0.1mg。

(2)检测仪器的使用方法。使用前,务必用充电机对采样仪进行充电。充电前首先用万用表测量仪器蓄电池的残留电压(仪器背面插座内有外露测量用触点)。如果残留电压为8.8V,建议采用8h充电;若残留电压大于8.8V,也可以继续充电,当电压充至11.5~12V时,仪器就可以使用了。

汽车防尘密封性检测仪器的使用方法

如果启用电池,或者是搁置长久后重新使用时,应当反复充、放电若干次,使电池容量达到3Ah后,再充电至额定电压,方可使用。充电的详细方法请参照GNY-3镉镍电池使用说明书。

FC-2A电源的使用方法。把电源插头插入220V交流电源中,并将输出插头插入仪器内。采样时,按下“采样”按键,“采样”指示灯亮起表示电源工作正常。再将仪器上拨动开关拨到“采样”位置,仪器即可进行交流电源采样。如果采样过程中交流电突然停电,这时电源能马上切换至直流上继续采样(但采样前必须先对电池充好电)。

采样时,展开三角架,将仪器置于其上端,拧紧固定螺钉将仪器紧固。

11.1.2 汽车防尘密封性检测的方法

防尘密封性检测方法

(1)安装采样头。采样头的安装在测试道路起点进行。车长小于或等于10m的客车,车内采样头安装在三维座标中基准Y平面内且位于将车身长度四等分的前后等分点处,共两点。车长大于10m的客车,车内采样头安装在Y平面内且位于将车身长度六等分的前、中、后等分点处,共三点。距地板的高度H是:微型客车为800mm;轻型客车为1000mm;中大型客车为1200mm,吸气口朝上。车外采样头装于与车内采样头同一横截面内,并与车内采样头同高,距车身外侧200mm处,左右各一只,吸气口朝前。采样头的安装位置如图4-41和图4-42所示。

(2)测量车身内部本底粉尘浓度。测量前用吸尘器,湿抹布或拖把再次清除车厢内灰尘,保持门窗、孔口处于关闭状态。待各部分充分晾干后,打开粉尘采样仪采样。采样部位为车内前采样头处。采样流量20L/min,采样时间15min,经取样后的滤纸小心放回原编号的滤纸盒内。

(3)测量粉尘浓度。测试开始时,应先打开粉尘取样仪,

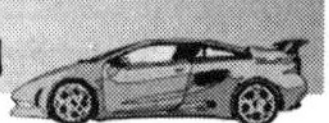

调准流量后再起步，试验车速为 30km/h，被试车辆尾随扬尘车连续行驶 15min，车距为 10 ~ 15m。测试车驾驶员应有意识追逐灰尘，使整车行驶于被扬起的尘土中。

采样流量为 20L/min。车外粉尘浓度不应小于100mg/m³。当车外粉尘浓度大于 300mg/m³ 时，允许将采样流量降低至 15L/min。

测试结束时，应先停车然后关闭粉尘取样仪，将取样后的滤纸小心放回原编号的滤纸盒内。

测试往返各进行一次。

(4)滤纸的干燥与称重。取样后的滤纸置于干燥缸中至少 6h 后再称重，称重结果填入测试记录表。

11.1.3 汽车防尘密封性检测的质量评定

(1)测试数据的处理：

①按下式计算粉尘质量。

$$P = P_1 - P_2$$

式中：P_1——采样后的滤纸质量，mg；

P_2——采样前的滤纸质量，mg；

P——粉尘质量，mg。

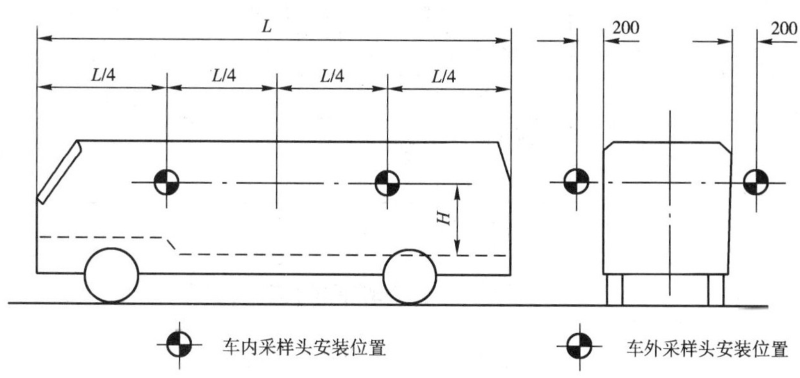

图 4-41 车长小于或等于 10m 客车的采样头布置

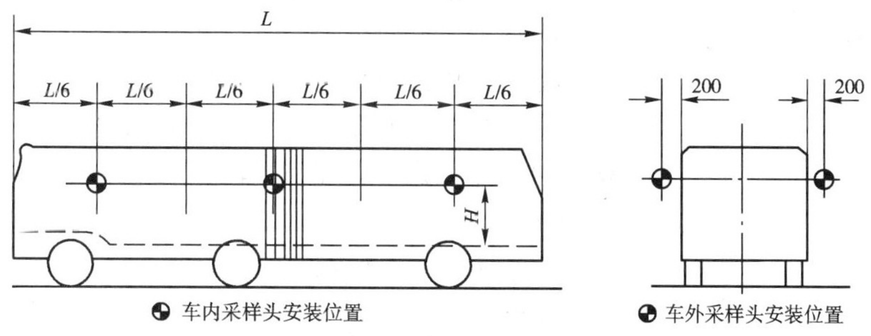

图 4-42 车长大于 10m 客车的采样头布置

②按下式计算粉尘浓度。

$$W = \frac{P}{V} \times 10^3$$

式中：P——粉尘质量，mg；

V——采样体积，L；

W——粉尘浓度，mg/m^3。

③按下式计算防尘密封度。

$$M = \left(1 - \frac{W_n - W_b}{W_w}\right) \times 100\%$$

式中：W_n——车内平均粉尘浓度，即车内各测点往返测量结果的平均值，mg/m^3；

W_b——车内平均本底粉尘浓度，mg/m^3；

W_w——车外平均粉尘浓度，即车外各测点往返测量结果的平均值，mg/m^3；

M——防尘密封度，%。

汽车防尘密封性检测的质量评定

(2)汽车密封性的质量评定。汽车客车防尘密封性的允许限值如表4-19所示。

客车防尘密封性指标　　表4-19

车辆类型	密封度 M(%)	车辆类型	密封度 M(%)
微型客车,轻型客车	≥95	双门城市客车	≥91
旅游客车	≥94	铰接客车	≥89
团体客车、长途客车及单门城市客车	≥92		

其他具备封闭式车厢的车辆可参照表4-19执行。

11.2　汽车防雨密封性检测

防雨密封性是汽车尤其是乘用车的重要性能之一。良好的防雨密封性，可保证车厢内干燥、清洁、舒适，使乘客保持良好的旅行心态，并使驾驶员专注驾驶，保证行车安全。

汽车防雨密封性检测设备

11.2.1　汽车防雨密封性检测的设备

汽车防雨密封性检测的设备为人工淋雨试验台。

淋雨试验台主要由水泵及其驱动电机、底阀、压力调节阀、截止阀、水压表、流量计、输水管路附件、喷嘴、蓄水池、支架和喷嘴架调整装置等组成，如图4-43所示。

淋雨试验台的水泵由电机驱动。水从蓄水池内不断被泵入主管路，经过压力调节和流量调节，进入淋雨管路，通过喷嘴喷向车体表面。喷射出的水汇集注入蓄水池，经过多级沉淀、过滤后循环使用。

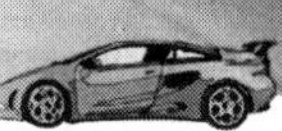

11.2.2 汽车防雨密封性检测的方法

GB/T 12480—1990《客车防雨密封性试验方法》规定，客车防雨密封性是指客车处于静止状态，在规定的人工淋雨试验条件下，关闭全部门窗和孔口盖时，防止雨水进入车厢的能力。

防雨密封性检测是用人工淋雨设备来测试汽车的防雨密封能力。这种试验适用于各类客车。对于双层客车、封闭式车厢的汽车及载货汽车驾驶室的防雨密封性检测可参照使用。

(1)测试条件。淋雨测试时，气温应在5~35℃，气压应在99~102kPa范围内。在室外淋雨试验台上进行测试时，应选择晴天或阴天，并且风速不超过1.5m/s。

淋雨测试时，不设行李舱(箱)的客车规定的车体受雨部位及其降雨强度如表4-20所示；设行李舱(箱)的客车规定的车体受雨部位及其降雨强度如表4-21所示。

汽车防雨密封性检测方法

不设行李舱(箱)的客车规定的车体受雨部位及其降雨强度表　　表4-20

受雨部位	降雨强度(mm/min)
前围上部①	8~10
侧围上部②、后围上部③、顶部	4~6

表注：①前围上部是指车体前部风窗下周边密封胶条下沿至车顶的部分；

②侧围上部是指车体侧面侧窗窗框下沿至车顶的部分；

③后围上部是指车体后部后窗下周边密封胶条下沿至车顶的部分。

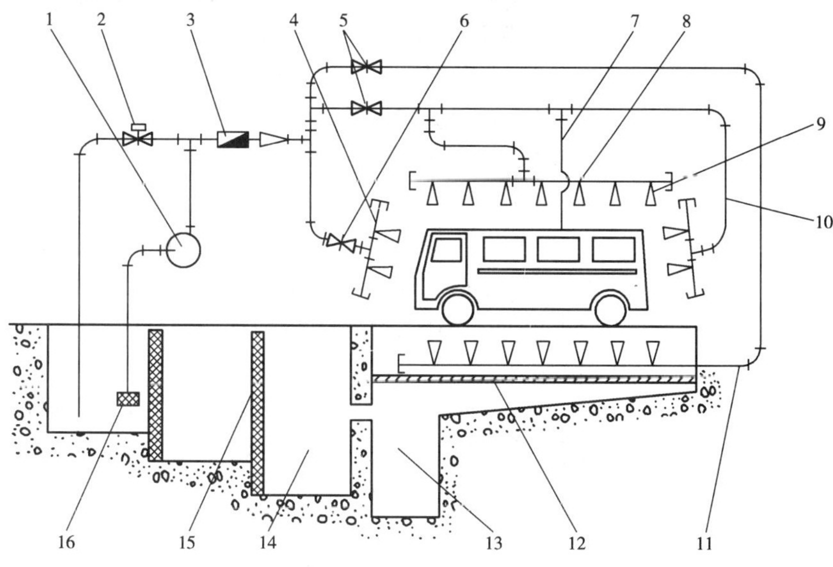

图4-43　淋雨试验台示意图

1-水泵；2-压力调节阀；3-流量计；4-前部淋雨管路；5、6-阀门；7-侧面淋雨管路；8-顶部淋雨管路；9-喷嘴；10-后部淋雨管路；11-底部淋雨管路；12-盖板；13-泥沙沉淀池；14-多级沉淀池；15-滤网；16-吸水口滤网

设行李舱(箱)的客车规定的车体受雨部位及其降雨强度表　　表 4-21

受雨部位	降雨强度(mm/min)
前部	8 ~ 10
侧面、后部、顶部	4 ~ 6
底部	6 ~ 8

喷嘴的喷射压力为 69 ~ 147kPa。

淋雨时间为 15min。

前、后部喷嘴的轴线与客车基准 Y 平面平行,与铅垂方向的夹角为 30° ~ 45°,喷嘴朝向车体。侧面喷嘴的轴线与客车基准 X 平面平行,与铅垂方向的夹角为 30° ~ 45°,喷嘴朝向车体。顶部喷嘴的轴线与客车基准 Z 平面垂直,喷嘴朝向车体。底部喷嘴位于客车基准 Y 平面两侧,其轴线与客车基准 X 平面平行,与铅垂方向的夹角为 30° ~ 45°,喷嘴上仰朝向另一侧车体。

底部喷嘴与地板下表面距离为 300 ~ 700mm,其余部位喷嘴与车体外表面距离为 500 ~ 1300mm。

喷嘴布置应保证规定的车体外表面都被人工雨均匀覆盖,不存在死区。

汽车防雨密封性测试程序

(2)测试程序:

①降雨强度的测定

降雨强度的测定方法分为自身测定法和外部测定法两种,可选择相应的一种方法进行测定。

a. 自身测定法。自身设置有流量计的淋雨设备采用自身测定法进行测定。符合下列全部条件的淋雨设备可按自身测定法测定降雨强度。

ⓐ淋雨设备自身设有流量计;

ⓑ已在与降雨强度规定值不相同的受雨部位对应的淋雨管路上分别设置节流阀或全部淋雨管路仅设置一个共用节流阀,并且各淋雨管路上设置喷嘴的密度与它们降雨强度的比值相对应。

测试时,启动淋雨设备,逐个调节在各淋雨管路中的节流阀,使流经该管路的水流量达到规定降雨强度的对应值。

对应流量计算公式为:

$$Q_y = \frac{3F_0A_0}{50}$$

式中:Q_y——对应流量,m^3/h;

F_0——车体待测部位规定降雨强度,mm/min;

A_0——车体待测部位对应标准面积，m^2。

A_0 是待调节节流阀后连通的一个或多个淋雨管路所对应受雨部位的标准面积之和。

b. 外部测定法。未设定流量计的淋雨设备采用外部测定法进行测定，其降雨强度测定按照下述方法进行。

ⓐ测试用器皿。容量为 2000 ~ 5000mL 的量杯 1 个；

容量为 10L 遮盖式容器及其附属装置 1 个，如图 4-44 所示。

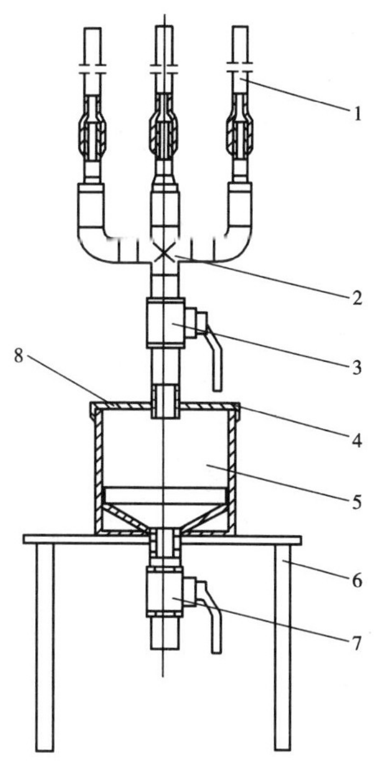

图 4-44 遮盖式容器及其附属装置示意图

1-软管；2-集流管；3-进水阀；4-盖；5-容器；6-支架；7-放水阀；8-气孔

ⓑ测定程序。分别将软管下端与集流管连接，其上端与待测定淋雨管路中的喷嘴连接，被连接的喷嘴间隔选取。

同时开启进水阀和放水阀。

将待测定淋雨管路中的节流阀开启至某一开度。

启动淋雨设备，待喷嘴和容器底部出水都呈现稳定状态时，关闭进水阀。

待容器内的水放完后关闭放水阀。

开启进水阀，同时记录时间，2min 后立即关闭进水阀，再关闭淋雨设备。

用量杯计量容器内全部积水，然后按下述公式计算降雨强度。

c. 降雨强度的计算。

$$F = \frac{QK}{6A} \times 10^3$$

式中：F——降雨强度，mm/min；

Q——容器内积存水量 mL；

K——被测淋雨管路中全部喷嘴数量；

A——被测淋雨管路对应的标准面积，m^2。

标准面积系指淋雨设备设计时设定的面积，作为布置喷嘴及计算降雨强度对应的流量等依据。一般可根据淋雨设备计划测试的外形尺寸最大客车而定。

②喷射压力测定。管路系统中已设置压力自动调节阀的淋雨设备只需定期进行压力检定，测试前喷嘴喷射压力无需再测定。

管路系统中未设置压力自动调节阀的淋雨设备，测试前应进行喷嘴喷射压力的测定，其方法是在任意一个喷嘴口处，用橡胶软管连接喷嘴与水压表，调节压力调节阀使喷射压力达到规定值。

③测试步骤。将测试车停放在淋雨场地内指定位置。

测试人员进入车厢，关闭全部门窗及孔盖。

启动淋雨设备,待淋雨量进入稳定工作状态后测试开始,5min 后开始观察车厢渗漏水的情况,并进行记录。

11.2.3 汽车防雨密封性检测的质量评定

汽车防雨密封性检测的质量评定

(1)检测结果统计。如果水从缝隙中缓慢出现,并附着在车身内护面上漫延开去,这种现象称为渗水。

如果水从缝隙中出现,并且以少于或等于每分钟 60 滴的速度离开车身内护面,断续地落下,这种现象称为慢滴。

如果水从缝隙中出现,并且以多于每分钟 60 滴的速度离开车身内护面,断续地落下,这种现象称为快滴。

如果水从缝隙中出现,并沿着或离开车身内护面连续不断地向周围或向下流淌,这种现象称为流。

测试车辆的初始分值为 100 分。按每出现一处渗水扣 1 分,每出现一处慢滴扣 3 分,每出现一处快滴扣 6 分,每出现一处流水扣 14 分累计扣分。初始分值减去累计扣分即为测试得分。

(2)汽车防雨密封性质量评定。GB 12481—1990《客车防雨密封性限值》对轻型客车、中型客车、大型客车、特大型客车中的铰接式客车防雨密封性作出了限值规定,如表 4-22 所示。其他具备封闭式车厢的车辆可参照执行。

客车防雨密封性限值 表 4-22

客车类型		限值(分)	客车类型		限值(分)
轻型客车		≥93	大型客车	旅游客车	≥90
中型客车	旅游客车	≥92		团体客车	≥88
	团体客车	≥90		城市客车	≥87
	城市客车	≥88		长途客车	≥87
	长途客车	≥80	特大型客车	铰接式客车	≥84

1. 汽车检测站的主要任务是什么?

2. 按不同的分类方法,汽车检测站可分为哪几种不同的类型?

3. 检测汽车驱动轮输出功率的目的是什么?

4. 国家标准对汽车转向轮定位参数有什么规定?

5. 国家对汽车制动系统制定了哪些检测标准?

6. 在行车制动性能的台式检测标准中，国家对乘用车的“制动力总和与整车重量的百分比”和“轴制动力与轴荷的百分比”有何规定？

7. 国家标准对制动力平衡有何规定？

8. 国家标准对汽车的制动协调时间有何规定？

9. 在行车制动性能的路试检测标准中，国家对乘用车的满载和空载制动距离有何规定？

10. 何谓汽车制动释放时间？国家标准对汽车完全释放时间有何规定？

11. 国家标准对汽车悬架的规定是什么？

12. 汽车排气中的主要污染物有哪些？

13. 请指出《机动车辆分类》中的 M、N、M_1、N_1 所指的车辆类型。

14. 哪种车辆应进行双怠速试验或加速模拟工况(ASM)试验？

15. 哪种车辆只要进行怠速试验？

16. 哪种车辆应进行自由加速排气可见污染物试验？

17. 哪种车辆进行自由加速烟度试验？

18. 叙述双怠速试验的方法。

19. 叙述加速模拟工况的方法。

20. 叙述自由加速排气可见污染物试验的方法。

21. 叙述自由加速烟度试验的方法。

22. 噪声的主要物理参数有哪些？

23. 国家标准对汽车噪声级及其测量方法作了哪些规定？

24. 汽车前照灯诊断的主要参数是哪些？

25. 国家规定的前照灯远光光束发光强度要求(cd)标准是什么？

26. 国家标准规定车速表允许误差范围为多少？试举例说明。

27. 汽车密封性的检测项目主要有哪两项？

28. 对汽车进行防雨密封性测试时，喷嘴的喷射压力为多少？淋雨时间为多长？

29. 国家标准规定，轻型客车防雨密封性限值(分值)为多少？

参考文献

[1] 邹小明. 汽车检测诊断技术. 北京:人民交通出版社,2005
[2] 张建俊. 汽车诊断与检测技术(第二版). 北京:人民交通出版社,2004
[3] (美)D. 诺莱斯. 汽车计算机控制系统. 北京:机械工业出版社,1998
[4] 邹小明. 发动机构造与维修. 北京:人民交通出版社,2002
[5] 明平顺,杨万福. 汽车质量与安全检测. 北京:人民交通出版社,2001
[6] 夏令伟. 汽车电控发动机构造与维修. 北京:人民交通出版社,2002
[7] 周建平. 汽车电气设备构造与维修. 北京:人民交通出版社,2002
[8] 陈焕江. 汽车检测与诊断(上)(下). 北京:机械工业出版社,2001
[9] 于建淑,等. 汽车智能化检测设备及应用. 北京:人民交通出版社,2004
[10] 刘仲国. 现代汽车检测与诊断. 北京:机械工业出版社,2001
[11] 杜兰卓,谷志杰. 汽车安全检测. 北京:人民交通出版社,2002
[12] 严兆大. 内燃机测试技术. 杭州:浙江大学出版社,1997
[13] 安相壁. 汽车检测工精通. 北京:电子工业出版社,2003